첩보소설로 읽는 유럽 현대 철학

소피아를
사랑한
스파이

첩보소설로 읽는 유럽 현대 철학

소피아를 사랑한 스파이

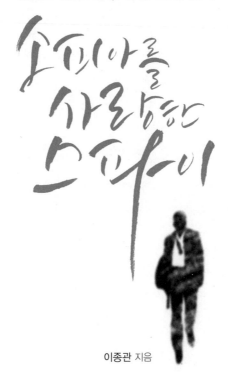

이종관 지음

새물결

차 례
The Spy who loved Sophia

01   위기 · 9

02   **잔잔한 파문 — 에피소드들의 시작** · 17
                리오타르의 '포스트모던의 조건'과
                정선의 진경산수화

03   **파탄의 전주** · 65
                중세의 몰락과 근대의 형성,
                        데카르트와 바로크 음악

04   **'힘에의 의지'?** · 79
                니체와 진정한 삶

05   **결심 — The girl with April in her eyes** · 85
                막스 셸러와 영원한 반항인, 인간

06   **변신 — 진리의 동굴에서 벗어나기** · 97
                플라톤의 동굴의 철학과 갈릴레이의 물리학

07   **망각과 시작** · 111
                포퍼의 경험적 반증 가능성과
                        좀바르트의 사치의 자본주의

08   **공작 개시** · 137
                환경 철학자 마르크스와 알튀세르의
                        포스트마르크스주의

09   **프랑크푸르트에서의 재회** ― Jazz의 유혹 · 149
아도르노의 재즈의 철학과
프랑크푸르트학파의 도구적 이성 비판

10   **접근** ―"하이데거를 좋아하십니까?" · 163
하이데거 스캔들과 블로흐의 희망의 원리

11   **치열한 시험** ― 위기의 현대 · 173
후설의 유럽의 위기와 칸토어의 집합론

12   **호모 파베르** ― 사랑과 슬픔의 여로 · 201
후설의 수학적 집합화와
라캉의 무의식의 언어학

13   **시에나** ― 장소의 영혼 · 209
아렌트의 사랑과 슐츠의 현상학
그리고 가우디의 건축

14   **프라하** ― 시적 사색의 도시 · 235
카프카의 사랑과 라이프니츠의 충족이유율

15   **라스베이거스** ― 탕자 또는 성자 · 255
디지털 금융 공학과
보드리야르의 기호의 정치경제학

16 **벤과 K4 — 황무지를 떠나며** · 281
              벤츄리의 포스트모던 건축과
                  하이데거의 부속품 사회

17 **함부르크의 별빛 — 몸의 유혹** · 295
                  후설과 사랑의 공동체

18 **남프랑스 — 몸의 기적** · 309
              니체의 차라투스트라,
                  메를로 퐁티의 몸의 현상학

19 **위기의 전주** · 337
              셸링의 환경 철학과 현대 생물학

20 **다시 위기 — 트릭과 진리의 맞교환** · 349
              프레드릭 제임슨의 후기 자본주의 문화논리

21 **흔들림 — 적국에서 온 사색하는 스파이** · 357
              벤담의 공리주의와 울리히 벡의 위험 사회

22 **귀로** · 375

    에필로그 · 395
    후주 — 더 자세한 안내 · 399

그녀 그리고 일우와 재우에게

01

위기

그는 권총의 탄창을 꺼내 다시 총알 상태를 점검했다. 벌써 일주일 전부터 규칙이 되어버린 일이었다. 탄창 안에는 여섯 발의 총알이 가지런히 장전되어 있었다.

어느덧 시계는 밤 10시를 가리키고 있었다. 조금 전에 쉬미트 교수가 연구실을 나서는 소리가 들렸었다. 그 전에는 조교인 뮐러가 연구실을 나섰었다. 뮐러는 대개 7시 이전에 퇴근하는데 오늘은 유난히 늦게까지 머물렀다. 밤 10시 이후에는 아무도 이곳에 오지 않았다. 벌써 2주일째 이곳에서 11~12시까지 있어 보았지만 8시 이후에는 대학의 수위조차도 이곳에 접근하지 않았다.

내일 밤 이 시간쯤 쉬미트의 연구실에 잠입해 셸링[1] 전집이 놓여 있던 책장의 특히 아래쪽을 조사해보아야겠다고 생각하고는 연구실을 나와 지하 주차장으로 향했다. 컴컴한 주차장은 오늘따라 더 어둡게 느껴졌다. 그는 자신의 차로 다가갔다. 그때 저쪽 주차장 한 구석에서 남자의 짧은 비명 같은 것이 들리더니 몇 차례에 걸쳐 후다닥하는 소리가 났다. 그는 고개를 돌려 소리 나는 쪽을 바라보았다. 그때 메르세데스 밴 한 대가 급커브를 틀어 그의 옆을 쏜살같이 지나쳤다. 순간적으로 이상한 느낌이 들었다. 그는 재빨리 차가 나타났던 쪽을 향해 뛰어갔다.

'벌써 시작되는군.'

몸을 날리듯 차에 올라탄 그는 이제 막 옆을 스쳐 지나간 검은 밴을 쫓았다. 밴은 어느덧 다름슈타트 시를 벗어나 어둠을 가르며 전속력으로 달리고 있었다.

'웬 밴이 저렇게 빨라.'

그의 포드 에스코트 카브리오의 속도계는 170km를 가리키고 있었다. 그러나 밴과의 거리는 좀체 좁혀지지 않았다. 그는 좀 더 좋은 차를 살 것을 잘못했다고 생각했다. 추격은 계속되었다. 얼마 후 앞서가던 밴이 갑자기 핸들을 꺾으며 도로를 벗어나 황급히 멈추어섰다. 그도 재빨리 핸들을 꺾어 개활지로 들어서며 브레이크를 밟았다. 그러나 자동차는 가속도에 밀려 밴이 멈춘 곳으로부터 약 30~40m 떨어진 곳에서 어떤 돌출물에 쾅하며 부딪친 후에야 멈추어섰다. 순간 밴의 뒷문이 열리면서 몇 명의 괴한이 뛰어내렸고 동시에 총구에서 불을 뿜기 시작했다. 그는 차가 정지하자 몸을 날려 뛰어내렸다. 그리고 차를 엄폐물로 이용해 몸을 숨기고 권총을 뽑았다. 칠흑 같은 어둠을 뚫고 불꽃은 네 군데에서 뿜어져 나왔다.

그는 정확히 불꽃이 나오는 곳을 겨냥해 쏘았다. 총격전이 일어나고 있는 곳은 밀을 베어낸 평지였는데 그들은 차에서 그냥 뛰어내리며 총을 쏘고 있었다. 때문에 그들은 거의 노출된 표적이나 마찬가지였다. 그는 몇 발을 쏘았는지 기억할 수가 없었다. 그러나 불꽃은 이제 두 군데서만 보였다. 두 명은 잡았고 두 명이 남은 것이다. 그는 재빨리 탄창을 열어보았다. 그러나 총알은 한 발밖에 남지 않았다. 더 이상 사격을 할 수 없었다.

'한 발로 어떻게 둘을 잡지?'

그는 난감해졌다. 괴한들은 그가 응사하지 않는 것을 알았는지 사격을 멈추었다. 그리고 한동안 죽은 자들을 위한 교향곡의 인터메조 같은 정적이 흘렀다. 조금 후 괴한들이 그가 몸을 숨기고 있는 자동차를 향해 몸을 움츠리고 조심스럽게 접근해왔다. 그는 덮쳐오는 위기감으로 긴장하기 시작했다. 다가오는 괴한들의 발자국 소리는 점점 커져갔고 그에 따라 위기감이 증폭되었다. 등에는 땀이 흐르기 시작했다. 동시에 그는 의식이 극도로 수축되는 것을 느낄 수 있었다. 그러나 이 위기의 순간에 이상하게도 수축되는 의식을 타고 그가 살아온 전 시간이 급격히 압축되듯 지나간 기억들이 매우 빠른 속도로 재현되고 있었다. 마치 인간이 죽음 앞에 서면 의식에 침전되었던 과거 전체가 순간적으로 되살아난다는 베르그송[2]의 의식의 지속이론을 입증하듯……

'그래 나를 여기까지 몰고 온 운명이 서서히 고개를 들기 시작한 것은 바로 그날부터였어.' 그는 중얼거렸다.

실로 그날 이후 벌어진 온갖 사건으로 인해 그는 크게 흔들리기 시작했다. 그리고 무엇인가 깨부수고 싶은 충동이 예고도 없이 치밀어 올랐다. 파괴에도 어떤 쾌감이 있을지도 모른다는 생각과 함께 ……. 그것은 적어도 그에게는 지금까지 가져보지 못한 참으로 새로운 생각이었다. 그뿐만이 아니었다. 자기도 모르는 사이에 이래저래 부딪히는 많은 타인에 대해 점차 적대감을 갖기도 했다. 자신의 예의 바른 어투와 공손함이 오히려 타인들에게는 우습게 보일지도 모른다는 불안감을 떨쳐버릴 수가 없었다. 강의 시간에 목소리가 점점 더 커지고 거칠어지기 시작한 것도 그때부터였을 것이다. 전에는 강의를 하나의 연기로 생각하고 될 수 있으면 시를 낭송하는 듯한 리듬과 부드러움을 유지하려고 애썼다. 그러나 그날 이후 그에게 다가오는 모든 것이 변화된 의미를 갖기 시작했다. 표정도 하루하루 사나워져 가고 …….

그날이 있기 1년 전인 1992년, 그는 서울을 떠나 춘천에 있는 한 사립대학에 자리를 얻었다. 그리고 이곳 분위기에 흠뻑 젖어 들어갔다. 물론 모든 것이 다 만족스러운 건 아니었다. 그가 부임한 사립대학은 재정이 별로 좋지 못하다는 이유로 그를 대우 전임교수라는 조금 이상한 직위로 발령을 냈다. 틀림없이 편법이었다. 또 그 보수도 기대 이하였다. 공부 때문에 시들어버린 20대를 생각하면 거의 가슴이 아프다고 표현해야 할 정도로 형편없는 액수였다. 그래도 대학에 자리를 얻는다는 것이 말 그대로 하늘의 별 따기였고 또 학위를 가진 많은 사람이 아직 시간강사로 이 대학, 저 대학을 헤매고 있었기 때문에 그것만도 다행이라고 자신을 위로했다.

한편 그 대학은 비슷한 처지의 다른 사립대학들과는 달리 그에게 연구실을 마련해주는 세심한 배려를 하기도 했다. 그는 그것을 몹시 고맙게 생각했다. 춘천의 전경이 훤히 내려다보이는 연구실의 안정된 분위기. 그 안에서 철학책을 읽을 수 있다는 것, 그것에서 그는 때로는 행복감에 젖기까지 했었다. 연구실 창을 통해 멀리 보이는 파란 호수와 가끔씩 펼쳐지는 춘천의 안개는 종종 그의 의식을 유럽에서 공부하던 시절로 뒷걸음질 치게 했다.

　그러한 기억 속에서 그는 유학 시절의 아픈 경험과 즐거웠던 경험을 되새겨보며 지나간 모든 것을 추억으로 미화시키곤 했다. 그리고 호수 너머 보이는 크고 작은 산들의 어우러짐과 초록의 향연은 그의 마음에 마치 지중해의 햇살과 같은 발랄함이 고이게 했다. 또 해질 무렵 산봉우리를 뒤덮는 불그스름한 황혼의 물결과 호수의 만남은 이지적이며 요염한, 이제 막 30대에 접어든 여인과 함께하는 밀애의 분위기를 연출하는 것 같았다.

　이럴 때면 그는 어김없이 라디오를 켰다. 그때 마침 라흐마니노프라든가 앤디 윌리엄스의 발라드 혹은 빌 에번스의 감미로운 재즈 피아노 연주가 흐르기라도 하면 그는 현재의 자기에 대해 더없이 만족감을 느꼈다. 세계와 삶에 대한 철학적 관념의 유희를 이해하고 재즈 피아노의 섬세한 변주 속에서 30대 여인과의 정사를 상상하며 거기서 우러나오는 느낌을 즐길 수 있는 자신 ……. 그러한 자신의 평범하지 않은 지성과 감성이 그에게는 지극히 만족스러웠다.

　자신의 존재가 서울이 아니라 춘천에서 펼쳐지고 있는 것이 지극히 행복했다. 그리고 그러한 행복을 모르는 채 끊임없이 형언할 수 없는 교통지옥을 헤매며 돈과 권력을 향해 달리는 서울 사람들을 생각하면서 그들을 존재의 보금자리마저 상실한 우리 시대의 가장 큰 피해자라고 동정, 아니 조소하곤 했다.

물론 이러한 생각을 하는 동안 전혀 불안감이 없었던 것은 아니다. 이처럼 편안한 분위기에서 여러 가지를 즐길 수 있는 여유를 누릴 수 있는 것은 아직 아버지가 경제적 능력이 있어 때에 따라서는 그의 박봉을 보충해주기 때문이 아닌가. 그리하여 그가 지금 즐기는 것은 소위 서구의 속물 문화의 한 세련된 측면이 아닌가하는 것이 바로 그러한 불안감의 요체였다. 그러나 그는 철학자로서 자신이 늘 진지하고 성실하다고 생각했다. 또한 성실한 철학은 세계와 인간에 대한 진지한 애정 속에서 결국 현실 속으로 스며들어 세계를 변화시킨다는 것이 그의 강한 신념이었다.

그가 그런 신념을 갖게 된 것은 유학 생활에서였다. 그가 공부한 독일에서 그는 책으로만 배웠던 과거와 현재의 많은 철학이 현실 속에서 살아 숨 쉬고 있음을 확인했다. 그가 도처에서 체험한 독일인의 비판 문화와 모든 것의 근거를 확실히 하려는 독일인들의 삶. 거기서 그는 칸트 이래 수많은 독일 철학자들이 깊은 고민과 사색을 통해 완성시킨 비판과 정초의 철학이 독일인들의 삶과 하나가 되어 있음을 목격할 수 있었다. 그리고 그가 전공하는 현상학과 인접 실천과학과의 활발한 교류 속에서 오늘날에도 여전히 철학이 현실을 구성하고 있음을 보았다.

이러한 것들은 한때 한국에서 철학에 대해 가졌던 좌절감을 치유하기에 충분했다. 더군다나 현대 세계의 심각한 현안으로 등장하고 있는 환경 문제에 대해 많은 철학자들이 그가 관심을 갖고 있던 셸링, 후설[3], 하이데거[4]의 철학을 통해 문제의 근원을 새롭게 들여다보고 해결 방안을 모색하고 있는 데서 그의 철학적 정열은 흥분되기까지 했다. 그리고 그러한 흥분이 있었기에 그는 철학적 고뇌와 외로움으로 점철되었던 힘든 유학 생활을 이겨낼 수 있었다.

귀국 후 그는 기대와는 달리 한동안 월 20~30만 원의 강사료를 받는 시간강사로 일하면서 자신이 경제적으로 천민 계층과 다름 없음을 깨닫고 큰 실망감과 쓰라림을 경험했었다. 그러나 그때에도 철학은 지적 유희가 아니라 결국 인간 행위의 핵심으로 실천된다는 신념에는 변화가 없었다. 그리고 그러한 신념에 따라 가능한 한 성심성껏 강의를 준비하고 또 매 강의를 마치 한 회 한 회의 작품이라고 생각해 말투, 내용의 연결, 심지어는 강의 주제에 따른 옷차림에까지 세심한 주의를 기울였다.

그랬기 때문에 그는 서구 문화, 때로는 좀 화려하고 때로는 선정적인 그 문화를 즐기는 것에 별다른 죄의식을 느끼지 않았다. 오히려 그것을 자기와 같이 성실한 철학자가 인간으로서 자연스럽게 갖고 있는 미적 감각이라고 정당화시켰다. 이러한 아름다움을 음미할 줄 모르고 모든 것을 무조건 상품화하는 서울의 부르주아나 그들을 비판하는 사람들 등에 대해 다 같이 오직 세상을 경쟁과 투쟁으로만 보는, 정서가 파괴된 공격적 사디스트라고 생각했었다.

그러나 그날 이후 벌어진 사건들로 그의 생각은 조금씩 허물어지기 시작했다.

사실 그날 이후의 사건들이라는 것이 그와 같이 철학을 하는 사람에게는 그렇게 극적인 것도 또 별 커다란 역사적인 또는 사회적인 의미가 있는 것도 아니었다. 그것은 어쩌면 평범한 일상 속에서 일어날 수 있는 별로 행복하지 못한 산만한 에피소드들에 불과할지도 몰랐다. 그러나 그것들은 많은 것에 대해 회의하고 다시 생각해보게 만드는 계기가 되었다. 그러한 에피소드들은 우연히도 우루과이 라운드 협상이 타결된 날 찾아온 불안감과 함께 시작되었다.

02

에피소드들의 시작

| 잔잔한 파문 |

그는 신문을 펼쳐들었다. '우루과이 라운드 협상 타결'이라는 글귀가 지면 전체를 압도해버릴 만큼 큰 활자로 박혀 있었다. 이어 국내 농업을 살리기 위해 전 국민이 나서야 한다는 식의, 나치나 박정희 시대나 통용될 수 있을 듯한 매우 낭만적인 구호의 사설이 실려 있었다.

그는 속으로 중얼거렸다.

'전 지구의 총체적 시장화가 진행되는군.'

이제 국경도 지워지고 국민국가라는 개념도 점차 사라져 사회 교과서나 역사교과서에서나 찾아볼 수 있는 말이 될 것이다. 국가는 시장 속으로 숨어들어 가고 정치나 관료는 상인들을 통제하는 것이 아니라 그들의 하수인으로 위상이 바뀔 것이다. 경쟁력과 효율성만 정당한 가치로 인정되는 시대에 과연 철학은? 존재라든가 진리에 대해서만 이야기하는 철학이 무슨 의미를 가질까?

'농민만 죽어나는 게 아냐. 나도 어쩌면 같은 운명일지 몰라. 이제 정말 철학의 종말이 다가오는 것이 아닐까?'

그에게는 조금씩 자신의 위치에 대한 불안감이 스며들었다. 지금 사회적으로 몰락하고 있는 건 아닌지 혹시 자신이 지금까지 가져온 생각들은 몽상에 불과한 것이 아니었을까.

그는 인간의 삶의 저 깊은 곳을 보기를 원했으며, 거기에는 반드시 삶을 바람직한 방향으로 이끌어주는 무엇인가가 있으리라 믿었다. 그리고 그것을 알려고 노력하는 과정 자체가 인격과 교양이며 또 멋이라고 생각했었다. 물론 그러한 진리가 어떤 내용을 갖는 것인지는 알 수 없었다. 그러나 그것은 또한 평화롭고, 자유로우며, 타인에게 해를 끼치지 않는 우아하고 세련되고 아름다운 것이어야만 했다. 때문에 그는 그렇지 않은 것은 진리로 여기지 않았으며, 비웃었으며 또 비판했다. 마찬가지로 그러한 진리를 허용하지 않는 어떠한 사회 정치제도도 경멸의 대상일 수밖에 없었다. 따라서 지금까지 살아와야 했던 소위 군사정권에 대해서도 적대감과 경멸 그리고 때로는 저주까지 했었다.

그 군사정부가 막을 내리고 소위 문민정부가 등장했을 때 그는 마치 자신의 존재가 이제부터 새로 시작되는 듯이 기뻤었다. 이제 무식의 시대는 가고 지식의 시대가 오는 것이다. 지知를 향해 철학적 사색을 계속한 자들의 사회적 영향력이 발휘될 수 있는 마당이 열린 것이다. 그는 그렇게 시대를 진단했고, 가끔씩 자기가 철학을 포기하지 않고 계속해온 것에 대해 뿌듯함을 느꼈었다.

그러나 얼마 되지 않아 그는 그러한 시대 진단이 완전히 빗나갔으며, 어쩌면 억압받고 고문당하던 시대보다 더 초라한 존재의 위상을 맛보게 될지도 모른다는 불안감을 갖게 되었다. 저 추웠던 폭압의 시대에 많은 사람들은 진짜 정의로운 사회를 열망하고 정의에 대해 논하는 이야기꾼들에게 귀를 기울였다. 그리고 그것을 통해 삶의 여러 문제가 따스하게 풀릴 수 있다고 믿었다.

그러나 사람들은 실망했다. 군인들이 가고 배운 사람이 들어서도 삶을 짓눌러온 무게는 경쟁 논리의 가속적 확산 앞에서 결코 줄어들지 않았다. 오히려 삶은 치열한 생산성의 요구 앞에 더더욱 무거워져만 갔다. 삶의 무게를 가볍게 하는 것은 더 이상 어떠한 이념도 또 진리도 아니었다. 필요한 물건을 사고 서비스를 받을 수 있으며 권태를 풀 수 있는 유희 수단을 구매할 수 있는 능력이 그것을 대신했다.

사람들은 보다 성숙했고, 정의를 향한 유아적 꿈에서 깨어난 것이다. 이제 사람들은 저 정의와 진리의 이야기꾼을 믿지 않는다. 더 이상 들으려고 하지 않는다. 그들에게는 차가운 비웃음만이 기다리고 있었다. 그래서 그는 불안해진 것이다. 그리고 그러한 불안감을 증폭시킨 것이 바로 우루과이 라운드였다.

그것은 바로 시장경제의 논리가 인간의 삶의 구석구석까지 침투해 들어가리라는 매우 폭발적인 선언이었다. 이제 경쟁과 상품화 그리고 이익만이 인간의 모든 삶을 결정하는 요인이 될 것이다. 상품화와 이윤 경쟁을 거부하고 그것에 대항하는 것은 자기도태 내지 자멸의 길로 들어서는 것이다. 지식도 상품화될 수 없으면 존재 가치를 인정받을 수 없다. 이 시장경제 원리의 전면적 확산의 주체이며 전위대는 초국적기업으로, 그것과 연관을 맺지 않고서는 아무것도 존재할 수 없

을 것이다. 이것이 바로 모든 국가와 기구와 개인에게 주어진 세계화
라는 운명의 정체였다.

　'대학도 학문이나 진리의 전당이 아니라 기업이 요구하는 인간과
지식을 납품해야 하는 기업의 하청업체일 뿐이야. 사회 비판이나 순
수 문학, 비판의식은 이제 구시대의 환상 속에서나 존재한다. 비판과
심오함, 진지함에 의존하는 철학은 이제 소멸될 것이다.'

　시대는 이제 철학을 필요로 하지 않는다. 오직 상품화될 수 있는
지식만 존재 가치를 인정받는다. 특히 사회의 정보화가 진행되면서
이러한 경향은 더더욱 가속화될 것이다.

　'리오타르의 철학적 통찰력은 놀랄 만큼 정확하군. 이미 1970년대
말에 이런 예측을 하다니.'

　그는 포스트모더니즘 철학이란 개념을 유행시킨 프랑스 철학자 리
오타르[5]가 1979년의 저서 『포스트모던의 조건』에서 주장한 내용을 매
우 또렷하게 기억해냈다.

　정보화 사회에서 지식은 정보량으로 번역될 수 있을 때만 새로운 회
로에 들어갈 수 있고 활용될 수 있다. 그러므로 기존의 지식 중 이와
같이 번역될 수 없는 것은 모두 방치될 것이며, 새로운 연구 방향은 가
능한 결과들이 기계언어로 번역될 수 있다는 조건을 충족시켜야 한다.
따라서 이러한 정보화 사회에서 지식의 획득은 과거와 같이 정신과 인
격의 도야와는 상관이 없다. 지식은 팔리기 위해서 생산되며 또한 새
로운 생산에서 더 높은 가치를 부여받기 위해 소비되는 것이다. 이리
하여 지식은 생산력과 분리될 수 없는 정보 상품이 된다. 지식은 계몽

적 가치 또는 정치적(행정적, 외교적, 군사적) 중요성에 따라 확산되는 것이 아니라 화폐와 동일한 망에 따라 유통된다.

지식의 상품화는 현대 국가가 지식의 생산과 보급에 관해 이미 누렸고 여전히 누리고 있는 특권을 무력화시키는 결과를 가져올 것이며, 따라서 권력 구조의 변화를 몰고 올 것이다. 지식의 상품화에 수반해 정보의 신속하고 투명한 유통을 요구하는 이데올로기에서 규제와 통제를 행사하는 국가는 이제 불투명성과 잡음의 원인으로 나타날 것이다. 이러한 관점에서 경제적 권위와 국가적 권위 사이의 관계에 대한 문제가 새로이 심각하게 제기될 소지가 있다.

식자우환일 뿐일까? 괜히 쓸데없는 고민을 하는 것일까? 그는 한편으로 자신이 상황을 지나치게 예민하게 받아들이는 건 아닌가하는 생각이 들었다. 그는 다시 한 번 컴퓨터, 이윤의 극대화, 그리고 지식 사이의 관계에 대해 생각해보았다.

컴퓨터는 알고리즘, 즉 잘 정의된 규칙들의 집합으로 운영된다. 따라서 컴퓨터에는 규칙화될 수 있는 지식만 수용된다. 컴퓨터가 지식과 지식이 아닌 것을 구분하는 절대적 기준으로 고착되고, 그것이 이윤 극대화라는 자본주의와 연결되면 지식의 폭은 엄청나게 제한된다. 정보의 풍요를 낳는 정보화 사회는 사실상 지식의 풍요로움을 척박하게 만드는 빈곤의 시대이다. 이러한 정보화 사회에서 지식의 편협화에 의해 위협받는 지식은 여러 가지이다. 예를 들어 지식의 올바른 근거를 다루는 지식, 가치 있는 삶과 더불어 삶을 고민하는 도덕적 지식, 또 아름다움을 탐구하는 미학적 지식이 그것들이다. 그러한 지식들은 본성상 수학이나 자연과학처럼 규칙화될 수 없는 지식이다. 또 탐구 과정 자체가 매우 깊고 포괄적 사유를 요구하기 때문에 신속히 상품화될 수 없는 비효율적 지식이다. 따라서 시장경제의 지배 아래 급속히 진행되는 정보화 과정에서 그러한 지식들은 빠른 속도로 폐기 처분된다.

'하지만 ……. 하지만.'

그는 어떻게든 상황이 그렇게 비극적이지만은 않다고 생각해보려고 했다. 결국 그는 다음과 같은 생각에 도달했다

'하지만 오늘날 만연한 정보화, 효율성, 생산성이란 단어에 매몰되지 않고 다시 한 번 삶 자체를 반성해보면, 정보화 사회에서 폐기 처분의 위협에 직면한 지식들이 우리 삶에 더 절실한 게 아닌가. 그래 철학이나 인문학 등 수학처럼 규칙화될 수 없는 학문은 여전히 삶에 절실히 필요할 거야.'

'우루과이 라운드는 이제 막 시작되었을 뿐이야. 아직 철학과 철학자의 몰락을 이야기하기는 일러.'

그러나 불안감은 쉽게 사그라지지 않았다. 그는 위로받고 싶었다. 그래서인지 오늘 따라 지혜가 무척 절실하게 느껴졌다. 지혜에게 전화를 했다.

"여보세요."

늘 달콤한 그녀의 목소리가 흘러나왔다.

"오늘밤 기다릴게."

그날 밤도 지혜는 어김없이 그에게 와주었다. 라일락 향기를 타고 온 듯 지혜는 매혹적이었다. 길게 늘어뜨린 부드러운 머릿결에 4월을 담은 듯한 눈. 은은한 하늘색을 발하며 가벼운 바람에도 살짝 무릎 위로 하늘거리는 스커트. 그다지 화려하지 않은 옷차림에서 그렇게 찬란한 빛이 쏟아져 나온다는 것이 그에게는 늘 미스터리였다. 언제나처럼 그녀의 눈에 담겨 있는 4월 때문일까? 그 눈을 바라보며 그는 그녀를 세차게 끌어안았다. 그녀는 산들바람처럼 아무 저항 없이 그에게 스며들었다. 아! 이 하나 되는 느낌.

지혜는 살짝 고개를 추켜올리며 그의 목에 손을 올려놓았다. 그리고는 어떤 황홀감에 도취된 듯한 그윽한 눈길로 그를 바라보며 조용히 입술을 갖다 대었다. 아, 그녀의 혀끝은 캔디처럼 녹아내리고 ……. 그는 온몸으로 퍼지는 전율에 시간 감각마저 상실한 듯 한동안 지혜를 놓을 줄 몰랐다. 깊이를 알 수 없는 어떤 느낌의 심연으로 한없이 꺼져 들어가면서 …….

"이제 그만 ……. 너무 갑갑해. 오늘 키스는 왜 이렇게 애절하게 느껴지지."

지혜는 그의 가슴을 두 손으로 가볍게 밀며 말했다. 그녀는 예민했다. 잠시 동안 느낌의 진공. 그것은 바로 이전의 느낌에 대한 더욱 뜨거운 욕망을 불러일으켰다. 그녀는 그렇게 그의 느낌을 변주하고 있었다. 그녀는 에로틱의 리듬을 알고 있었다. 그녀는 사랑할 줄 아는 여자였다.

그는 잠시 지혜의 눈을 쳐다보다 참을 수 없다는 듯 다시 그녀를 와락 끌어안았다. 그녀의 입술에 자신의 혀를 묻고 그녀의 혀끝에서 전해 오는 표현할 수 없는 부드러움에 완전히 몰입했다. 그리고는 지혜의 귀에 속삭였다.

"난 지혜의 혀끝에서 카타노의 샘물[6]을 느껴 ……."

순간 지혜의 숨소리는 가느다란 탄성을 섞어 내며 조금씩 격렬해졌고, 곧이어 그녀의 몸에서 하늘거리던 스커트가 미끄러지듯 흘러내렸다.

그날도 역시 지혜는 그의 품에서 잠들었다. 그의 모든 고통과 권태를 희열로 탈바꿈시키며 ……. 아침 6시쯤 되었을까? 어렴풋한 의식에 지혜의 부드러운 살결이 느껴졌다. 그 촉감에 그는 계속 잠들 수 없었다. 맑은 꿈을 지닌 듯 잠든 지혜의 얼굴. 그는 지혜의 얼굴을 물끄러미 바라보았다. 언제든지 필요하면 곁으로 와주는 여자. 이러한 관계는 서로가 유학을 가 있던 시절을 제외하고 이미 10여 년 전부터 너무도 자연스럽게 계속되고 있었다. 그러나 무슨 이유에서인지 오늘은 특별한 목적도 없이 지속되는 자신과 지혜의 관계가 의심스러워졌다. 그녀는 과연 그에게 무엇을 기대하는 걸까? 그는 그녀에게 무엇을 줄 수 있을까? 그들은 서로의 육체를 그리워할 뿐인가? 그는 늘 지혜에게서 위로받는다. 그러나 그녀는? 그녀에게 딴 애인은 없을까?

그녀는 국제 예술품 경매회사인 소더비에서 근무하기 때문에 많은 남자와 만난다. 그리고 그들은 국제변호사, 외환딜러, 펀드매니저 등 소위 여피족이다. 대개 외국에서 대학을 나오고 철저한 직업 정신과 세련된 유희의 정신으로 무장된 그들. 언젠가 지혜는 그에게 한 남자에 대해 이야기한 적이 있었다. 페퍼다인 대학에서 예술사를 전공하던 시절 만났다는 그 남자. 지혜가 지금까지 만나본 남자 중 가장 능란한 말솜씨와 멋진 매너로 상대방을 사로잡는다는 남자는 알고 보니 대학교 동창 영민이었다.

기억을 더듬어보면 영민은 매우 부유한 사업가 집안 출신으로 그때에도 이미 고급스러운 분위기를 풍겼다. 영민은 한국에서 대학을 졸업한 후 철학을 계속 공부하기 위해 버클리로 떠났었다. 그러나 영민은 이듬해인가 세계에서 가장 아름다운 캠퍼스를 가졌다는 말리부 해안의 페퍼다인 대학으로 학교를 옮겼다.

몇 명 되지 않는 한국 유학생 중에서 영민과 지혜는 가까워졌고, 그녀는 영민에 점차 도취되어 갔다. 페퍼다인 시절 영민은 코발트빛의 페라리를 타고 다녔으며 차에는 항상 〈와인라이트*Winelight*〉 같은 은은한 퓨전 재즈가 흘렀다고 했다. 영민과 함께 말리부 해변을 달릴 때면 그리고 〈새드 삼바*Sad Samba*〉 같은 음악이 흐를 때면 지혜는 가끔씩 영민의 품속에서 흔적도 없이 녹아버리고 싶은 자신을 발견하곤 했단다. 차의 코발트빛과 재즈와 영민의 향기 때문에 ······.

그런 영민이 미국의 다국적기업의 투자자문회사 한국 지사장으로 이곳에 왔고, 지혜는 영민을 자주 만나지 않을 수 없다고 했다.

그때 그는 물었다.

"그러면 이제 나는?"

지혜는 그냥 미소 지었다.

"난 재즈도 좋아하지만 발라드도 좋아해요. 아니 더 고전적인 쇼스타코비치의 〈로망스〉도. 당신 같잖아요. 당신에게는 아직 지성미와 거기서 풍기는 낭만이 있어요."

그리고 그녀는 장난스럽게 그의 어깨를 붙잡고 노래를 불렀었다.

"……. now and forever I'll be your woman ……."

약간의 불안감이 엄습해오긴 했지만 지혜와의 그 밤에서도 그는 위로받았던 것 같다. 강의에 대한 의욕이 조금은 되살아났기 때문이다. 하지만 무엇을 강의해야 할지 결정할 수가 없었다. 고전철학? 인식론? 한동안 이것저것 생각하던 그는 자신이 처한 상황을 강의에서 철학과 연결시켜야겠다고 생각했다. 자신이 점점 초라하게 전락하는, 다채롭고 선정적인 오늘날의 이 시대가 나타났던 길을 정리해보고 싶었던 것이다. 그래서 그는 포스트모더니즘을 거슬러 올라가 근대 철학에 관해서 이야기하기로 했다. 그것이 어쩌면 자신이 몰락하는 길을 더듬어보는 과정일지도 모르지만.

"감각적 자극과 선정성의 풍요는 오늘날 우리를 사로잡고 있습니다. 현대의 도시는 요염한 이미지가 무한히 창출되는 공간이며 매혹적 색채로 가득 찬 거대한 상품의 진열장입니다. 그 안을 거닐면서 우리의 감성을 마음껏 자극받으며 상품을 소비하는 것은 우리에게 즐거움을, 때로는 짜릿한 말초적 쾌감까지 느끼게 합니다. 거기에 긴장과 진지함을 요구하는 사상이 놓일 자리는 없습니다. 사색의 공간은 이미 감각적 이미지의 생산과 소비 행위에 묻혀버렸습니다. 따라서 오늘날의 사상은 철학적 차원에 가까이 가면 갈수록 공명과 반응을 상실한 고독한 독백으로 그치곤 합니다. 철학자들의 철학은 사람들의 시선이 단절된 곳에서 외로움을 달래는 그들만의 철학일 뿐입니다. 이러한 사색의 파탄 상황에도 불구하고 현재를 상징하는 정신이라고 지칭될 수 있는 것이 있다면 그것은 전체성으로부터의 탈피라 할 수 있을 것입니다. 그리고 이러한 시대정신은 포스트모더니즘으로 모습을 드러내기 시작했습니다. 그것은 이제 시대와 함께 호흡하는 것으로 비교적 덜 외로운 철학입니다. 철학에도 조금 세계를 향한 비상구가 열린 듯 철학자들의 손길은 그것에 다가가고 있습니다."

그는 목소리가 격앙되어 있음을 느꼈다. 마치 불만을 토로하는 것처럼 ……. 그는 다시 목소리를 차분히 가라앉혔다.

"여기서 잠시 포스트모더니즘이 현대를 상징하는 철학으로 떠올랐던 길을 가볍게 산책해보도록 하죠.

1917년에 출간된 판비츠Rudolf Pannwitz의 저서 『유럽 문화의 위기』이후 간헐적으로 또 때로는 1950년대 하우Irving Howe라는 미국 문학 평론가에 의해 부정적 의미로 사용되던 포스트모더니즘이란 단어가, 어떤 사상의 내용의 윤곽을 그리며 새로운 방향을 모색하는 표제어로 탈바꿈하게 된 것은 1960년대 중반 미국 문학에서입니다.

당시 문학 비평가 피들러Leslie Fidler는, 1960년대 미국 사회가 대량생산과 대량소비의 구조가 완성되는 후기 자본주의 사회로 접어들어 인간 삶의 구조 전체가 불특정 다수에게 겨냥되어 있음을 지켜볼 수 있었습니다. 1960년대의 미국은 경제적 측면에서 다수의 대중이 생산과 소비의 주도 세력으로 등장했으며, 정치적으로도 권력의 궁극적 결정권은 대중에게 위임되는 대중민주주의의 완성 상태였습니다. 그리고 문화 역시 급격히 대중화 양상을 띠며 생산성의 강요 앞에 상처받는 다수를 어루만져주는 안정제나 환각제로 소비되고 있었습니다. 이것이 유발할지 모르는 여러 부정적 결과에도 불구하고 피들러는 이러한 1960년대의 미국의 현상을 (지배자와 피지배, 빈자와 부자, 배운 자와 못 배운 자의) 이원적 계층 구조가 해체되고 사회의 중심이 불특정 다수로 분산되는 과정으로 파악합니다. 그리하여 그는 지적 상류층을 지향하며 오직 그들에게만 이해될 수 있는 표현 양식과 주제를 가진 제임스 조이스, 마르셀 프루스트, 토마스 만류의 모더니즘 소설을 비판합니다."

그는 학생들이 과연 토마스 만과 프루스트에 대해 아는지 불안했다. 사실 요즘 학생들은 입시에 시달려 독서 경험이 거의 없다. 그들의 의식을 키워낸 것은 『수학의 정석』이나 『종합영어』 같은 참고서 아니면 입시의 고통에서 환각을 제공해준 TV 연예프로일 것이다. 그들은 읽을 수 있는 기회와 그것을 통한 의식의 성숙 기회를 박탈당했었다. 그런데다가 영상 문화의 범람으로 사유 능력을 사실상 거세당했을지도 모른다. 그런 그들 앞에서 철학을 강의한다는 것은 그들에게나 그에게나 다 같이 고통일 뿐이다. 이런 생각은 강의에 대한 의욕을 조금 꺾어놓았지만 그는 강의를 계속했다.
"그리하여 피들러는 순수문학과 대중문학 그리고 계급 간의 '경계를 넘어서고 간극을 메우는' 역할을 문학가에게 호소하며 이의 실천 전략으로 꿈과 비전과 황홀경을 추구하는 공상과학물, 포르노물들의 문학적 주제화를 제안했습니다. 그는 이렇게 생각하는 포스트모더니즘 문학의 방향을 '경계를 넘어 간극을 메우는'이라는 제목 아래 발표했습니다. 그런데 그가 그걸 어디에 발표했는지 아세요?"
학생들은 그의 갑작스런 질문에 의아한 듯 눈만 깜박이고 있었다.

"피들러는 대중과의 간극을 메운다는 생각에 충실하기 위해 자신의 논문을 학술지가 아닌 『플레이보이』지에 미녀들의 나신과 함께 노출시킬 수밖에 없었습니다."

학생들은 예상대로 웃음을 터뜨렸다. 그리고 한 학생이 질문을 했다.

"그 논문 직접 읽어보셨나요?"

그는 빙긋 웃으며 대답했다.

"아주 세심히 분석하며 …… 보았어요. 그 논문이 실린 책 전체를."

학생들은 즐거운 듯 다시 책상을 두드리며 웃었다. 그는 다시 정돈된 목소리로 강의를 계속했다

"이제 이러한 포스트모더니즘 문학에서 중요한 것은 과거와 같이 문학가의 주제와 서술양식이 어떠한 계층에로 편향되는 것이 거부되고 소설가에게 모든 계층에 접근될 수 있는 다양한 주제와 다양한 언어성을 요구하게 되었다는 점입니다. 그 후 포스트모더니즘은 문학계에 상당한 반향과 저항을 동시에 일으키면서 퍼져나갔으며 인접 예술 분야로까지 확산되기 시작했습니다. 그리고 이 새로운 형태의 예술 운동을 맞아들인 대표적인 분야는 건축이었습니다."

그는 포스트모던 미술에 대해서도 언급하고 싶었지만 너무 서론 부분에 오래 머문 것 같아 미술에 관해서는 생략했다.

"1975년 젠크스Charles Jencks가 「포스트모던 건축의 언어」라는 논문에서 포스트모던 건축을 주장했습니다. 그는 기하학에 의존하며 체계성과 통일성에 기초하고 있는 현대 건축의 과도한 기능주의를 비판하며 건축의 다언어성을, 즉 엘리트적이며 대중적이고 전통적이며 현대적이고 기능적이며 환상적인 여러 양식의 절충과 대화를 강조했

습니다.

　1979년, 비로소 포스트모더니즘은 철학적으로 장식되기 시작합니다. 즉 지금까지 문학가와 건축가들에 의해 예술적으로 주장되어 세인의 관심을 불러일으켰던 다양성의 옹호는 이제 인식론적·과학철학적 지원을 받게 됩니다. 이러한 작업에 선구적 역할을 한 사람이 바로 프랑스의 철학자 리오타르입니다. 그는 과학적 방법론의 절대적 권위를 부정하는 파이어아벤트[7]의 인식론적 무정부주의, 수학적 공리체계의 불완전성을 증명하는 수학자 괴델[8]의 이론, 또 미시물리의 영역에서 확고한 법칙의 부재를 주장하는 물리학자 하이젠베르크의 불확정성 원리 등을 철학적으로 해석해 현실이 보편적이며 궁극적 원리에 의해 체계화될 수 없음을, 그리하여 현실의 진정한 모습은 그러한 총체적이고 체계적 인식을 거부하는 편린과 파편화, 이질성의 배리[서][례]와 충돌의 파노라마임을 강하게 암시했습니다. 이와 같이 모든 인식이 최종적으로 근거하는 그리고 그로부터 모든 것이 파생되어 나오는 궁극적이며 보편적인 진리가 부정되었습니다. 그에 따라 오히려 현실을 파악하기 위한 다양한 모험적 시도가 인식의 긍정적 구성요소임을 인정하는 다원적 진리관이 옹호되기 시작했습니다. 그리하여 포스트모더니스트들은 '서로 다른 차이에 대한 감수성을 키우고 참을 수 있는 능력을 배양'할 것을 전파하게 되는 것입니다.

　결국 철학적으로 승화된 포스트모더니즘에서 포스트모던이란 서로 다른 진리관과 다양한 합리성과 다채로운 삶의 방식이 용납될 수 있으며 합의보다는 의견의 불일치가 우리 현실의 긍정적 요소로 인정되는 상황을 말합니다. 반면, 포스트모더니즘은 근대를 현실의 모든 것을 품고 설명할 수 있는 보편적 근원의 발견과 그로부터의 총체적 체계화라는 '거창한 이야기grosse Erzählung'를 꾸미던 시대로 특징짓습니다. 그리고 그러한 총체화의 경향을 몸에 지닌 근대는 현실의 자연스러운 이질성과 차이를 질식시키는 전체주의적 테러리스트의 시대라는 혐의를 받게 되었습니다. 그들은 히틀러의 아우슈비츠와 스탈린의 수용소군도 그리고 포드의 컨베이어 시스템을 성숙한 근대가 탄생시킬 수밖에 없는 극적 사건으로 이해하고 있습니다."

강의를 끝내야 할 것 같았다. 아니 끝내고 싶었다. 학생들 눈에는 또 권태가 들어 있었기 때문이다.

그는 연구실로 돌아와 자동응답기를 켰다. 응답기에서는 최근에 들어본 적이 없는, 그러나 전혀 낯설지만은 않은 목소리가 흘러나왔다.

"나다. 영민. 지혜를 통해 네 이야기 잘 듣고 있다. 반가웠다. 한번 만났으면 좋겠는데 ……. 연락 좀 줄래. 전화번호는 000-xxxx이야."

그도 반가웠다. 그러나 한편으로 상쾌하지 않은 무언가가 마음 한 구석에서 기분을 어지럽히고 있었다. 그는 속으로 자신을 책했다. "쩨쩨하기는."

그는 영민이 준 전화번호로 전화기 버튼을 눌렀다. 전화기에서는 매우 정돈되고 상냥한 목소리의 음성이 들려왔다.

"잠깐만 기다리세요. 지사장님 바꿔드리겠습니다."

그는 잠시 그 깨끗한 목소리의 주인공 얼굴을 그려보았다. 그녀는 영민을 빈틈없이 챙겨주는 미모의 여비서일 것이다.

"나다. 정말 오랜만이야. 대학에서 강의를 한다고."

"응. 정말 보고 싶다. 얼마나 멋진 신사가 되었는지."

"뭘. 천박하지. 너 같은 고상한 지식인에 비하면."

"무슨 소리를. 현대는 너희 같은 국제적 비즈니스맨의 시대지. 과거의 귀족이나 마찬가지 아니니?"

"그렇게 생각해?"하며 영민은 웃었다. 그리고 이어서 "그래 오늘 저녁 서울로 올 수 있니?"라고 물었다.

"좋지."

그날 밤 그는 영민과 약속한 장소로 나갔다. 리츠 칼튼 호텔 멤버십 클럽은 모든 아름다움을 다 모아놓은 것 같은 우아함으로 장식되어 있었다. 그리고 저편에는 화려한 보석을 옮겨놓은 듯한 지혜의 눈부신 모습과 이 세상 어느 누구보다도 멋진 양복을 입은 영민의 귀공자 같은 모습이 눈에 들어왔다. 그들은 마치 영화를 찍기 위해 연출한 커플처럼 완벽하게 어울렸다. 마치 둘을 찬미하는 듯 재즈 밴드는 〈Softly, as in a morning sunrise〉라는 음악을 연주하고 있었다.

영민은 자리에서 일어나 반가운 표정을 지으며 다가왔다. 그는 영민이 인도하는 자리에 앉았다. 지혜도 그를 반갑게 맞이해주었다. 영민과 그는 지혜를 별로 의식하지 않는 듯 지난 일에 대해 이야기했다. 영민은 페퍼다인에서 경영학을 전공하고 영국의 LSE에서 MBA를 마친 후 줄곧 미국의 투자자문회사에서 투자분석가로 활약하다가 한국 지사 적임자로 인정받아 부임하게 되었다고 했다.

"그동안 어떻게 지냈는지 얘기 좀 해봐. 철학을 공부하러 갔다가 어떻게 이렇게 전혀 달라진 모습으로 나타나게 된 거야?"

"라스베이거스 때문이지."

영민이 빙긋 웃으며 대답했다.

"라스베이거스?"

그는 영민에게 약간 놀라는 표정을 보이며 되물었다

"버클리에서 두 학기가 지난 크리스마스 방학 때였어. 미국 생활에 그런대로 적응했고, 그래서 약간의 마음의 여유가 생겼었지. 답답한 도서관도 떠나보고 싶고. 물론 그동안 버클리 쪽에서 바라보는 샌프란시스코의 모습. 안개 속에 아련히 떠있는 샌프란시스코 다운타운의 신비로운 모습을 보며 〈I left my heart in San Francisco〉를 듣는 것이 위로가 되긴 했지만. 그것도 좀 권태로워지고. 약간의 타락이 필요한 것 같았어. 그래서 남들이 다 간다는 라스베이거스를 갔었지. 난 라스베이거스에 별로 큰 기대를 하지 않았어. 너무 흔하게 입에 오르내리는 곳이니까. 그러나 라스베이거스는 나의 상상 훨씬 이상이었어. 그 엄청난 빛과 색의 향연. 카지노 그리고 미녀들. 시저스 팰러스 호텔의 유리 돔 속에 갇힌, 로마보다 더 로마같이 복제된 실내장식들. 나는 인간이 그렇게 많은 색을 또 그렇게 아름다운 빛을 창조하고 발산시킬 수 있으리라고는 전혀 상상하지 못했어. 그리고 주불리 쇼에 등장하는 쇼걸들이 그렇게 완벽한 육체와 미모의 소유자들일 줄이야. 지금도 그녀들의 반짝이는 피부와 다리만 생각하면 가슴이 뛰어."

그는 지혜를 쳐다보며 야릇한 미소를 지었다.

"또 라스베이거스의 호텔에서 나는 현대 건축의 위대함을 보았지. 라스베이거스는 그야말로 현대 문명의 장엄함 그 자체였어. 칸트가

말한 자연의 표현할 수 없는 경지인 그 장엄함 혹은 숭고함 말이야.
그래 난 거기에 완전히 매료되었지. 어느 시대에도 인간이 만들어놓
은 모든 훌륭한 것과 아름다운 여인들을 그처럼 완벽하게 사다놓은
곳은 없었어. 만일 찬란한 네온 불빛들이 없다면 라스베이거스는 황
량한 사막일 뿐이야. 어느 누구도 오지 않을. 그러나 그곳은 이제 우
주에서 지구를 내려다볼 때 가장 밝게 빛나는 곳이 되었어. 엄청난 양
의 전기를 소비하는 ……. 난 거기서 현대 인간의 위대함을 보았지.
고도의 과학과 최고의 순수미를 추구하는 예술이 카지노를 중심으로

결합되어 있는 바로 거기서."

영민의 말을 듣던 그는 잠시 칸트가 말한 숭고의 감동이 과연 그런 것일까 의문을 품기도 했지만 라스베이거스를 가보지 못한 그로서는 침묵할 수밖에 없었다.

영민은 무엇인가를 강조하고 싶은 듯 목소리 톤을 조금 높였다.

"그러나 바로 저 라스베이거스를 탄생시킨 인간은 보통 인간이 아냐. 바로 벅시. 깡패였지. 벅시는 깡패였기 때문에 그곳에 그러한 네온의 왕국을 건설할 수 있었던 거지. 원리나 본질을 따지는 사람들이었다면 사막 한가운데 그처럼 찬란한 환락의 공간을 건설할 생각조차 떠올리지 못했을 거야. 물론 지금 라스베이거스의 화려한 빛의 소유자들은 벅시와는 달리 세련된 매너와 첨단경영 기법으로 무장한 매니저들이지만 라스베이거스의 정신은 역시 벅시야. 엄숙한 진리를 거부하는 깡패 정신 말이야. 그러한 정신을 중심으로 현대가 탄생시킨 위대하고 아름다운 것들이 총동원된 거야.

아무튼 난 라스베이거스에 흠뻑 취했고 그곳의 화려한 빛들을 소유한 자들에게 관심을 갖기 시작했어. 그리고 그들을 받쳐주는 상상할 수 없는 액수의 돈에 대해서도. 속 좁게 라스베이거스를 타락의 도시라고 비난하는 도덕주의자가 되기보다는 나도 그 빛의 소유자가 되어보고 싶었지. 수없이 많은 슬롯머신에 개미떼처럼 달라붙어 충혈된 눈으로 잭팟을 기다리며 위안을 얻는 소시민들이 되기보다는 말이야.

그 도시의 네온의 소유자들에게, 도덕주의자나 휴가철이면 모여드는 샐러리맨들은 과연 얼마나 미개하고 하찮은 미물로 보일까 생각하면 난 차라리 수치스러워졌어."

영민은 손에 들고 체온으로 덥히던 코냑을 가볍게 돌리다가 한 모금 들이켰다.

"성탄절 방학이 끝나자마자 나는 페퍼다인으로 날아갔고 거기서 돈 버는 공부를 시작했지. 나의 존재를 엄청난 돈으로 받쳐주기 위해. 그게 내가 철학에서 발을 빼게 된 동기야. 난 그 후 현실의 중심에 서기 위해 노력했고, 조금씩 현실의 중심으로 접근하는 일을 하고 있어."

영민은 자신감이 넘쳐 보였다.

그는 영민의 자신감에 묘한 질투를 느꼈다. 그는 화제를 돌리고 싶었다.

"어떠니, 네가 보는 한국은?"

"한국은 기형적이지. 후기산업 단계에 들어가 있는 전근대 사회야. 아직 사회의 근대화와 합리화가 이루어지지 않았고, 그래서 경쟁력에 많은 문제가 있어. 많은 것이 아직도 비효율적으로 운영되고 있지."

"그러면 한국은 아직도 먼 거니?"

"아니. 한국이 반드시 근대화 과정을 철저히 거쳐야 한다는 법은 없어. 근대는 기계적 사고방식에 따라 운영되는 시대야. 엄격한 원칙성과 균일성, 내구성, 기능성 말이야. 이제는 고도의 차별화 전략과 본능과 욕구의 무한한 자극과 조작에 의해 소비 수요를 창출해야 해. 어디에도 머무르지 않는 순발력과 경쾌함. 욕구를 자극하는 모든 것을 노출시키는 외설성. 그것이 과거의 성실성보다 더 요구되는 시대야.

현대에는 어떠한 조작이든지 가능해. 인간의 상상력의 표현은 이제 컴퓨터 디지털 테크닉의 발전으로 무한히 가능해졌으며, 그것은 감각의 자극을 극대화시키는 데 효과적으로 이용될 수 있지. 그리고 가장 자극하기 쉬운 것이 성적인 것과 폭력적인 것 아냐? 이러한 것을 의식한다면 한국은 서구의 근대 산업화 단계를 완전히 복제하지 않고도 세계시장의 주도 세력으로 등장할 수 있을 거야."

마치 보드리야르[9]를 변형한 듯한 영민의 말. 그는 잠시 보드리야르의 '기호의 정치경제학'과 새롭게 전개되는 멀티미디어 정보사회의 관계에 대해 기억을 더듬어 보았다.

보드리야르가 주목하는 사실은 오늘날 상품이 실질적 기능과 유용성에 따라서만 구입되지 않는다는 점이다. 오히려 상품이 가진 이미지 또는 그것이 상징하는 신분, 세대 등의 의미적 요소가 소비 행위를 결정하는 기준이다. 자동차는 교통수단이라는 관점에서만 구입되는 것이 아니라 자동차가 상징하는 것이 더 중요하다. 그것은 사회적 신분을 나타내는 기호 역할을 하기도 하고, 세대의 기호 역할을 하기도 한다. 예컨대 스포츠카의 경우 빨리 달린다는 실용적 기능보다는 부와 자유분방함이라는 기호[sign] 역할을 하기 때문에 선호된다.

그러면서 그는 늘 갖고 싶었던 마세라티 스포츠카를 떠올렸다. 독일 자동차와는 달리 뭔가 바람기 있는 분위기를 휘날리는 스포츠카. 스포츠카는 기능적으로만 보면 속도가 빠른 교통수단이다. 그래서 스포츠카는 너무 할 일 많고 바쁘게 이동하는 일 중독자들에게 가치를 갖는 것이어야 할 것이다. 그런데 정말 성실한 일 중독자들이 스포츠카를 살까? 오히려 일에는 관심이 없고 여인을 유혹하려는, 부와 매력을 과시하려는 플레이보이에게 엄청난 가치를 갖는 것이 스포츠 카이다.

스포츠카는 사용가치$^{use-value}$를 가진 교통수단이 아니라 소유자의 매력, 부를 표현하는 기호가치$^{sign-value}$를 가진 상품이다. 스포츠카의 속도는 물리적·실용적 성능이 아니라 자유분방함, 진부함을 파괴하는 쾌속의 감성을 표현하는 기호이다.

의상의 경우 이러한 경향은 훨씬 더 적나라하게 노출된다. 의상의 브랜드는 생산자를 표시하는 것으로 옷 속에 감추어지기보다는 밖으로 노출되어 옷을 입은 사람을 상징하는 요소로 더 큰 기능을 한다. 주방 기구의 경우도 마찬가지다. 냉장고는 식품 보관 기능을 충족시키기도 해야겠지만 그보다는 주방 전체의 실내장식과 어울려야 한다는 것이 더 중시된다.

언젠가 보드리야르는 말했다. 2차세계대전 전까지 자본주의는 상품을 기능 중심으로 생산하다가 죽을 뻔했다고. 사실 자본주의는 2차세계대전 전 공황 상태에 빠져 파멸의 늪 속으로 빨려들어 갔었다. 기능 중심으로 생산되는 상품은 더 이상 소비자의 소비 욕망을 부추길 수 없었다. 그렇게 죽을 뻔했던 자본주의는 2차세계대전 이후 기본 욕구를 만족시키기 위한 실물 기능 생산 중심에서 소비 욕망을 부단히 확대재생산하는 소비 중심으로 이행했다. 그리고 소비도 더 이상 근대 자본주의에서와 같이 실질적인 물질적 생산물과 실질적 기능이 아니라 상품이 상징하는 이미지와 기호를 주축으로 이루어지고 있다.

그는 잠시 생각을 멈추었다. 그리고 사방을 둘러보았다. 마침 그들이 대화를 나누는 호텔 라운지에는 이제 막 등장해 세상의 호기심을 불러일으키고 있던 모토로라 휴대 전화로 통화를 하는 사람들이 보였다. 그들을 보는 순간 그의 생각은 다시 조금 전 생각으로 이어졌다.

'그래, 맞아. 자본주의의 변화는 여기서 그치는 것이 아니야. 그것은 과학 기술과 산업의 변혁을 예고하는 거야. 정보통신 기술의 등장, 미디어 산업의 출현, 그리고 이러한 기술과 산업이 현대 경제의 중심부를 지배하는 것은 필연적인 결과야.'

기호를 생산하고 소비하는 자본주의로 변모하는 것에서 중요한 것은 상품의 상징적 측면이 중심을 차지함으로써 새로운 기술적 수단이 절박하게 요구되는 것이다. 바로 상품의 의미 및 그와 관련된 정보를 생산해내고 유통시키는 기술이 그것이다. 따라서 상품의 상징 내지 이미지 가치의 창출과 그와 관련된 정보 순환을 신속화하는 과학 기술, 즉 각종 영상매체, 미디어, 컴퓨터, 정보에 관한 과학 기술이 엄청난 투자를 흡수하며 현실의 중심부를 지배하게 될 것이다. 그리고 그러한 기술을 습득하는 것이 역사적 사명처럼 강요될 것이다.

이와 같은 상황을 지켜보면서 보드리야르는 포스트모던 사회가 정보처리, 영상테크닉에 의해 생산되는 기호와 기호의 논리에 따른 새로운 사회조직을 통해 실물 생산을 위주로 한 근대적 사회조직을 대체하게 될 것이라고 주장한다.

한동안 보드리야르를 생각하던 그는 영민의 말이 보드리야르에 의해 포착된 현대 사회의 내면을 정확히 꿰뚫고 있다는 생각이 들었다. 뭐라고 반박해야 할지 몰랐지만 그는 너무도 예리하고 정확한 영민에게 어떤 역겨움을 느꼈다. 잠시 머뭇거리던 그는 막연한 반발인 듯 상투적인 질문을 제기했다.

"그러나 그러한 형태로 계속 인간의 욕망이 조작되고, 그것에 의해 경제발전이 가능해진다면 그게 과연 바람직한 것일까?"

"물론 나도 그것이 최상이라곤 생각하지 않아. 그런데 그보다 더 나은 대안이 있나? 도덕적인 이상을 내세우던 중세도 불행하게 끝났고, 사회주의를 실현했다는 최초의 국가 소련도 순식간에 분해됐어. 아마 다음 순서는 복지국가 이념을 내세우며 최소한의 분배 정의를 실현시키려던 서유럽 국가들일지 몰라. 독일이니 스웨덴 등. 그들은 하루아침에 동유럽 국가처럼 날아가 버리지 않더라도 복지국가 이념, 사회적 시장경제를 점차 포기해야 할 거야. 실로 영국은 이미 대처 이후 복지 예산을 대폭 삭감했지. 원칙주의자들인 독일인들은 아직도 경제정의를 중시하며 사회적 시장경제에 애착을 갖고 있지만……. 독일은 복지 부문에 투자하느라 새로운 부의 창출의 근원인 정보산업과 영상산업에 투자할 기회를 놓쳤어. 독일은 중화학을 중심으로 한 근대 산업자본주의 시대의 성실한 모범생이었지. 또 그때의 경제적 이익을 사회정의 구현에 투자해 1970~1980년대까지 어쩌면 이 세상에 존재했던 가장 살기 좋고 질서 있는 나라였지. 하지만 과연 앞으로도 그럴 수 있을지 의문이야.

정보와 상징을 팔고 또 상징성이 권태로워지기 전에 재빨리 새로운 상징성을 만들어내 허위 욕구를 증폭시키고 소비를 유혹하는 새로운 형태의 자본주의. 이 새로운 21세기 자본주의에서는 확고한 원칙에 근거해 영구적 내구재를 만들어내 실질적 욕구를 만족시키려는 독일의 산업 정신은 뒤처질 수밖에 없을 거야. 또 부의 불평등한 분배에서 비롯되는 삶의 불균형을 막기 위해 세계 최저 노동시간의 노동자들에게 세계 최장의 휴가와 임금을 지불하는 독일 경제. 그러한 독일 경제의 생산성은 이제 미국과 같이 오직 능력과 능률만 숭상하고 수익이 있는 곳에만 투자하며, 모든 것을 개인의 책임으로만 돌리는 국가의 상대가 되기 힘들 거야. 물론 독일은 환경보호에 상당한 관심이 있고, 그래서 환경 관련 산업이 상당히 발달해 있어. 하지만 환경 관련 산업은 성장 속도 면에서 전자정보영상 산업에 비교할 바가 못되지. 모르지 또, 전혀 새로운 에너지 형태를 개발하고 그것으로 세계시장 지배 전략을 성공적으로 세운다면 경제 대국의 위치를 계속 유지할 수 있을지."

영민은 마치 미리 준비한 원고에 따라 강연을 하듯 막힘없이 말을 이어나갔다.

"아무튼 중세나 동유럽의 몰락에서 보듯 경제력에 바탕을 두지 않은 이념은 불행한 종말을 맞을 뿐이야. 이러한 현실에 대한 대안이 있다고 생각하는 것. 바로 그것이 오히려 현실의 자연스런 흐름을 막는 장애물일 수 있어. 현실화될 수 없는 꿈으로 현실을 바꾸려는 것은 결국 그런대로 진행되는 현실의 흐름을 망가뜨릴 뿐이야. 현실에 대한 근본적인 전면적 해결책은 없어. 모든 것은 임시적이고 부분적인 대응이지. 현실은 그렇게 어쩔 수 없는 거야. 현실은 모든 면이 밝고 깨끗해질 수 없어"

그는 더 이상 말을 하고 싶지 않았다. 아니 할 말이 없는지도 모른다. 누가 현실의 모든 것을 파악하고 총체적이고 투명한 전망을 내놓을 수 있을까. 현실의 본래 모습을 통찰하고 있는 듯한 영민의 논리에서 그는 아직 현실화되지 않은 미래나 윤리적 이상만 갖고 이야기하는 자신의 철학적 논리는 억지로 짜 맞춘 동화에 불과할지도 모른다는 두려움을 느꼈다. 그러나 철학을 전공한다는 자신이 어떻게 이렇게 무기력하게 듣고만 있을 수 있을까? 그는 자신이 한심스럽게 느껴졌다.

영민은 지혜를 바라보며 물었다

"어떻게 생각해, 지혜는?"

"난 현실을 그렇게 나쁘게 보지 않아요. 현실은 분명 어두운 구석이 있어요. 그러나 또한 현실의 모든 곳에는 아름다움이 있지요. 전쟁에도 아름다움이 있어요. 나에겐 사막의 작열하는 태양 아래 포탄에 파괴되어 파열된 포신이 하늘을 향하고 있는 전차조차 아름답게 보일 수 있어요. 삶의 극적인 측면이 보이지요. 죽음에서 절묘하게 빠져나오는 자의 기쁨과 그렇지 못한 자의 슬픔이 보여요. 그렇다고 내가 사디스트는 아니죠. 극단적인 예를 들었을 뿐이에요.

아무튼 우리가 사는 이 세계가 나쁘다느니 어쩔 수 없으니까 방치할 수밖에 없다느니 하는 종류의 이야기가 나는 마음에 들지 않아요. 존재하는 모든 것에는 존재하는 그대로의 아름다움이 담겨 있어요. 마치 남자의 성기가 해부학의 대상일 때는 그다지 아름답지 않던 것이라도 펠라치오를 할 때 나의 시야에 들어오는 그것은 정말 아름답고 위대해 보이죠. 아니 쿠르베[10]의 〈존재의 근원〉이란 그림이 더 적절한 예가 되겠군요. 아시죠. 철학자며 정신분석학자인 라캉이 소유하고 있던 그 충격적인 그림. 여성의 성기가 예술적 대상이 될 때 얼마나 충만된 존재론적 의미를 드러내는지를 그 그림은 잘 보여주지요."

〈존재의 근원〉. 언젠가 파리의 전시회에서 보았던 그림. 무엇인가를 갈망하는 포즈로 침대 위에 누워 있는 여성의 나신에서 바로 여성을 여성이게 하는 그곳을, 벌어진 다리 사이를 통해 정면으로 응시하는 시점의 그림. 그 그림은 원래 터키의 부유한 상속자의 욕망을 만족시켜주기 위해 그려진 것이었다. 하지만 그것은 흔히 포르노에서 접사되어 나타나는 여성의 성기와는 다른 느낌으로 다가왔다.

포르노에서의 그것은 뭐랄까 드러나지 말아야 할 것이 드러나는 데 따른 구토를 유발시켰지만, 쿠르베의 그림에서 묘사된 그것은 제목만큼 그의 존재를 빨아들이듯 강렬한 충격을 주었다. 만일 쿠르베의 예술적 통찰력이 아니었다면 여성의 성기에 담긴 미학적 의미는 발견되지 않았을지 모른다. 존재하는 모든 것에는 아름다움이 담겨 있다는 지혜의 말을 되새기며 세상의 근원에 대한 기억을 더듬고 있을 때 지혜가 말을 이었다.

"우리는 모든 것에 담겨 있는 아름다움을 발견해내기 위해 살아야 하지 않을까요? 삶의 고통을 이야기하기보다는 존재하는 모든 것으로부터 환희에, 오르가즘에 가볍게 이를 수 있는 예민한 감수성을 키우는 것, 난 그것이 곧 구원이라고 생각해요. 난 그렇게 존재하는 모든 것 위로 나비처럼 가볍게 날아다닐 거예요. 존재하는 모든 것에서 달콤함을 맛보기 위해."

"탁월한 생각인데. 그러나 삶에는 승자와 패자가 있고 패자는 비참한 거야. 오직 힘 있는 자만이 아름다움도 오르가즘도 소유할 수 있어. 패자에게는 고통만 있을 뿐. 지금은 그 힘이 경제력이 되었지."

영민이 위와 같이 말을 받았다.

"난 그것을 승자와 패자라고 보지 않을래요. 싸움을 승자와 패자라는 두 가지 개념으로 파악하지 말고 승자는 사디스트적 환희를, 패자는 마조히스트적 환희를 경험할 수 있는 놀이로 파악하면 어떨까요? 또 그렇게 느낄 수 있도록 감수성을 세련되게 만들면 삶의 처절함은 없을 거예요. 너무 퇴폐적인가요?"

"아니. 매우 미학적인 에로티시즘이라고 해야 할 거야."

영민이 입가에 가벼운 미소를 머금으며 능숙하게 말을 이었다.

그날 밤 그는 춘천으로 돌아오면서 혼란에 휩싸였다. 영민 앞에서 그는 너무 무기력했다. 또 너무나 잘 어울리는 지혜와 영민이 불안했다. 오늘 마치 프리네Phryne 같던 지혜. 벗겨진 몸을 통해 아름다움은 죄가 없다는 것을 각인시킨 아테네의 여인, 그 프리네 같던 지혜를 가끔씩 안을 수 없다면 그에게 어떤 위안이 있을 수 있을까? 저 바람처럼 가벼운 그녀의 존재에 자신을 내던지지 못한다면. 그러나 한편 그들의 대화를 되새겨보았다. 지혜의 에로티시즘도 극단적인 예를 들긴했지만 매우 심미적인 의미를 담고 있었다. 그리고 그것은 그녀의 과거를 돌이켜볼 때 얼마든지 이해될 수 있었다.

"지혜의 과거 ……. 그 아픈 기억."

그에게 잠시 지혜의 지난 일이 희뿌연 안개처럼 떠올랐다 사라졌다. 그러나 정작 계속 여운을 남기며 그의 의식을 맴돌고 있는 것은 영민의 말이었다. 힘의 필요성. 그처럼 단순한 사실을 지금까지 너무 소홀히 여겨 온 것이 아닐까? 자신이 지배하고 가질 수 있는 것은 뭘까?

정말 한국은 그가 부재한 7년 동안 많이 변했다. 영민은 아직도 이 땅의 근대화가 기형적이라고 이야기했지만 근대화라는 것이 적어도 외적으로는 모습을 갖추어 가는 것 같았다. 가끔 우리 사회의 모습에서 처음 유럽 땅을 밟았을 때 이질적인 것으로 눈에 띄던 것들이 보이곤 했다. 그것은 이 땅에 메르세데스 벤츠나 BMW가 다니기 때문만은 아니다. 보다 늘씬해진 여자들 다리와 검은 선글라스를 쓰고 큰 귀걸이를 한 자신만만한 여자 오너드라이버의 모습에서부터 압구정동의 화려함까지 근대화의 모방은 피부로 다가왔다. 이 나라의 경제 규모는 그가 떠날 때에 비해 엄청나게 커졌으며, 졸부라는 귀족층이 탄생해 모든 것을 상품화시켰다. 땅도, 사람도 미술품도. 그들은 옛날 선비들이 시를 짓고 겸재 같은 이가 진경산수화를 그리던 압구정을 환락이 넘쳐흐르는 땅으로 탈바꿈시켰다. 오직 환락만 있고 문화와 예술은 없는……

졸부들을 천박하다고 하는 문화, 예술, 철학에 대해 그 졸부들의 대대적인 복수가 진행된 곳. 이곳은 그리하여 문화와 예술과 철학의 아우슈비츠이며 소비와 욕망의 낙원이다. 여기서 졸부라 불리는 한국의 귀족은 그들끼리 놀고 그들끼리 결혼한다. 다른 모든 이의 부러움을

사며.

그러나 그는 다른 한편으로 이러한 변화와 성장에서 자신이 많이 뒤떨어지고 또 왜소해지고 있다는 느낌을 받았다. 철학자는 생산하지 않는 직업이며 철학은 팔 수 없는 지식이다. 그리고 철학을 계속하는 한 교수가 된다고 해도 상품과 상인 그리고 그것들을 지켜주는 권력자만이 존재 가치를 인정받는 이 세계에서 그가 차지할 수 있는 자리는 점점 작아질 것이다. 그러면 옛날의 서당 훈장처럼 아무도 부러워하지 않는 망각된 존재가 되어버릴 것이다. 그는 불안해졌다.

'이 땅의 근대화는 결국 이거야. 그것은 나 같은 철학자를 구석으로 추방하는 거야. 근대화는 인간의 욕망을 만족시키는 것을 만들고 파는 자들에게 힘을 주는 과정이야. 근대화는 나를 전혀 힘없고 매력 없는 남자로 만들어버렸어.'

근대화 속의 자신의 존재를 생각하는 동안 어느덧 그는 춘천에 도착해 있었다.

영민과의 만남 이후 왠지 정신이 산만해지고 기분이 유쾌하지 못했다. 그러한 정서는 아버지에게서 걸려온 한 통의 전화로 더욱 동요하기 시작했다. 아버지는 허탈한 목소리로 말했다.

"우리 산을 빼앗겼다."

"결국 ……."

그는 쓸쓸한 마음으로 전화를 끊으며 아버지의 모습을 그려보았다.

인텔리라는 단어를 좋아하던 아버지. 일제 식민지 말엽 소위 데칸쇼 철학이 풍미하던 시절[11], 그처럼 어설프게 몰아닥친 서구 계몽주의의 분위기에서 예과를 다닌 아버지는 여전히 그 시절에 대한 향수를 갖고 있었다. 그런 당신에게 이 땅의 군국주의적 근대화가 출세의 기회를 제공할 리 없었다. 결국 그의 아버지는 1980년대 초 거의 반평생을 근무했던 국영기업체에서 사임할 수밖에 없었다. 아버지는 이른바 낙하산을 타고 들어오는 5공 세력의 하수인들에게 적응하는 데 실패했던 것이다.

그러나 다행히도 아버지의 실직 생활은 오래가지 않았다. 이전 직장에 납품하던 조그만 회사가 아버지에게서 여전히 이용 가치를 발견한 것인지 회장이란 직위를 붙여 모셔갔다. 본래는 너무도 볼품없는 회사였다. 그러나 그의 아버지가 취임한 후 거의 새로 창업하다시피 했고, 우연의 일치인지 연매출액이 급신장했으며 큰 상황의 변화가 없는 한 현재 상태는 유지해나갈 수 있는 안정세를 이루었다. 원래 회사를 운영하던 사람들 스스로도 회사의 성장을 그의 아버지 공으로 돌렸으며 지금까지 그의 아버지를 극진히 대접해왔다. 아버지도 그들을 인간적으로 신뢰했다. 아버지는 이 회사에서 여생을 마무리 지으려는 생각을 가졌고, 그러기에 충분한 조건이 갖추어졌다고 생각했던 것 같다. 아버지는 당신의 안정된 노후에 자못 흡족해 있었다.

그러던 어느 날 회사 사장이란 자가 아버지에게 은행융자에 담보가 필요하니 갖고 있는 땅을 투자 형식으로 제공해달라고 부탁했다. 아버지는 흔쾌히 응했다. 그러나 얼마 후 사장은 고의로 부도를 내고 아버지 땅을 담보로 융자한 돈과 함께 미국으로 도피했다. 아버지는 믿었던 그들에게 너무나 간단하게 기만당했고, 기대했던 만년의 평안함도 산산이 부서졌다. 그리고 아버지가 그렇게 의지해왔던 땅도 날아가 버렸다. 땅은 사실 아버지가 지금까지 팔고 싶은 유혹을 물리치고 끈질기게 지켜왔던 마지막 보루였다. 아버지는 물려받은 그 땅을 후손들에게 그대로 물려주어야 한다는 불필요한 도덕적 의무감을 여전히 갖고 있었다. 어쩌면 아버지가 그래도 지금까지 늘 자신 있던 것도 그 땅 때문이었는지도 모른다. 사실 잘만 지키면 언젠가 위험이 닥쳐와도 그 땅이 아버지와 가족을 지켜줄 것이라는 기대가 아버지로서는 지나친 것이 아니었을 것이다.

그러나 어렵게 지켜오기만 한 마지막 보루가 너무나 쉽게 날아가 버린 것이다. 아버지는 비교적 이성적인 사람으로 감정을 마구 드러내지는 않았다. 그러나 63세의 나이보다 젊게 보이는 당신의 밝은 얼굴에 점차 어둠이 끼고, 늘 새벽에 일어나 등산이나 산책을 하던 습관을 어기고 허공을 바라보는 시간이 많아진 것을 볼 때 그는 아버지에게 어떤 변화가 일어나고 있음을 알 수 있었다.

우선 그 나이가 되도록 어설픈 음모에 그렇게 간단하게 속은 당신의 순진함을 자책하시는 것 같았다. 또 싸움에 친숙하지 않은 당신으로서는 회사 사람들과 한판 치열한 싸움도 벌이지 못한 채 물러설 수밖에 없었던 것도 당신을 괴롭히는 것 같았다. 한편으로는 벌써 삶의 전선에서 퇴출당했어야 할 나이가 되어버린 것은 아닌지 불안해하는 듯했다. 그리고 그러한 불안감은 비록 비교적 열심히 살아왔지만 그다지 별 힘도 소유하고 있지 못하다는 데서 오는 노후의 위기감 때문에 더욱 증폭되었을 것이다.

사실 그의 부모는 비교적 검소한 생활을 하며 노후를 대비한 저축을 조금 했었지만 그와 여동생들을 교육시키느라 별로 남아 있는 것이 없었다. 외아들인 그에게 기댄다는 것도 그가 돈과 전혀 관계없는 직업을 가졌기 때문에 아버지가 앞으로 초라한 할아버지로 만족하지 않는 한 어려운 일이었다. 어쩌면 아버지는 그를 돈이나 권력과 관계없는 학자로 만들려고 한 것에 대해서도 후회하고 있는지도 모른다는 생각이 이번에는 그를 불안하게 했다. 그는 아버지에게 다시 전화를 걸었다.

"왜 또?"

그러나 곧 그들의 대화는 끊어졌다. 그는 아버지에게 뭐라고 말을 이어나가야 할지 몰랐다. 위로를 해드릴까? 왠지 그것이 아버지를 더 비참하게 만들 것 같아 내키지 않았다. 이렇게 망설이고 있을 때 아버지는 어머니에게 전화를 넘겨주었다. 그 후 그는 어머니와 시시콜콜한 이야기로 또 회사 사람들의 배신행위에 대해 욕을 하며 오랜 대화를 나눈 뒤 전화를 끊었다. 그는 아버지와 좀 더 대화를 나누지 못한 것이 아쉬웠다. 전화로 들리는 아버지 음성에서는 예전과 같은 자신감이 느껴지지 않았다. 그는 조금 초조해지기 시작했다. 당신이 살아온 삶에 대해 후회하시는 건 아닐까? 아버지가 혹시 조금씩 무너지고 계신 건 아닐까? 그러나 이러한 초조감은 연구실을 두드리는 소리에 의해 중단되고 말았다.

"선생님 오늘 휴강인가요?"

이름은 알 수 없지만 꽤 선명한 인상이 기억에 남는 여학생의 목소리였다.

"벌써 시간이 그렇게 되었나?"

그는 손목을 끌어당겨 시계를 보았다. 이미 강의 시간이 10분이나 지났다. 그는 재빠르게 책과 출석부를 챙겨들고 강의실로 여학생과 함께 뛰었다. 아무 말 없이 긴 거리를 함께 간다는 어색함을 깨기 위해 그는 그녀에게 말을 던졌다. "고맙군. 딴 학생 같으면 15분 기다리다 휴강이라고 단정하고는 재빨리 사라졌을 텐데. 내가 건망증이 심하다는 것을 잘 아는 모양이지?"

그녀는 약간의 미소를 머금은 채 그의 얼굴을 잠시 쳐다보았다.

"선생님께서 건망증이 있으신지 몰랐어요. 전 단지 선생님 강의가 듣고 싶었을 뿐이에요."

강의를 듣고 싶었다는 그녀의 말. 매우 또렷하게, 어쩌면 조금은 도발적으로 자신을 표현하는 그녀의 말에서 그는 의외로 자신이 매우 따듯하게 어루만져지는 것을 느꼈다.

강의실 문을 열고 들어서자 학생들은 조금 실망한 표정에, 어떤 학생들은 왜 왔지 하는 불만까지 표출하는 것 같았다. 예전 같으면 그는 유머가 곁들인 인사를 하며 학생들의 분위기를 잡아나갔을 것이다. 그러나 오늘은 그래서는 안 되겠다고 생각했다. 그는 매우 무겁게 입을 열었다.

"출석을 부르겠어요."

굵직한 그의 목소리는 위압적이었다. 학생들은 평소와는 다른 그의 이런 행동에 조금 긴장하는 것 같았다. 그는 강의를 시작했다. 오늘의 주제는 근대 철학이었다.

"지난 시간에 우리는 포스트모더니즘에 대해 이야기했습니다. 포스트모더니즘의 등장 이후 근대 철학은 이제 벗어버려야 하는 하나의 유물로 취급되고 있습니다. 물론 새로운 것은 항상 기존의 것에 대한 야유와 조소로 시작되지만 그것이 기존의 것에 대한 관심의 포기를 유발하는 것은 아닙니다. 이것은 포스트모더니즘과 근대의 관계에서도 마찬가지입니다. 근대를 벗어나려는 노력은 근대에 대한 야유와 조소를 동반하지만 근대에 등을 돌리라는 뜻은 아니겠죠. 근대는 우리의 현재의 삶이 이루어진 기반이고, 그중에서 근대 철학은 근대의 내면을 형성하고 있기 때문입니다.

근대 역시 중세로부터 벗어남의 과정이었습니다. 우리의 현재는 근대 철학의 많은 탈중세적 노력에 의해 가능해진 것이며, 이제 근대가 추구한 탈중세의 모색이 어느 정도 성숙한 후 그에 대한 권태로움과 그것이 만들어낸 새로운 병리 현상이 인간으로 하여금 다시 현재를 벗어나려는 노력을 하도록 요구하는 것이죠. 따라서 우리의 현재의 삶과 거기서 벗어나려는 노력의 근거와 방향을 이해하기 위해서는 근대에 관한 관심을 포기할 수 없습니다. 그런데 근대 철학을 이해하기 위해서는 다시 중세에 대한 이해가 필요합니다. 왜냐하면 근대는 근대 자체로 규정될 수 없고 그것이 중세와 어떻게 구별되나, 즉 어떻게 중세가 아닌가하는 고찰을 거쳐야 규정이 가능하기 때문입니다."

출발은 그런대로 잘 되고 있는 것 같았다. 학생들도 자신들의 삶의 내면의 모습이 강의에서 어느 정도 밝혀지기를 기대하는 듯 강의를 열심히 듣는 표정이었다. 그는 교탁 주위를 유연하게 움직이며, 때로는 교탁에 비스듬히 기대기도 하며 강의를 이어갔다.

"이제 중세의 분위기를 되살려보자면, 중세는 한마디로 모든 것의 근거가 신으로부터 이해되던 시기였습니다. 그리고 삶의 원리 또한 엄숙했습니다. 이러한 분위기는 성직자들에게서만 나타나는 것이 아니었으며 인간의 모든 삶의 영역, 즉 정치, 경제, 예술 그리고 인간의 내면의 심리와 행위에도 침투해 있었습니다. 또 모든 사물은 신에 의해 창조된 것으로 고유한 가치를 갖고 있으며 고유한 가치는 하나의 실체로, 불변의 것으로 생각했습니다. 그리하여 대개의 경우 물건 값은 수요와 공급에 의해 결정되는 것이 아니라 불변의 공정 가격이 있었습니다. 엄격히 말해 중세에는 오늘날 경제학에서 말하는 시장이 있을 수 없었습니다. 즉 경제의 원리가 종교적 세계관 속에서 작동할 수 없었던 것이죠."

그는 잠시 말을 멈추고 호흡을 가다듬었다.

"르네상스가 지난 뒤 이탈리아 화가 코르토나가 그린 그림처럼 그 야말로 신의 섭리가 승리한 시대였죠."

"그러나 중세는 다른 한편 많은 어두운 그늘도 갖고 있었습니다. 당시의 어두운 그늘, 즉 신성함과 엄격성에 억눌린 사회에서의 왜곡된 인간성을 우리는 〈장미의 이름〉이라는 영화에서 엿볼 수 있지요. 여러분이 좋아하는 숀 코너리가 주연인데, 연기도 무척 좋지요. 그러나 그것은 그냥 영화가 아니죠. 이 영화의 원작은 이탈리아의 기호학자이며 철학자인 에코[12]의 동명 소설로, 그는 이 작품으로 세계적 명성을 얻었습니다. 이 소설은 포스트모던 문학의 대표작으로, 과거의 수많은 철학자 이야기와 중세의 이면이 추리소설 형식을 빌어 흥미진진하게 표현되고 있어요. 한번 영화를 보거나 원작을 읽어보도록 하세요."

이러한 이야기를 하는 동안 그의 머릿속에서는 영화의 한 장면이

떠오르고 있었다. 수도원 주방에서 버리는 쓰레기를 주워먹으러 몰려드는 사람들. 또 돼지 내장을 얻기 위해 거리낌 없이 옷을 벗어버리고 쓰레기더미 위에서 유혹의 눈빛을 흘리며 남자에게 다리를 벌리는 여자 ……. 물론 이러한 장면의 기억은 그에게 야릇한 전율과 희열을 느끼게 했지만 한편으로 그러한 모습은 이탈리아의 국회의원 포르노스타 치치올리나[13]의 포르노보다 훨씬 더 처절했다. 거기에는 다만 누적된 성욕의 배설과 돼지 내장을 얻은 만족감과 배설된 정액으로 채워지는 메마른 성욕밖에는 없는 것 같았다. 그 외에는 아무런 인간적 교류도 없었다. 구원을 위해 웃음도 포기하려 한 그토록 엄숙했던 중세에 ……. 과연 과도한 도덕성, 흔들림 없는 진리는 오히려 처절한 비인간화와 끔찍한 폭력을 초래하고 마는 것일까. 정녕 데리다[14]가 *pharmakon*이란 희랍어가 진리와 독을 동시에 뜻한다는 것을 주목하듯이 진리와 독은 같은 근원에서 유래하는 것일까? 이러한 생각을 하는 동안 주어진 강의 시간은 다 흐르고 말았다. 그는 다음에 중세에서 근대로 전환한 중요한 요인에 대해 이야기하기로 하고 강의실을 나왔다.

이번 주 강의는 다 끝났다. 그는 조금은 홀가분한 마음으로 차에 올랐다. 그리고 아버지가 있는 서울로 향했다.

다음날 아침 그는 아버지를 만났다. 아버지는 전보다 조금 더 수척해 보였다. 여전히 배신에 대한 분노와 어리석게 속았다는 자책감 같은 것이 정리되지 않은 듯했다. 그는 어떤 형태로든 아버지를 돕고 싶었다. 돈이 있으면 사업 자금을 마련해 드린다든지 아니면 머리도 식힐 겸 여행이라도 다녀오시라고 하고 싶었지만 그에겐 그럴 능력이 없었다. 한편 자신이 안기부의 간부나 검사 정도였다면 그 회사 사람들이 아버지를 그렇게 불명예스럽게 기만하지는 못했을 것이란 생각도 들었다. 아무튼 자신을 위해 지금까지 많은 것을 해온 아버지가 위기에 처했을 때 아무것도 해드리지 못하는 자신의 처지에 울화가 치밀었다. 그러나 그는 아버지가 그들에게 너무 싸움을 모르는 사람처럼 보인 것이 아닐까 생각도 해보았다. 아버지가 만일 거친 사람으로 비쳤다면 그들이 그렇게 쉽게 그처럼 야비한 행동을 하지는 못했을 거라는 생각도 크게 잘못된 것은 아닌 것 같았다. 그는 다시 아버지를 보았다. 이번에는 아버지 모습이 마치 패자 같이 초라하고 나약해 보였다. 그것은 전에는 전혀 발견하지 못한 모습이었다.

지금까지 그에게 아버지는 늘 자신보다 나은 사람이고 또 많은 사람이 존경할 만한 지성적인 인물로서 의미를 갖고 있었다. 물론 그가 성장하면서 그에게 비친 아버지 모습은 조금씩 작아지긴 했지만 유년기의 아버지 상이 파괴된 것은 아니었다. 그가 어느 정도 비판의식을 갖기 시작한 후에도 여전히 아버지를 존경했던 것은 아버지가 그에게 좋은 회사에 취직하라든가 돈을 벌라든가 하는 말을 한 적이 없었기 때문이다. 그렇다고 그의 아버지가 돈에 연연하지 않을 정도로 돈을 잘 버는 사람은 아니었다. 그 무렵 비슷한 지위에 있던 사람들과 달리 아버지는 자신을 위해서는 사고 싶은 그림도 레코드도 포기해야 했을 정도로 여유가 없는 국영기업체의 월급에만 의존했던 수단 없는 사람이었다. 그리고 그는 아버지가 누구와 싸우거나 거친 언어를 사용하는 것을 본 적이 없다. 그에게도 마찬가지였다.

사춘기 시절 그는 의외의 행동으로 아버지에게 많은 실망을 주기도 했는데, 그때에도 한 번도 매를 든다든지 거친 욕을 해댄 적이 없었다. 당신은 아마도 자식과의 관계에서도 평화를 원했던 것 같다. 그래서 그는 조금 어려운 개념들을 구사할 수 있을 무렵부터 아버지를 돈과 권력에 관심이 없는 평화주의자로 규정했었다. 아버지는 가끔 그를 앉혀놓고 아는 사상가들에 대해 이야기를 들려주곤 했다. 그리고 책을 사는 것을 좋아했는데, 아직도 가장 인상에 남은 책은 옛

날 그가 살던 집 응접실의 갈색 수납장 한 칸을 메우고 있던 토인비의 『역사의 연구』였다. 그 전집은 장식용으로도 훌륭했다. 그러나 그가 그 전집을 또렷하게 기억하는 것은 아버지가 그 책을 가리키며 가끔 그에게 해주던 말 때문이었다. "사나이로 태어났으면 저 토인비처럼 인류의 전 역사를 넘나들어야 하는 거야. 쩨쩨하게 돈이나 권력에 유혹되지 말고."

그날 이후 그에게 그 전집은 실로 더욱 더 커보였다. 그리고 그는 사나이는 역사가나 철학자처럼 시대를 초월하며 표면적 세계에 머무르지 말고 심층을 포용해야 하는 것으로 생각했다. 그 외에는, 즉 돈을 벌려고 아등바등 대거나 권력을 탐하는 인간들은 그에 비하면 왜소하기 짝이 없어 보였다. 그에게 위대한 사나이는 그렇게 전형이 형성되었고, 그렇지 못한 자신의 초라함과 나태함에 늘 수치심을 갖고 있었다. 그리고 적어도 사회생활에 지치지 않고 아들에게 그런 말을 건넬 수 있는 아버지가 토인비 다음으로 멋있어 보였다. 그러나 오늘 아버지는 그에게 초라한 패자의 모습으로 나타났다.

변화된 아버지 모습은 그에게 적지 않은 충격을 주었다. 그리고 최근 아버지가 한 말이 자꾸 머릿속을 떠나지 않아 무엇에 정신을 집중할 수가 없었다. 아버지는 얼마 전 그에게 이렇게 말했다.

"나는 과거에 삶의 깊은 곳 어디엔가 삶을 이끌어주는 올바른 진리가 있는 걸로 믿었어. 난 그것을 꾸준히 찾아가면 삶이 안정될 수 있다고 생각했지. 그러나 지금 와서 돌이켜보면 삶의 곳곳에는 어떤 전략에 의해 설치된 함정만 있었을 뿐이야. 때로는 크고 때로는 작은

……. 안정이 왔나하고 편안히 걷다보면 어느 날 음모 속에 쑥 빠져 버린 자신을 발견하곤 하지. 따지고 보면 난 여러 번 속았어. 문리대 예과 시절 하루도 못되어 촉이 망가지는 만년필을 파카만년필이라고, 아르바이트하고 받은 월급을 몽땅 주고 산 것부터 시작해 6·25 때 인민군 선전에 속아 의용군에 자원해 죽도록 고생하던 일 등등. 인간이 생각한다는 것은 어디에 보이지 않는 음모가 숨어 있는가를 알아내기 위한 것 같아. 난 생각할 수 있는 능력을 전혀 다른 곳에 허비했어."

아버지의 그 말 이후 그의 집중력은 흩어졌고, 그가 한 일은 스페큘레이션speculation이라는 단어에 대해 생각해본 것뿐이다. 이 말은 '사색'이라는 뜻도 있지만 또 그와는 어울리지 않게 '투기'라는 뜻도 갖고 있다. 전에도 그는 하나의 단어가 전혀 어울리지 않는 두 가지 의미를 가진 것에 조금 의아했었지만 이제는 좀 이해가 될 듯싶었다.

투기란 무엇인가? 그것은 도박 같은 데서 어떤 트릭이나 함정이 없는지 곰곰이 생각하다 마지막에 카드를 던지는 것이 아닌가. 그래서 스페큘레이션은 사색이라는 뜻과 투기라는 뜻을 동시에 갖는 것이 아닐까. 사색은 본래 어떤 안정되고 정의로운 진리를 찾기 위한 순수한 것이 아닐지도 모른다. 아니 그런 것은 원래 없을지도 모른다. 오히려 스페큘레이션은 트릭과 함정에 걸려들지 않기 위한 것이다. 스페큘레이션이란 단어에서 사색이란 뜻을 없애고 투기라는 뜻만 남겨두는 것이 나을 것이다. 그래야만 진정으로 스페큘레이션이 뜻하는 바를 풍부하게 담아낼 수 있을 테니까.

이러한 생각과 함께 책장 속에 꽂혀 있는 먼지가 쌓인 책들을 바라보았다. 그것에 시선을 주는 것조차 갑갑하게 느껴졌다. 특히 그의 전공이던 20여 권의 감청색 후설 전집은 생각만 해도 질식할 것 같았다.

오늘도 그는 매우 따분한 상황에 처해 있었는데, 그를 이처럼 답답한 상황에서 빠져 나오게 한 것은 가벼운 노크소리와 함께 들려온 여학생의 목소리였다.

"안녕하세요, 선생님. 들어가도 되죠?"

이미 한 발자국 정도 연구실 안으로 발을 들여놓은 그녀는 전혀 낯선 학생이 아니었다. 언젠가 그에게 강의 시간이 지났음을 알려준 여학생이었다. 그러나 그때와는 달리 그녀는 오늘 꽤 성숙해 보였다. 그녀의 방문을 통해 새로운 분위기로 전환되고 있음을 느끼면서 그는 반갑게 그녀를 맞았다.

"어서 들어와요. 그때는 참 고마웠어. 그런데 오늘은 무슨 일이지? 또 수업이 벌써 시작되었나?"

그는 의자에서 일어나 엉거주춤한 자세로 벽에 붙어 있는 시간표를 들여다보았다. 틀림없이 오늘은 목요일로 강의가 없는 날이었다. 그녀는 그의 말과 행동이 조금은 우습다는 듯 미소 띤 얼굴로 대답했다.

"선생님 방에는 찾아오는 학생이 별로 없나 보죠?"

질문을 빗나가는 그녀의 답변에 약간 의외라는 표정을 지어 보였지만 그것이 사실임을 인정할 수밖에 없었다.

"어떻게 알았지?"

"저를 무척 반가워 하시는 것 같아요. 마치 굉장히 고독한 분처럼 ……."

사실 그는 학생들 사이에 젊지만 냉정한 사람으로 소문나 있었고,

그래서 학생들은 특별한 용무가 없는 한 그의 연구실을 찾지 않았다. 그리고 학생들이 연구실을 찾아와주지 않는 것에 대해 별로 섭섭한 마음이나 아쉬움 같은 것은 없었다. 오히려 대학에서 선생과 학생들 간의 관계는 인간적 관계보다 학문적 관계가 우선해야 하며, 다른 이유에서도 연구실이 학생들에게 개방되는 것을 원치 않았다.

그러나 오늘은 달랐다. 정녕 그녀의 방문은 반가울 수밖에 없었다. 지금의 상황으로부터 벗어나길 원하고 있는 순간 낯설지 않은 사람이 방문해주었기 때문이다. 그녀는 오늘 그의 예외적인 모습을 정확히 포착했다. 어떻게 대화를 이끌어 나가야 할지 잘 몰랐지만 "글쎄 그렇게 보였나"라고 대답하며 그녀에게 커피를 들겠냐고 물었다. 그는 커피를 준비하는 것으로 잠시 침묵의 시간을 만들어야겠다고 생각했다. 그녀도 그런 의도를 파악했는지 그가 커피를 타는 모습을 잠자코 지켜보고 있었다.

그는 커피를 권하며 다시 그녀에게 물었다.

"무슨 일로 왔지?"

그녀는 조금 진지한 표정으로 이유를 설명하기 시작했다. 그리하여 그녀가 의상학을 전공하며 졸업을 한 학기 앞두고 있음을 알게 되었다. 그녀는 졸업 후 디자인 공부를 계속하기 위해 유학을 떠날 계획인데, 그가 유럽 생활에 조금 경험이 있으니 이런저런 이야기를 듣고 싶어서 찾아왔다는 것이었다. 그리고 철학에도 조금 관심이 있다고 덧붙였다. 이제 그는 그녀가 왜 조금 성숙하고 화려해 보였는지 이해할 수 있었다. 그는 일단 자신의 경험이 독일에만 국한된 것이라는 전제를 달고 이야기를 시작했다.

"한국에는 잘 알려지지 않았지만 독일도 디자인 산업이 굉장히 발달해 있고 의상 디자인도 이탈리아, 프랑스와 비슷한 수준을 유지하고 있는 것 같아. 특히 질산더JIL SANDER 같이 유럽 최정상급에 속하는 디자이너도 많아. 독일의 경우 의상학과는 전문대학에 설치되어 있는데, 독일 전문대학은 4년제야. 실습 경력과 상당량의 작품을 요구할 정도로 입학이 까다로울 뿐 아니라 졸업도 상당히 어렵지."

그녀는 흥미 있는 듯 열심히 듣고 있었다. 그는 그런 그녀의 모습이 좋았고, 그래서 좀 더 많은 이야기를 해주고 싶었다. 유럽 문화에 대해 그가 느낀 전반적인 인상에 대해서도 늘어놨고, 특히 그녀가 관심을 갖고 있을 것 같은 파리의 발랄하고 다채로운 분위기를 자신의 짧은 여행 경험을 통해 전달해주려고 했다. 물론 그가 본 파리는 자신의 삶의 현장이 아니며, 따라서 파리를 여행자 시각으로 볼 수밖에 없었다. 마치 기차 안의 여행자가 들판의 농부를 전원적 풍경화의 한 낭만적 요소로 바라보듯 그에게도 파리는 단지 하나의 수채화로 비쳐졌을지도 모른다.

그러나 파리는 분명 심각함보다는 생기와 감각이 있고, 여러 가지 색깔이 조화를 이루고 있는 것 같았다. 어딘지 들떠 있었으며, 거리에는 축제의 흔적이 남아 있었다. 곳곳에 쥘리에트 그레코의 흐르는 듯한 음성이 배어 있는 것 같았고, 카페에서는 카트린 드뇌브를 만날 것만 같았다. 그리고 한편으로는 이러한 분위기에서는 칸트나 헤겔 같은 철학자는 탄생할 수 없음을, 그리하여 왜 사르트르[15]와 데리다 같이 대중과 대화할 수 있는 철학자들이 그토록 자주 등장하는지도 이해할 수 있었다.

그는 대화 도중 이러한 기억을 되살리며 그녀의 얼굴을 바라보았다. 그녀는 약간 감기는 듯한 눈으로 열심히 듣고 있었는데, 별로 싫지 않은 표정이었다. 이야기는 꽤 오래 지속되었고 그녀는 고맙다는 말과 함께 자리에서 일어섰다. 그리고 연구실 문을 나서는 듯하다가 다시 그를 돌아보았다. 그녀는 밝은 미소와 함께 "선생님, 제 이름은 숙영이예요"라는 말을 남기고 사라졌다. 그는 여태 그녀에게 이름을 묻지 않았었다. 그녀의 목소리는 오랫동안 귓가에 울려 퍼졌다.

숙영과의 대화로 그는 정말 최근 자신을 둘러싼 몇 가지 문제와 그로부터 연유한 짜증스러운 불쾌감에서 벗어날 수 있었다. 그녀와의 대화는 자신이 남에게 무엇인가 의미 있는 것을 전달해줄 수 있음을 일깨워주었다. 이제 다시 쇼팽을 들을 수 있을 것 같았다. 그는 책장 한구석에 놓인 미니 컴포넌트로 가서 쇼팽의 피아노 협주곡과 좋아하는 음악이 녹음되어 있는 테이프를 틀었다. 그리고는 오랜만에 음악 속으로 빠져들어 갔다. 마치 얼음 위에 다이아몬드를 한 개씩, 두 개씩 떨어뜨리는 듯한 청아한 피아노 선율 속으로 ⋯⋯.

그는 턱을 괴고 안락의자에 비스듬히 걸쳐 누우며 지그시 눈을 감았다. 그리고는 첫 만남부터 그의 모든 것을 빼앗아간 지혜를 떠올렸다. 브레드의 ⟨if⟩를 무척이나 좋아하는 그녀와의 시간은 늘 가슴 떨리는 감동의 순간이었다. 특히 대학 시절 함께 찾았던 남해군 상주의 비 내리던 밤 바닷가에서 촉촉이 젖은 그녀의 머리를 어루만지며 나누었던 키스와 그때 그녀의 입술에서 느꼈던 체리의 달콤함은 그가 가장 소중히 간직하는, 그리고 괴로울 때면 꺼내 보는 가장 사랑스런

추억이었다. 이런 생각에 잠긴 동안 오디오에서는 〈As time goes by〉
가 솜사탕처럼 가슴에 스며들고 있었다.

You must remember this. A kiss is still a kiss.

A sigh is just a sigh.

The fundamental things of life.

As time goes by …….

03

파탄의 전주

오월의 화려함을 이길 수 없다는 듯 강의실은 학생들의 잡담과 웃음소리로 어수선했다. 강의실로 들어서자 학생들은 야외 수업을 하자고 소리쳤다. 그는 야외 수업을 별로 좋아하지 않는다. 야외 수업은 학생들의 주의력이 떨어지기 때문에 지적 긴장을 요구하는 철학 강의에는 어울리지 않는다고 생각했고, 실제로 그가 지금까지 해온 야외 수업의 경험은 그것을 입증했다. 그러나 오늘 학생들의 요구는 거의 애절하다고 할 정도였으며, 그도 창밖을 내다보고는 그 청을 뿌리칠 수 없었다. 멀리 보이는 산에는 아카시아와 라일락꽃이 활짝 피어 하양, 초록, 연두가 빚어내는 색채의 향연은 그러한 향연에 참가하지 않으면 인생에서 매우 중요한 순간을 잃어버릴 것 같은 생각을 들게 하기에 충분했다. 그는 학생들이 이끄는 대로 학교 뒷산으로 올라가 자리를 잡았다. 그리고 이제 상큼한 오월의 바람에 실려 오는 아카시아와 라일락 향을 맡으며 강의를 시작했다.

"지난 시간에 우리는 중세를 재현하려고 했습니다. 중세는 한편으로는 모든 것이 본질적으로 신성하게 파악되어 엄격한 도덕성이 요구되던 사회였으며, 다른 한편으로는 많은 어두운 면도 갖고 있던 시대였음을 지적했습니다. 중세는 이상적으로는 지상의 인간들에게 철저하게 조직된 삶을 제공했습니다. 교회는 인간의 영혼을 관리했고, 봉건 귀족은 세속 질서를 유지했으며, 농민과 장인은 자신에게 주어진 과업을 신성하게 여기고 책임을 다했습니다. 한마디로 표현하면 중세가 추구하던 사회는 도덕적 자유인으로 구성된 질서 잡힌 계층 사회였습니다."

학생들은 예상과 달리 진지하게 그의 말에 귀를 기울이고 있었다. 그리고 그것은 그를 조금 고무시켰다. 그는 계속 강의를 진행했다.

"그러나 실제에서 중세는 이상과 현실의 균열이 가장 심했던 시대였습니다. 유럽의 중심부에서는 봉건 제후 간에 난폭한 전쟁이 끊임없이 일어났고 또한 각종 악폐, 타성, 세속성, 성직자의 부패, 대중의 빈곤, 전염병, 빈번한 기근, 여러 차례의 계급투쟁의 폭발이 있었습니다. …… 중세를 위기로 몰아넣은 것은 다음과 같은 사건들입니다. 사회적 조건의 변화, 질서와 정률定率의 와해, 이를 테면 빈번한 전쟁, 기근, 질병 특히 서유럽 인구의 30%를 앗아간 페스트의 만연 그리고 십자군 같은 대규모의 인구 이동, 전통적 생활양식을 불가능하게 하는 기술상의 혁신 등은 기독교의 이상과 현실 사이에 존재하는 괴리를 선명히 드러냈습니다. 그리고 그러한 괴리는 철학자 등에게 포착되어 중세를 장악하고 있던 기독교에 대한 회의가 점차 노골화되기 시작했습니다."

지금까지 그는 주로 크레인 브린튼Clarence Crane Brinton이라는 미국 사상사가의 해석에 기대어 설명했다. 그는 브린튼을 높이 평가하지는 않지만 적어도 이 부분에서 브린튼은 정확했다고 믿고 있었다.

"특히 십자군 원정의 실패는 중세의 위기를 심화시키는 계기가 되었으며, 이후 르네상스와 지리상의 발견 및 자연과학의 발달로 중세의 해는 저물기 시작합니다.

십자군원정은 이교도에 의해 더럽혀진 성지 회복이라는 신성한 목적을 갖고 있었습니다. 그러나 이 십자군원정은 모든 것을 신으로부터 이해해 엄숙한 도덕 국가를 지상에 건설하려 한 신성한 중세의 몰락을 재촉하는 아이러니한 사건이었습니다.

십자군원정의 실패는 우선 중세의 정신적·정치적 구심점이던 교황의 권위를 약화시켰습니다. 그로 인해 기독교를 중심으로 한 유럽 국가의 연대에 균열이 생기기 시작했습니다. 그것은 이제 그리스도 세계라는 보편적인 초민족적 이념이 퇴색하고 권력의 축이 세속적 국가, 특히 민족국가의 군주에게로 이동함을 의미했습니다. 그것은 마치 사회주의라는 초민족적 국가 이념이 사라진 후 민족이 다시 역사의 중심으로 떠오르고, 그리하여 동구권에서 민족 분쟁이 재연되는 상황과 비교될 수 있을 것입니다.

다른 한편으로 십자군원정은 아랍에서 기독교적으로 각색되지 않은 고대 그리스 사상이 유럽으로 유입되는 경로 역할을 했습니다. 이것은 정신세계의 변화를 예고하는 것이었습니다. 그리고 마지막으로 십자군원정은 군수물자의 이동을 통해 이탈리아 도시의 경제적 번영을 가져왔습니다.

이러한 경제적 번영은 상인계급의 부상과 그들의 사회적 영향력을 확대시키는 결과로 이어졌습니다. 그러나 상인들은 중세의 도덕적 세계관과는 마찰을 일으킬 수밖에 없었습니다. 상인들은 보다 물질주의적이며, 따라서 엄숙한 도덕 체계에 구속받기를 거부하는 성향의 사람들입니다. 또 그들이 축적한 부는 적어도 그들에게 현실의 궁핍으로부터의 해방과 풍요를 가져왔으며, 따라서 그들은 우리가 육체를 몸담고 있는 이 세계를 만족이 가능한 영역으로 보기에 이릅니다. 그리하여 그들은 볼 수 없고 만져지지도 않으며 향유되지 않는 신보다는 구체적 사물과 세속적 만족에 더 큰 관심을 갖기 시작했습니다.

상인들의 사회적·문화적 영향력 확대는 상인들의 세속적 세계관의 영향력 확대를 의미합니다. 따라서 이제 중세와는 다른 세계를 모색해보려는 지적 고뇌의 싹이 마련되기 시작합니다.

이 중세와는 다른 세계에 대한 모색은 중세의 신성함과 절대적 윤리성에 묻혀 원죄의 굴레 속에서 숨죽이고 있던 우리 현실에 다시 시신을 돌림으로써 중세를 벗어나려 했습니다. 그러나 그것은 아직 다가올 시대에 대한 선명한 그림을 그릴 수 없었습니다. 중세 말기의 인간은 지금까지 살아온 중세와는 다른 세계가 어떤 모습을 가져야 할지 아직 알 수가 없었습니다. 아마 어느 시대에도 미래를 분명하게 투시하는 세대는 존재할 수 없을 것입니다. 이러한 상황에서 그들의 시선은 과거의 세계로 옮겨졌습니다.

그들에게 중세와 다른 세계로 나타난 것은 바로 고대 그리스였습니다. 고대 그리스, 거기에는 천국도 원죄도 없으며 또 우리를 창조하고 우리를 끝내 구속하는 신도 없었습니다. 거기에는 구원은 없었지만 현세의 행복이 있었습니다. 또 인간이 도달할 수 없는 근원적인 절대적 진리에 관해 신으로부터의 계시는 없었지만 인간 자신의 냉철한 사유를 바탕으로 한 인식과 학문이 있었습니다. 그리스, 그곳은 바로 인간의 숨결이 느껴지는 인간의 현실이 있는 곳이었습니다.

인간들은 엄숙한 회색의 중세를 거부하고 찬란한 그리스의 부활을 동경하기 시작했습니다. 그리하여 탈중세적 모색은 '재생'이라는 의미를 가진 르네상스라는 이름을 갖게 됩니다. 그러나 이러한 동경은 그리스의 진정한 모습에 대한 사실적 재발견이라기보다는 중세에 염증을 느낀 인간들이 보려고 하고 살고 싶어 하는 현실의 투영이었습니다. 그들은 현실 세계를 넘어서 있는 신의 영역에서 모든 근본적 가치와 행복을 찾던 중세의 추상적 세계관으로부터 우리 육체가 몸담고 있는 이 세계로 되돌아오고 싶었으며, 거기서 인간이 추구하는 모든 것을 발견하고 충족시키려 하는 세속적 삶의 방식으로 전향하고 싶었던 것입니다."

그는 잠시 르네상스 최초의 인문학자인 페트라르카와 그의 제자 보티첼리를 떠올렸다. 르네상스란 새로운 역사의 문을 연 선구자들, 소위 인문학*studia humanitatis*이라는 학문을 탄생시킨 이들. 이러한 생각은 자연히 보티첼리의 르네상스 초기 작품 〈프리마 베라, 봄의 알레고리〉에 대한 연상으로 이어졌다.

중세에는 음란한 팜므파탈[악녀]이라는 죄명으로 사창가의 표징

으로 처박혔던 그리스의 여신 아프로디테. 그러나 보티첼리는 이 작
품에서 아프로디테를 봄이란 그림의 주인공으로 등장시킨다. 그녀를
성녀의 모습으로 그려내는 파격을 단행하며 ……. 사랑과 욕망과 유
혹의 여신, 신과 인간 할 것 없이 사랑하고픈 모든 것을 유혹하고 사
랑에 빠졌던 아프로디테.

　그런 그녀가 성녀의 모습으로 변신해 모든 것이 새롭게 탄생하는
봄의 여신으로 나타나는 이 그림에서 보티첼리가 하고 싶은 이야기
는 무엇일까. 사랑, 욕망, 그리고 이 욕망과 사랑이 살로서 살아지는

인간의 몸, 그 모든 것은 성스럽다는 것을 성녀의 모습으로 나타난 아프로디테를 통해 그리고 있는 것은 아닐까. 결국 인간의 새로운 탄생을 축복하는 것이 아닐까?

잠시 보티첼리의 〈프리마 베라〉란 작품에 대한 생각에 잠겼던 그는 강의가 중단되고 있음을 비로소 의식하고 다시 말을 이었다.

"르네상스가 낭만적·예술적 방식으로 중세를 벗어나고자 했다면 자연과학의 등장은 신학적 세계관을 적어도 자연 영역에서만큼은 와해시키는 실질적 충격이었습니다. 당시의 지리상의 발견과 발명은 인간의 삶의 공간과 형태를 변화시키며 사상적 전환을 가능하게 하는 물질적 조건을 마련했으며, 새로운 자연에 관한 지식의 형성에도 큰 영향을 끼쳤습니다. 이러한 자연과학의 등장은 중세의 신학적 세계관에 치명적 타격을 가했습니다. 자연이란 목적 없이 외부에서 주어지는 원인에 의해 균일하게 운동하는 것으로 파악되어 자연의 의미

성과 목적성은 사라지게 된 것이죠. 대신 이제 자연은 항상 균일하게 운동하는 것으로 법칙적으로 파악될 수 있는 하나의 기계에 지나지 않게 된 것입니다.

르네상스, 지리상의 발견 그리고 자연과학의 발달은 서로 상승 작용을 일으켜 중세의 종교적 세계관이 권위와 정당성을 잃게 만들었습니다. 이것으로 탈중세 과정은 가속화되기 시작했습니다. 물론 이 과정은 갈릴레이의 종교재판과 같이 과학과 종교가 충돌하는 사건들을 겪지만 ……."

그는 다시 한 번 학생들의 주의를 살폈다. 다행히 아직까지는 지루해하는 것 같지 않았다. 조금은 길게 늘어지는 자신의 이야기를 들어주는 학생들이 고마웠다.

"이러한 탈중세화 과정은 상당한 저항을 불러일으켰습니다. 그리고 기존의 것을 폭력을 통해 보호하려는 시도도 나타났습니다. 브루노[16]는 이러한 철학적 혼란 속에서 희생당한 대표적 인물입니다. 그는 1600년 로마의 광장에서 화형에 처해 인생을 마감했습니다. 누군가가 건네주는 십자가를 말없이 뿌리치며 ……."

그러면서 그는 브루노가 다른 마녀와 함께 처형당하는 광경을 떠올렸다. 철학자의 운명은 가끔, 특히 시대적 전환기 때 모험을 감수할 수밖에 없지 않을까? 어쩌면 철학자는 비참한 운명을 지니고 태어난 사람이라는 생각이 들었다. 철학자는 현실의 아픔을 느끼고 표현하는 데 프로여야 하는 것 아닌가? 그래서 때로는 현실의 아픔을 지나치게 과장해서 느끼는 과대망상증을 보이기도 한다. 아무튼 화형당하는 브루노는 그에게 위대하게 느껴졌다. '시신의 재를 타고 저

72

연기처럼 피어오르는 브루노의 영혼이여, 영원하라.' 이런 생각은 그를 자못 심각한 분위기로 몰고 갔다.

"근대 철학은 인간의 삶의 모든 영역을 관장하던 중세의 기독교적 세계관이 점차 붕괴되고 탈중세의 움직임이 뚜렷해지던 상황에서 등장합니다. 이 시대의 고민은 이제 점차 사라져 가는 신과 새롭게 등장하는, 그러나 아직 정체를 알 수 없는 그 무엇을 보다 선명화하는 것이었습니다. 인간의 모든 삶과 행위에 의미와 일관성을 부여해주었던 신의 퇴장은 인간의 행위와 삶의 일관성의 상실, 즉 혼란을 의미하는 것이었습니다. 그리하여 인간들은 신뢰하고 따를 수 있는 새로운 근거를 요구하게 됩니다. 이러한 시대의 문제를 가장 예민하게 느낀 사람이 바로 프랑스 철학자 데카르트[17]였죠."

그는 데카르트를 생각할 때마다 비발디와 같은 바로크 음악을 연상했다. 그리고 그에게 그토록 철학을 배우기를 원했던 스웨덴의 이지적 여왕 크리스티나의 모습도 떠올렸다. 어렸을 때 본 〈크리스티나 여왕〉이란 영화에서 크리스티나 여왕 역을 연기한 그레타 가르보[18]는 너무나 인상적이었다. 그는 지금까지도 크리스티나 여왕은 지성미 속에 신비로운 감성을 숨기고 있는 듯 엷은 베일을 쓴 그레타 가르보의 모습일 거라고 생각하고 있다. 그녀에게 철학을 가르치며 데카르트는 환희를 맛보았을 것이며, 결국 그녀 곁에서 죽을 수 있는 행운을 누렸다.

"데카르트에게 주어진 시대적 과제는 이제 신이라는 권위와 정당성의 근거가 점차 실종되어가는 회의의 시대에 새로운, 확실한, 더 이

상 의심될 수 없는 근거를 마련해주는 것이었습니다. 그는 오히려 모든 것을 회의해 더 이상 의심될 수 없는 무엇을 찾으려고 노력했는데, 이러한 그의 노력은 방법론적 회의로 나타납니다. 즉 그는 모든 지식이 의심의 여지가 있는지를 점검해보고, 그러한 과정 속에서 의심의 여지가 없이 그 자체로 명석한*clair* 판명한*distinct* 진리기 발견되면 그것으로부터 인간의 지식 체계를 재구성함으로써 인간의 삶에 새로운 방향을 제시하려 했습니다.

이러한 그의 철학적 방법은 기하학의 그것과 유사한 것입니다. 즉 기하학은 공리와 정리로 구성되어 있는데, 공리는 그 자체 자명한 것으로 인정되며 정리는 이 공리로부터 논리적으로 연역됨으로써 정당성을 확보하게 됩니다. 데카르트는 회의를 진행시키는 동안 모든 것이 회의될 가능성을 갖고 있음을 확인했지만 그렇게 회의하는 가운데 더 이상 의심될 수 없는 것이 있음을 발견했습니다. 그것은 바로 회의라는 사유 활동을 하는 나 자신이었습니다. 즉 회의하는 나의 사유 활동까지 회의된다면 회의 자체가 성립할 수 없게 되는 것이죠. 그리하여 '나'라는 존재는 사유하는 한 존재가 부정될 수 없습니다. 바꾸어 말하면 '나'라는 존재의 확실성은 바로 사유라는 활동에 근거하며, 그것은 또 더 이상 의심될 수 없는 것입니다. 이런 식으로 데카르트는 의혹과 회의의 시대에서 인간의 삶이 근거할 수 있는 새로운 명증한 근거를 확보합니다.

그것은 바로 모든 것을 창조한 전지전능한 무엇이 아니라 바로 사유 활동을 하는 한에서의 나 자신이었습니다. 생각하는 '나'는 이제 모든 확실성의 근거이며, 존재의 근거입니다. 나는 단순한 피조물로서 이차적 의미를 지니는 존재도 또 원죄를 부단히 속죄하고 구원을 갈망해야 하는 존재도 아닌 자신의 근거이며 진리의 원천입니다. '나는 생각한다, 고로 존재한다'는 데카르트의 유명한 언명은 바로 나와 나를 이루는 모든 것의 무죄선언이었던 것입니다. 그와 동시에 데카르트는 인간 자아의 존재를 다른 사물과 분리시켰습니다. 즉 '나의 존재는 공간의 일부를 차지하는 데 있는 것이 아니라 나 자신의 사유 활동이다'라는 것이죠."

그는 데카르트의 철학을 나에 대한 무죄선언이라고 주장하면서도 자기가 지금 지나치게 과장하는 것은 아닌가하는 의구심을 떨쳐버릴 수 없었다. 데카르트에게서도 신의 존재증명은 중요한 철학적 주제로, 그는 계속 신에 대해 언급하고 있지 않은가? 인간은 완전한 신이라는 개념을 갖고 있는데, 불완전한 인간에게서 완전한 신이라는 개념의 유래를 찾을 수 없고, 따라서 신 개념은 완전한 신으로부터 우리에게 부여된 것이라는 방식으로 데카르트는 신의 존재를 증명하지 않았던가? 그러나 분명 데카르트의 신의 증명은 이후 철학적 발전에 커다란 의미를 지니지 못했다. 오히려 신 대신 인간 자아가 주체로서 이후의 철학사의 전면에 등장하기 시작했다. 그리고 신은 이제 이 주체와의 연관 하에 이해되었다.

이러한 점을 고려하면 그의 해석은 지나친 과장은 아닐 것이다. 그는 스스로를 위로했다. 학생들은 지적 긴장의 한계에 도달했는지 피로의 기색이 역력했다. 그는 강의의 속행이 자신의 외로운 독백으로 그칠지도 모른다는 두려움에 강의를 마쳤다. 학생들과 뒷산을 내려오면서도 사유의 여운이 계속 남았다. 아무튼 데카르트 이후 신의 사라짐은 더욱 더 빨라졌으며, 종교적 권위로부터의 인간의 해방이 도처에서 다양한 형태로 진행되었다. 그리하여 그로부터 200년 후 니체에 이르러 '신의 죽음'이 선언되었던 것이다.

인간 자신은 신의 말씀으로부터 완전한 해방을 맞이하게 되었고 이제 자유로운 존재가 된 것이다. 인간을 창조한 신 대신 인간을 자유를 향한 주체로 각성시키는 자유의 여신이 등장하는 것이다. 마치 들라크루아의 〈민중을 이끄는 자유의 여신〉처럼 …….

그러나 다른 한편 그것은 인간을 자신을 거리낌 없이 관철시키려는 욕망으로 가득 찬 존재로 탈바꿈시키는 것이 아니었을까? 니체[19]는 신의 죽음을 선언함과 동시에 이렇게 자신을 관철시키려는 의지를 '힘에의 의지'라는 표현 아래 오히려 우주적 존재 원리로 정당화하지 않았던가? 미시의 원자 세계에서부터 인간 세계까지를 관통하는 자기를 관철하기 위한 욕망의 원리. 힘에의 의지, 힘에의 의지 ……. 그는 '힘에의 의지'란 말을 여러 번 되뇌었다.

04

'힘에의 의지'?

숙영과의 대화 후 조금 주변이 정리되는 듯했다. 강의 준비에도 예전만큼은 아니지만 많은 시간을 투자했고, 후설에 대한 또 하나의 논문을 계획하기도 했다. 그는 조금 마음의 여유를 되찾자 그동안 미루어왔던 고모의 문병을 가야겠다고 생각했다.

오랜만에 보는 고모는 많이 쇠약해져 있었다. 고모부는 공직에서 은퇴한 후 여러 사업에 손댔지만 경험 부족인지 능력 부족인지 아니면 운이 없었는지 모두 실패하고 지금은 매우 어려운 처지에 놓여 있었다. 그리고 그것이 두 분의 건강마저 해친 것 같았다. 고모는 최근 들어 많이 아프더니 이제는 입원까지 하게 되었다. 그가 병원에 온지 얼마 되지 않아 한 젊은 의사가 간호사와 함께 들어왔다. 그리고는 "아줌마, 오늘 어때요?"하고 물었다. 목소리는 좀 거만하고 또 약간의 경멸감이 섞여 있는 것 같았다. 물론 파란 줄무늬가 진 광목의 환자복은 쇠약해진 고모를 상당히 초라하고 볼품없이 보이게 했다. 그러나 그러한 어투는 병으로 고통당하는 사람과 그러한 고통으로부터 사람을 구하는 사람 사이의 관계에서 오가는 대화가 아닌 것 같았다. 의사는 계속 반말 비슷하게 고모에게 몇 가지 질문을 했다. 그리고는 고모가 물어보는 말에는 귀찮은 듯 퉁명스럽게 기다려보라는 말만 남기고 병실을 나가버렸다. 그는 공연히 화가 났다. 그는 고모부에게 '의사가 왜 저렇게 예의가 없냐'고 투덜대며 자기가 한마디 해주어도 되겠냐고 물었다. 그러나 고모부는 깜짝 놀란 표정으로 손을 저으며 말했다.

"요즘 거의 모든 의사들 말투가 그런데 괜히 한마디 했다가 환자를 잘 안 봐주면 어떻게 하냐? 이 병실을 구하는 데도 원무과 직원에게 돈을 주었다. 아, 그 자식 얼마나 거만한지. 조금만 권한이 생기면 으스대는 판국인데 의사가 저러는 것도 당연하지."

그는 고모부 말에 대꾸할 수가 없었다. 사실 그가 지금까지 경험한 것을 돌이켜보면 모두가 자기가 가진 조그만 힘을 근거로 상대방을 굴복시키는 데 여념이 없는 것 같았다. 그는 훈련병 때 수돗가에서 먼저 입대한 이등병에게 고참 허락 없이 물을 먹는다고 늘씬 얻어맞은 일을 기억해냈다. 그리고 작년 여름이던가, 무거운 짐을 들고 연신내 주택가에 있는 친구 집에 가기 위해 택시를 탔을 때 겪은 기분 나쁜 기억도 또렷이 떠올랐다.

그때 그는 큰 짐을 들고 있는 그를 보고 그냥 지나쳐버리는 빈 택시를 10여 대 보낸 뒤에야 겨우 택시를 하나 잡아탔었다. 날씨도 덥고 가진 짐도 무겁고 해 택시기사에게 주택가 골목길을 좀 들어가자고 했는데 택시기사는 험악한 인상을 쓰며 알아들을 수 있을 정도의 목소리로 욕을 내뱉으며 난폭하게 차를 몰았다. 참다못한 그는 택시 기사에게 서비스업에 종사하는 사람이 그럴 수가 있냐고 조금은 위압적인 목소리로 따졌다. 그러자 택시기사는 조금 수그러드는 듯 고분해졌다. 그리고 부드러운 목소리로 "뭐하는 분이시죠?"하고 물었다. 그는 자기를 뭐라고 칭해야 할지 몰라 그냥 "선생이요"라고 대답했다. 그러자 그 기사는 재수 없다는 듯 "쳇, 선생 주제에. 난 또 검사 정도는 되는지 알았지"하며 그를 내팽개치듯 내려놓고 거칠게 차를 몰고 가버렸다.

한동안 의식의 심층에 가라앉아 있던 별로 중요하지 않은 경험들이 표면으로 떠오르며 그의 기분은 침체되어 갔다. 그리고 그러한 기억들은 사회의 작은 곳까지, 조그만 내무반과 병실과 택시 안에서조차 폭력과 권력의 행사가 작용하고 있음을 보여주었다. 과연 서로가 서로에 대해 이렇게 테러리스트가 되어야 할까?

그는 고모에게 또 오겠다는 말을 남기고 씁쓸한 마음으로 병원을 나섰다. 주차장 한구석에 처박혀 있는 빛바랜 프라이드는 오늘따라 유난히 궁색해 보였다. 차로 걸어가는 동안 그는 과연 자신이 사용할 수 있는 권력이 무엇인가를 생각해보았다. 아무것도 없었다. 그를 두려워하고 그가 굴복시킬 수 있는 자가 누가 있을까? 그가 위협할 수 있는 자는 아무도 없었다. 학점을 따야 할 학생들 말고는……

그는 운전대에 앉았다. 핸들을 잡고 시동을 걸려는데 자꾸 『반시대적 고찰』이란 작품에서 설규하는 니체의 말이 머릿속을 맴돌았다. "너희들 가운데 누가 힘이 약하다는 것을 알고 그 약한 힘을 실제로 경험한다고 해도 힘을 포기하겠는가?" 진정 니체 말대로 자신을 관철시켜 자신이 살 수 있는 영역을 확보하고 확장하는 것이 진정한 삶이 아닐까? 삶의 장은 부단히 권력과 권력이 충돌하는 장이며, 삶의 논리는 이기기 위한 전략이 아닐까? 권력, 자신을 관철할 수 있는 힘, 욕망을 충족시킬 수 있는 힘, 그것이 바로 삶이 아닐까? 그래 니체야. 권력의지, 힘에의 의지를 주장하며 싸움을 정당화시켰던 철학자 니체.

니체에게서 힘에의 의지는 단순히 정치권력만 의미하는 것은 아니다. 그에게서 힘에의 의지는 존재의 원리이다. 니체는 인간의 의식과 행위를 포함해 자연의 모든 변화 그리고 우주의 움직임을 모두 힘을 얻고자 하는 것으로 보았다. 힘에의 의지는 미시세계부터 거시세계까지, 물리적 세계부터 인간적 세계까지 관통하는 존재의 보편적 원리인 것이다. 인간의 성취욕, 동식물의 성장, 원자들의 운동, 별들의 인력, 천체의 운항 등도 자기의 존재 영역을 확대하기 위한 힘에의 의지에 의해 나타나는 현상이다. 심지어 인식도 혼란한 현실을 장악하기 위해 필요한 만큼 현실에 규칙성을 강요하기 위한 것이다. 그리하여 니체는 "이 세계는 힘에의 의지이다"라고 하지 않았던가.

힘에의 의지가 세계의 본질이며 존재의 가장 내적인 본질이며 변화의 최종 근거라는 것이다. 이렇게 이 세계가 힘에의 의지인 한 그것으로부터 벗어나 존재할 수 있는 것은 아무것도 없다. 힘에의 의지를 거부하는 것, 그것은 곧 존재의 포기이다. 싸움과 이기기 위한 모든 전략과 행위는 존재에 필연적이다. 이것은 평화의 안락함을 전파하는 어떠한 미적 언어를 통해서도 결코 중단되지 않으며, 보고 싶지 않아도 보아야만 하는 세계의 진정한 모습이다. 아니 어쩌면 푸코가 니체보다 더 정확한지도 몰랐다. 1985년에 에이즈로 죽고만 프랑스의 파격적인 철학자 푸코.[20] 푸코는 권력은 모든 곳에 존재한다고 하지 않았던가? 권력은 미시적 경로를 통해 운반되고 배분된다고 하지 않았던가?

그는 멍청하다고 표현할 수밖에 없는 태도로 운전석에 앉아 니체와 푸코의 철학을 헤매고 있었다. 니체와 푸코에 대한 해석이 지나치게 부정적인 것 같은 느낌에도 그는 전혀 괘념치 않았다. 어차피 철학 텍스트의 고정된 의미는 없지 않은가?

그의 정신을 다시 일상으로 불러온 것은 앞쪽에서 나는 클랙슨 소리였다. 그는 소리가 나는 곳을 쳐다보았다. 긴 안테나를 부착한 검은색 그랜저가 마치 서양의 장의사 차 같은 모습으로 그의 프라이드 앞에 서 있었다. 뒷좌석에는 좀 거만해 보이는 50대 남자가 타고 있었다. 조금 있다 운전석 창문이 스르르 열리더니 기사로 보이는 사나이가 불쾌한 표정으로 소리쳤다.

"어이, 차 안 뺄 거야?"

05

결심

| The girl with April in her eyes |

요즘 들어 자주 침체된 분위기 속으로 빠져드는 것 같았다. 이상하게도 별로 유쾌하지 않은 경험만 자꾸 하게 되었다. 아니 조그만 일에도 기분이 나빠진다는 표현이 옳을 것이다. 지난번 병원 주차장에서도 그랬다. 성인이 된 후 처음으로 사람들이 보는 가운데 큰 소리를 치며 싸워보았다. 그보다 나이도 많아 보였고 또 그가 차를 빼지 않아 오랫동안 나가지 못하고 있었기 때문에 운전기사가 반말로 소리칠 수 있었다고 이해할 수도 있었다. 그런데도 그 말투에 신경이 마치 날카로운 철사에 긁힌 것처럼 느껴졌다. 그래서 문을 열고 나와 운전기사와 한바탕 싸움을 벌였다. 그런데 더욱 기분 나쁜 것은 그 기사가 차 뒤편에 놓인 빨간 비상등을 가리키며 '누구 차인지 알고나 까부는 거냐?'라고 한 말이었다. 그는 그만 그 말에 과민반응을 보이고 말았다. 그는 마치 발악이라도 하듯 달려들어 운전기사에게 한 방

먹였고, 결국 파출소까지 갔다 왔다. 차는 검찰청 소속이었다. 다행히 조사 과정에서 그가 뒷좌석 사람의 대학 20년 후배쯤 된다는 것이 알려져 풀려 나올 수 있었다. 선배는 후배니까 봐준다면서 배울 만큼 배운 사람이 그게 뭐냐고 한심하다는 듯 타일렀다.

아무튼 최근 그에게는 유쾌한 일은 별로 일어나질 않았다. 그래서인지 아무리 마음을 다잡고 연구를 시작해도 의욕이 생기질 않았다. 단지 니체에 관해 조금 읽었을 뿐이다. 다른 책을 읽을 때는 어떠한 감동도 얻지 못했다. 모두가 순진한 학자들이 연구실에 틀어 박혀 유아적 상상력으로 세상모르고 쓴 동화라는 생각 때문에, 그래서 거기에는 어떠한 진실도 담겨 있지 않다는 생각 때문에 책의 활자는 그저 눈앞을 스쳐지나갈 뿐이었다. 포착되는 의미는 아무것도 없었다. 아니 그는 원래 아무것도 없다고 생각했다. 그는 불안한 듯, 지루한 듯 연구실을 서성거렸다. 이럴 때는 차라리 누구와 쓸데없이 떠드는 것이 제일 나을 것이다. 그는 아는 사람에게 전화라도 걸어 이 지루한 시간을 지워버려야겠다는 생각에 책상 위에 놓인 수첩을 뒤적였다. 그때 마침 전화벨이 울렸다.

"나야, 나 여기서 의암호를 바라보고 있어. 저 평범한 의암호의 저녁이 이렇게 아름다운 색채의 마력을 뿜을 줄이야 ……. 마치 모네의 그림 같아 ……. 내게 와줄 수 있었으면 좋겠어. 누군가의 가슴이 그리워."

전화기에서 지혜 특유의 녹아드는 듯한 목소리가 흘러나왔다. 가끔 그는 지혜의 목소리에서 쥘리에트 그레코의 상송을 듣곤 했다.

　호수 주변에는 사람이 별로 없었다. 서쪽 호수는 낙조로 물들고 그 위로 카누 한 대가 잔잔한 수면을 헤치며 지나가고 있었다. 그는 그 광경을 바라보고 있는 지혜의 뒷모습을 발견했다. 그는 천천히 지혜에게 다가가 어깨를 어루만졌다. 지혜는 뒤를 돌아보았다. 그녀의 눈은 세상의 모든 존재에서 오르가즘을 느끼고 싶다는 표현대로 어떤 감격에 의해 촉촉이 젖어 있었다. 그녀의 눈에는 마치 4월이 흐르는 듯했다.

〈The girl with April in her eyes〉

그는 잠시 자신이 좋아하는 음악의 선율이 그녀의 눈 속을 은은히 지나가는 듯한 착각에 빠졌다.

"웬일이야. 이렇게 불현듯."

"불현듯 당신이 보고 싶어서."

핑크빛 루주의 그녀의 입술에서 가벼운 숨소리와 함께 섞여 나오는 말은 그녀와의 밤에서 듣던 숨소리를 연상케 했다.

"너무 정확한 대답이군."

잠시 후 그녀는 그에게 스러지듯 기대었다.

"참 오랜 세월이지, 우리가 이렇게 지낸 것도."

"새삼스럽게."

"그래 벌써 십 년이 넘었으니까. 내가 대학 4학년 때 갓 입학한 청순한 신입생. 그러나 너무 당돌하고 타부가 없던 신입생. 이후 나는 늘 지혜에게 농락당했어. 지혜와 있을 때 난 자신의 주인이지 못했어."

"타부. 그래요. 난 타부를 거부했어요."

타부와 지혜. 그것은 매우 처절한 과거를 갖고 있었다. 그녀가 예술적 에로티시즘으로 삶을 장식하기 전까지 그녀는 누군가에 의해 삶에 씌워진 타부에 의해 거의 삶의 종말에 이를 뻔했다.

지혜를 처음 보았을 때 저렇게 청순한 이미지의 여자가 있다는 것이 그에겐 거의 감동이었다. 그리고 또 그러한 청순함 속에 외설에 가까운 관능이 숨겨져 있다는 것이 신비로웠다. 그는 기억한다. 그녀의 짙은 유혹에 끌려 동정을 잃던 날 밤 가끔씩 그늘지던 그녀의 표정을. 그러나 그날 밤 이후 그런 표정은 더 이상 볼 수 없었다. 얼마후 그는 그녀로부터 그날 밤 얼핏 읽었던 표정의 비밀에 대해서 들었다. 그리고 그는 이해할 수 있었다. 왜 그토록 청순한 외모의 여자에게서 그토록 파격적 관능이 분출될 수 있는지. 그때 그는 지혜는 영원히 자유로워야 한다고 생각했다.

그녀가 고등학교 2학년 때인 어느 여름날이었다고 했다. 소나기가 쏟아지던 날 밤 그녀는 대학입시 준비를 하느라 여느 때와 같이 늦게 귀가 중이었다. 그날따라 무역회사 중역인 아버지는 해외출장 중이었고, 어머니는 외할머니 병환으로 마중 나올 수 없었다. 비 때문인지 그날 밤 거리에는 차와 사람이 드물었다. 그녀는 외동딸로서 늘 보호받고 자랐다. 그러나 그날 자신이 그렇게 혼자 집을 갈 수 있다는 것에서 묘한 해방감을 느꼈고, 여름 소나기가 너무 시원해 자신을 흠뻑적시며 걸어가고 있었다. 그때 갑자기 그녀 옆에 급정거하는 차 소리가 들렸다. 소리 나는 곳으로 시선을 돌리는 순간 차문이 열리며 건장한 청년들의 우악스러운 손에 끌려 지혜는 차 속으로 처박혔다. 그녀의 발버둥은 아무 아랑곳도 없이 그녀는 알 수 없는 곳으로 끌려갔다. 거기서 그녀는 세 남자에게 육중한 체중의 압박감에 눌리며 완전히 파멸되는 자신을 경험했다. 그때의 그 모멸감과 구역질. 그리고 그녀의 그곳을 파고드는 참을 수 없는 이물감. 전혀 경험치 못했던 치욕감. 그녀는 처절하게 망가졌다. 그들은 엉망진창이 된 그녀를 허섭스레기 버리듯 내던지고 만족한 듯 바지 지퍼를 올리며 사라졌다.

이후 아무리 샤워를 해도, 아무리 좋은 비누를 사용해도 진흙 뻘을 나뒹굴고 있는 듯한 느낌은 도저히 지워지질 않았다. 또 모든 사람이 두려워졌다. 지혜에게는 아직도 청순하다는 표현이 어울린다고 말해주며 잘 커야 한다고 머리를 쓸어주던 담임선생님도. 또 어려서부터 다니던 성당의 신부님도. 모두가 어느 순간부터 그녀에게는 무서운 남자들일 뿐이었다. 언제 어디서 어떠한 손들이 그녀를 끌어당겨 또 그녀의 그곳에 저 참을 수 없는 이물감을 남겨줄지 모르는 것이다. 그녀는 틀어박히기 시작했고 스스로를 고립시키기 시작했다. 결국 학교도 그만두고 말았다. 그녀에게는 절대로 일어나서는 안 되는 일이 일어났다는 사실이 너무나 억울하고 또 그녀의 육체 어디에도 아무런 흔적도 남아 있지 않음에도 불구하고 몸을 바라볼 때마다 느껴지는 불쾌감 때문에 하루도 잠들 수 없었다. 그리고 이제는 사람뿐만 아니라 자신에게 다가오는 모든 것에서 공포를 느끼기 시작했다.

그녀의 존재는 그렇게 하루하루 메말라가고 있었다. 그녀가 꼭 빼어 닮았던 엄마는 지혜의 고통을 감당할 수 없었던 모양이다. 엄마는 지혜가 사건을 당한 1년 뒤 뇌암을 선고받은 후 그녀를 남겨두고 아주 먼 곳으로 떠나고 말았다. 엄마를 땅에 묻던 그날 지혜는 엄마와 같이 묻히길 원했다. 그리고 얼마 후 소나기 내리던 어느 날 그녀는 흐르는 강물로 몸을 던졌다. 떨어지는 순간 느껴지던 자신의 가벼움. 이제 그녀는 모든 것으로부터 벗어나는 자유를 느꼈다. 날개를 단 듯한 상쾌함. 그러한 상쾌함 다음은 기억이 없었다. 얼마나 지났을까. 다시 눈을 떴을 때 그녀를 둘러쌓고 있는 몇 명의 남자의 걱정스러운 얼굴이 보였다. 아! 그들 사이로 보이는 한 여름의 찬란한 태양. 또 파란 하늘에 흰 구름. 깨끗했고 상쾌했고 아름다웠다. 그녀는 감격했다. 삶의 환희. 존재의 아름다움.

그 이후부터였다. 그녀가 삶에 드리워져 있던 타부의 베일을 걷어내기로 결심한 것은. 그녀에게 그 사건을 참을 수 없는 모멸감과 불쾌감으로 느껴지게 한 타부를. 아무의 성기나 아무렇게나 받아들여서는 안 된다는 저 타부. 그 사건 자체는 지울 수 없지만 그것이 갖는 의미는 달라질 수 있었다. 그것은 단지 사고일 뿐이다. 거기서 더럽혀진 것은 아무것도 없다. 망가진 것은 아무것도 없다. 그리고 그녀의 몸속으로 들어왔던 저 형언할 수 없는 이물감의 원천은, 그녀에게 존재가 찢어지는 듯한 아픔을 주었던 그것은 그들의 성기가 아니라 바로 그 타부였다. 파열의 고통을 느낀 것도 그녀의 처녀막이 아니라 바로 그 타부였던 것이다.

그녀는 이제 남자들의 성기에서 다른 느낌을 받아보고 싶었다. 성기가 줄 수 있는 느낌은 이물감과 아픔만은 아닐 것이다. 거기에는 틀림없이 어떤 환희를 가능하게 하는 의미가 담겨 있을 것이다. 그녀는 남자를 사랑하기로 결심했다. 그들은 아름답다. 힘이 있다. 그녀에게 과거는 용해되기 시작했다. 그녀의 삶은 다시 피어나기 시작했다. 이제 공포는 사라졌다. 세상의 모든 것이 환희를 가져다 줄 수 있는 것으로 보였다. 공부도 다시 할 수 있었다. 그리고 대학에 들어왔고 그녀가 사랑하기로 한 첫 남자로 그가 선택되었다.

얼마 후 그들은 같이 남해안의 한 섬으로 여행을 떠났다. 여행 첫날 밤 지혜는 깊은 포옹 속에 그를 받아들였다. 그가 그녀 속에 들어

갈 때 그녀에게는 잠시 옛 아픔의 기억이 얼핏얼핏 떠오르기는 했지만 그러나 그 후로 기억은 되살아나지 않았다고 했다. 이제 과거는 그날 밤 그녀의 그곳을 촉촉이 적시며 흘러나왔던 신비스러운 액체와 함께 깨끗이 씻겨 내려간 것이다. 그 후 그는 너무나 파격적이고 영원히 자유로워야만 하는 지혜에게 모든 것을 빼앗겼다. 지금까지도……

"뭘 생각해?"

그는 잠시 머뭇거리다 대답했다.

"으응……. 타부에 대해. 타부는 하고 싶지만 해서는 안 되는 금기잖아. 타부는 인간만이 만들 수 있는 거야. 인간만이 욕망에 대해 아니라고 반항할 수 있는 능력을 가진 존재야. 셸러Max Scheller란 철학자는 인간을 No라고 말할 수 있는 자, 영원한 프로테스탄트[반항자]라고 말했어. 물론 셸러가 타부를 염두에 두고 한 말은 아니지만……. 타부는 삶을 이끌어가는 지표 설정을 위해서 꼭 필요한 것이란 말이야. 삶을 위해서. 그런데 지혜는 그것을 거부했어. 그러면서 이렇게 탄력 있고 싱싱하게 존재하고 있어."

"그러나 타부는 인간 존재의 종말을 가져올 수도 있어. 난 삶이 반드시 목적이나 지표를 가져야 한다고 생각하지는 않아. 삶 그 자체, 그것은 언젠가 이야기했지만 예술적 행위야. 아름다움에는 목적이 없어. 아름다움은 우리에게 다가올 뿐이야. 삶에 목적을 설정하는 것, 삶에 지나친 가치와 무게를 다는 것. 그것에 의해 삶은 늘 시달리지. 또 그러한 목적을 성취하기 위해 설치해놓은 많은 금지의 망에 의해 삶은 경직되고 화석화되어 결국 아무것에도 환희를 느낄 수 없게 되잖아."

그는 고개를 끄떡였다.

그들은 다시 찰랑이는 물결에 흔들리는 석양을 바라보았다.

잠시 후 다시 지혜가 입을 열었다.

"나 할 말 있어."

"뭔데?"

"이제 나 그만 만날래."

지혜가 새삼스럽게 그들의 만남의 기간을 상기시켰을 때 순간적으로 스쳤던 이상한 느낌은 전혀 잘못된 것은 아니었다.

"이유는?"

"당신을 만나면 영민에게 전념할 수 없어. 영민과 함께할 때도 자꾸 당신이 어른거려서 집중할 수가 없어."

그는 그녀를 가슴 깊이 안았다. 마지막일 것 같은 포옹. 그리고 지혜는 아무 말 없이 돌아서 떠났다. 호수에 떨어지는 석양을 뒤로 하고 ······.

멀어지는 그녀의 차를 보며 생각했다. 그래 영민은 훌륭해. 그는 많은 것을 갖고 있어. 최근 나는 너무 무력해졌어. 심한 권태감. 그리고 아무것도 소유하지 못했다는 절망감. 최근 지혜와의 밤에도 그는 훌륭하지 못했다. 그의 일상생활에서 무력감은 그때 더더욱 분명하게 표현되는 것 같았다. 결국 지혜도 자기를 떠나고 만 것이다. 그날 밤 그는 정말 슬펐다.

지혜와의 마지막 만남이 있은 이삼일 동안 그는 〈The girl with April in her eyes〉와 〈She was too good to me〉를 번갈아 들으며 자신을 어루만지고 있었다. 그러던 어느 날 그는 영민으로부터 한 통의 전화를 받고 한동안 멍하니 정신 나간 사람처럼 창밖을 볼 수밖에 없었다. 차에서 손을 흔들며 돌아서던 지혜의 모습을 떠올리며. 영민은 나지막한 목소리로 그에게 말했다.

"지혜는 이제 더 이상 존재하지 않아. 널 만나고 오던 그날 경춘가도에서 충돌사고로 ……."

"뭐라고?"

그는 수화기를 떨 군 채 한없이 속으로 절규했다.

'아! 이해할 수 없는 죽음. 어처구니없는 존재.'

여전히 그의 오디오에서는 〈The girl with April in her eyes〉가 흐르고 있었다.

And he buried her gently and good.

Oh the morning was bright, all the world was snow-white,

But when he came to the place where she lay,

His field was ablaze with flowers on the grave,

Of the girl with April in her eyes …….

그리고 그는 그녀를 부드럽게 정성스럽게 묻어주었다.

다음날 아침은 찬란했고, 온 누리에 하얗게 눈이 내렸다.

그러나 그가 그녀가 누워 있는 곳으로 올 때면 그의 평원은 무덤

위의 꽃들로 형형하게 빛난다.

4월을 눈에 담은 그녀의 무덤 위에 핀 꽃들로 …….

06

변신
| 진리의 동굴에서 벗어나기 |

　산기슭에 자리한 사무실은 그런대로 한적하며 가끔은 사색도 허용
되는 공간이었다. 책상에 앉은 그는 안락의자에 몸을 늘어뜨리며 긴
장을 풀었다. 그리고 넥타이를 느슨하게 한 다음 조용히 눈을 감았
다. 그리고 지난 일을 돌이켜보았다. 지혜는 사라졌고 영민도 다시는
한국에 돌아오지 않겠다며 미국으로 돌아갔다. 영민이 떠나는 날 공
항 로비에서 그에게 던져주고 간 말을 생생하게 기억하고 있었다.

　"미안하다. 난 사실 지혜가 예전대로 너와 나 사이에 있어주길 바
랐어."
　영민은 어깨를 어루만지며 말했다.
　"알고 있어."
　"슬펐니?"

"조금."

"조금이 아니겠지."

"그래. 아주 많이."

"그렇겠지. 나도 매우 슬펐으니까. 지혜는 나에게도 매우 소중했어. 그녀가 그렇게 어처구니없이 죽은 후 나는 그녀가 내 마음 속에 내가 느낀 것보다 훨씬 더 깊이 들어와 있었음을 알았어. 난 그녀에 대한 기억을 지우기 위해 이곳을 영영 떠날 거야." 영민은 담배를 하나 피워 물면서 깊이 연기를 들이마셨다.

그는 영민과 더 이상 지혜에 대해 이야기하고 싶지 않았지만 한 가지만 물어보고 싶었다.

"그런데 영민아, 너는 왜 지혜가 우리 사이에 그냥 머물러 있길 바랐지. 날 위해서?"

"아니. 그게 나한테는 훨씬 더 좋을 것 같아서."

그는 이해할 수 없었다.

"좀 더 자세히 설명해줄 수 있겠니?"

"나에게 영원한 것은 아무것도 없어. 나는 영원한 가치라든가 영원한 사랑이라던가 하는 것에 더 이상 속지 않아. 존재하는 모든 것은 상품으로서만 가치를 지니며, 가치는 팔릴 때만 결정되는 것 아냐? 이러한 환경에서 존재자의 지속적 가치, 존재와 삶의 영원한 본질은 불필요하며 또 부재해야만 해. 끊임없이 변하는 시장 환경에서 삶이 근거할 수 있는 궁극적 근거를 찾는 것은 허망하고 비효율적인 행위야. 그리고 무모한 짓이야. 그것은 변화에 순발력 있게 대응해야만 존재할 수 있는 현실의 구조를 외면하는 도태 과정일 뿐이지. 그러한

98

상황에서 사랑만 예외일 수는 없을 거야."

"지혜에게도 그런 이야기를 했니?"

"물론이지."

"그런데도 지혜가 네게로?"

"명철아." 영민은 진지한 표정을 지으며 무겁게 그의 이름을 불렀다. 그리고는 말했다.

"지혜는 나에게 온 것이 아냐. 지혜는 나와 깊은 밤을 가진 적이 없어. 아니 그녀는 너 이외의 누구와도 ……. 지혜는 너로부터 잠시 멀리 있고 싶었을 뿐이야. 너에게 자신을 돌아볼 시간을 주고 싶었는지도 모르지. 지혜는 언젠가 나에게 말했어. 네가 점점 비어가는 것 같다고 ……."

그는 무슨 말을 해야 할지 몰랐다. 잠시 둘 사이에는 침묵이 흘렀다. 그의 표정이 조금씩 비감에 잠길 무렵 영민은 그에게 담배를 권했다.

"이럴 때는 한 모금 빠는 것도 괜찮아"

그는 담배를 받아 물었다. 맑은 정신으로 철학을 해야 한다는 어리석은 생각에 5년 동안 한 번도 입에 대지 않던 담배를 그는 가슴 깊이 들이마셨다.

잠시 후 나지막이 숨을 내쉬며 영민이 입을 열었다.

"진정으로 너에게 말할게. 넌 무엇을 가지려고 해야 돼. 넌 아직 우리 존재를 받쳐줄 수 있는 확고한 기반이 있다고 생각하는 모양인데, 원래 존재는 가벼운 거야. 상당 부분 비어 있지. 존재는 무에 의해 비움을 강요당해. 이것에 저항하며 존재를 충만시키는 것이 욕망이야.

우리는 이 욕망을 만족시켜주어야 해. 그렇지 않으면 우리 존재는 언젠가는 사라질 거야. 우리에게 필요한 것은 욕망을 만족시켜줄 수 있는 실력, 실질적 힘이야. 금력이든 권력이든."

영민은 자못 진지한 표정으로 그에게 충고했었다. 그는 가만히 침묵을 지켰고. 그토록 자신을 보여주기 싫었던 것일까? 자신이 얼마나 흔들리고 있는지 …….

영민이 떠난 얼마 후였다. 그가 이곳으로 직장을 옮긴 것은. 벌써 2년이 흘렀다. 1년 동안의 고도의 훈련 과정은 그에게 참을 수 없을 정도로 고된 것이었지만 그런대로 새로운 경험이었다. 그는 유학 가면서 그만두었던 운동도 다시 밀도 있게 했고 사격훈련도 받았다. 그야말로 파격적인 삶의 반전이었다. 그가 아꼈던 철학을 개인적인 몇 가지 사건 때문에 그렇게 쉽게 버린 자신이 놀랍기도 했고 때로는 자신의 철학적 정열의 허약함에 부끄럽기도 했다. 그러나 그러한 반전은 어쩌면 당연했는지도 모른다. 그는 여러 방식으로 존재의 허무성을 체험했던 것이다.

지혜의 죽음. 한동안 그를 슬픔 속으로 휘몰아쳤던 어처구니없는 죽음은 그에게 수수께끼였다. 그녀는 이미 죽음의 고비를 위대하게 극복하지 않았던가. 그리고 이후 그녀에게 삶이란, 존재란 얼마나 아름다운 것이었던가? 그래도 그녀는 죽었다. 존재 자체는 그러한 함정을 숨기고 있는 걸까? 그러한 수수께끼의 답은, 존재 그 자체는 위험이고 음모라는 것일 수밖에 없었다. 끊임없이 음험한 무의 위협에 시달리는 존재. 존재는 극단적인 심미주의적 에로티시즘에 의해서도 구원될 수 없는 것이다. 존재와 삶에는 자연적이고 인위적인 함정과 음모와 위험이 잠복해 있다. 이 위험과 음모를 발견할 수 있는 능력과 음모로부터 빠져나오는 교묘한 트릭만이 존재를 구원해주는 것이다.

한동안 무력증에 빠지지만 않았어도 어쩌면 지혜가 그렇게 되지 않았을지도 모른다는 생각에 그는 끈질긴 괴롭힘을 당해야 했다. 그때 그는 자신의 볼품없는 월급에 대해 의식하기 시작했고 또 마치 쌀의 가치처럼 몰락하는 철학을 의식했었다. 그리고 그러한 의식은 지혜와의 밤에 늘 자신을 나약하게 만들었었다. 그 무력증. 그것은 적어도 지혜의 죽음의 한 원인이었을지도 모른다. 왜 그녀는 영민에게 전념하려 했을까? 왜 그녀는 이별을 선언하러 그날 그에게 왔을까? 만일 지혜가 그날 여느 때와 같이 그와 밤을 지새울 수만 있었다면 ……. 그는 힘이 없는 자기, 힘을 잃어가는 자기 자신이 한없이 미워졌다. 어쩌면 지혜를 잃은 슬픔보다 자신의 무기력에 대한 분노가 더 컸는지도 모른다.

아버지만 사업에 실패하지 않으셨더라도 ……. 아버지의 패배와 그가 평범한 일상 속에서 부딪쳤던 사소한 불쾌한 사건들. 그는 그처럼 산만한 사건들에서조차 음모와 폭력과 권력을 보았다. 거기서 그는 권력에의 욕망과 이기기 위한 트릭은 권력에 중독된 자들 간에만 벌어지는 비정상적 상황이 아님을 확인했다. 그가 늘 살아야 하는 일상적 현실의 아주 미세한 부분에도 권력과 이기기 위한 트릭은 작용하고 있었다. 그것은 일상의 미시적 영역부터 정치 세계라는 거시적 영역까지 포괄하는, 도저히 벗어날 수 없는 삶의 기본 원리이다. 그래서 권력을 얻기를 거부하는 것, 정의롭고 아름다운 진리를 찾기 위해 끝까지 삶의 투쟁 속으로 들어오지 않는 것, 그것은 아버지와 같은 패배로 귀결될 수밖에 없을 것이다. 권력에의 욕망과 이기기 위한 트릭으로부터 자유로운, 아름답고 정의로운 진리의 영역이 있다는 것 그리고 그 안에서는 보호받을 수 있다는 것은 환상으로 드러났다.

비로소 그는 존재의 진리는 음모와 비밀 그 자체이며, 그것을 밝히는 것은 철학자가 아니라 차라리 첩보원이라는 사실을, 그리하여 진리를 드러내는 것은 사색이 아니라 공작임을 깨닫게 되었다.

그래서 그는 여기에 삶의 날개를 내리게 된 것이다. 때로는 지난 시절 학생들을 가르치며 그들과 함께 권력 충돌의 휴면 지대에서 지내던 때가 그립기도 했다. 하지만 점차 권력의 핵심에 다가가는 데서, 거대한 음모의 한가운데서 현실의 진상을 아는 몇 사람 중의 하나가 되었다는 데서 그는 마치 진리를 보는 소수의 선각자처럼 자만에 찬 쾌감을 느꼈다.

그것은 마치 플라톤의 동굴의 비유와 같을지 모른다. 대다수 사람은 동굴 안쪽을 바라보게끔 족쇄가 채워져 현실의 그림자만 보며 그것을 현실로 알고 있을 뿐 오직 몇 명의 철학자만 실재 자체인 이데아를 인식하고 있다는 플라톤의 주장.

플라톤의 이데아는 정의롭고 아름다운 것으로 수식되어 왔다. 플라톤이 존재한다고 한 저 이데아의 세계는 델비유^{Jean Delville}의 작품 〈플라톤의 학교〉처럼 그토록 아름답고 정연한 이상적 공간이었을지 모른다.

하지만 그가 알게 된 진정한 현실 속의 이데아는 정의라든가 선하

다든가 하는 수식어를 걷어버린 현실의 적나라한 모습이었다. 실로 그는 이곳에 온 후 동백림 사건, 민청학련 사건 등 과거의 비밀문서를 들쳐보면서 현실에 얼마나 많은 음모가 숨어 있는지 그리고 대다수 사람은 그러한 음모를 전혀 눈치 채지 못하고 어떻게 조작당하고 있는지 확인할 수 있었다. 세상에는 권력을 유지하기 위한 전략이 있을 뿐 이념은 정치적 전략을 은폐하고 치장하기 위한, 그리하여 사람들을 현혹하기 위한 짙은 화장에 불과함을 알았다. 지난 시절 남한의 반공 이념도 북한의 사회주의도 그랬고, 미국과 한국의 관계도 그랬다. 아무튼 그는 이제야 비로소 현실의 진리에 가까이 와 있다고 생각하며 자신의 삶의 전환이 현명했다고 자부했다.

그리고 실로 권력의 위력이란 어떤 포르노보다도 짜릿한 것이었다. 아버지를 함정 속에 몰아넣어 병들게 하고 미국으로 도망쳤던 자들. 그는 그자들을 찾아달라고 LA 지부 동료에게 부탁했었다. 그 동료는 자신 있게 대답했다. "치사한 자식들. 영어도 못하는 주제에 가긴 어딜 가? LA나 뉴욕의 한인 사회에서 얼쩡거리면서 공소시효 만료나 기다리고 있겠지. 걱정 마."

동료는 말대로 얼마 후 그들의 소재를 알려주었다. 그들은 한국에 대리인을 내세우고 여전히 무역업체를 운영하며 수입대금 명목으로 한국 재산을 빼돌리고 있었다. 그리고 이곳에 상당수의 차명계좌를 갖고 있었다. 그러한 정보를 입수하는 것은 그의 현재 위치로는 별로 어려운 일이 아니었다. 실명제가 전격 시행되고 난 얼마 후 그는 그들에게 국제 전화를 걸었다. 그는 자신의 현재 위치를 넌지시 암시했다. 그리고 적절한 형태로 아버지가 당한 손해에 대해 보상하지 않으면 아버지로부터 빼앗아간 액수의 몇 배가 넘는 이곳 재산은 더 이상 그들 것이 아니라는 경고를 해두었다. 습습한 스모그처럼 내리깔리는 음산한 목소리로 ……. 그 후 얼마 지나지 않아 그는 그들로부터 한 통의 전화를 받았다.

"땅의 등기를 아버님 명의로 회복해놓았습니다."

그는 이제 강해진 것이다. 그리고 그 후부터 그는 내면에서 강력한 힘이 솟아오르는 것을 느꼈다. 마치 고대 그리스의 거대한 청년상 쿠로스^{kouros}가 된 듯 ······.

물론 그가 이곳에 오게 된 것은 자신의 의지로만 이루어진 것은 아니었다. 당연히 운도 작용했다. 만일 남 부장이 정보부에 획기적 변화를 일으키지 않았더라면 그는 아마도 여전히 진리가 정의로운지에 관해 회의하며 사색이라는 이름 아래 쓸데없는 고민만 계속하고 있었을 것이다. 남 부장의 부임 이후 정보부에는 가히 혁명적인 변화가 일어났다. 남 부장은 고급 장교 출신이지만 인텔리였다.

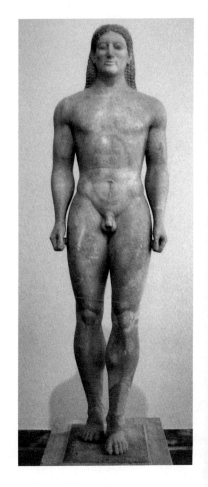

1980년대 초 영관급 장교 시절 그는 당시 권력 핵심으로 부상하던 정치군인들을 매우 가까이서 지켜볼 수 있는 위치에 있었다. 또 한편으로 매우 학구적이기도 해서 이곳 한국이 정치 세력들에 의해 혼란을 겪고 있을 때 미국으로 유학을 가 국제정치학으로 박사학위를 따기도 했다. 때문에 그는 권력의 속성과 권력의 논리인 전략과 음모를 매우 잘 이해하는 사람이었으며 또 상황에 대해 상당히 합리적으로 접근할 줄도 아는 사람이었다. 정보부가 과거의 일제 고등계 형사 집단 같은 수준에서 그야말로 정보 수집력과 신뢰할 수 있는 분석력을 갖춘 지적 집단으로 발전하게 된 것은 전적으로 그의 공로였다. 남 부장은 세련된 작전을 구사하기

보다는 극히 적나라한 폭력과 위협으로 모든 것을 해결하고, 그리하여 결국 모든 것을 망쳐버리던 과거의 원시적 정보기관을 소리 없는 고감도 탐지기로 만드는 데 성공했다. 그리고 정보부가 국제정보 수집에 괄목할 만한 진전을 이룬 것도 남 부장의 이러한 노력 덕분이었다.

정보기관의 합리적 정보 수집 및 분석 능력의 향상 그리고 활동 영역의 국제화를 위해서는 상당한 고급 인력이 필요했다. 그리하여 남 부장은 박사급 요원의 공개 채용을 실시했고, 삶의 전환을 모색하던 그에게도 그 기회가 왔던 것이다. 남 부장은 신규 채용된 요원들에게 상당한 관심을 갖고 있었다. 그도 그러한 남 부장의 관심에서 예외는 아니었다. 그리고 남 부장은 다소 이론적이며 아직도 철학적 추상성을 벗어나지 못하는 그의 보고서를 제대로 이해하며 관심을 갖고 읽어주는 유일한 사람이었다. 아무튼 남 부장과 그의 관계는 순조로웠으며, 그 덕택인지 그는 어느 날 남 부장의 보좌관으로 전격 승진되었다.

한동안 과거를 돌이켜보던 그는 시계를 보았다. 남 부장과의 면담 시간이 다 되었다. 그는 사무실을 나서 남 부장 방으로 갔다. 남 부장은 약간 피곤한 기색이었지만 그의 방문을 오래전부터 기다리고 있었던 것 같다.

"그래 어떻게 되었나, 이 박사?"

그는 작성한 보고서를 남 부장에게 제시했다. 남 부장은 현대 과학을 철학적으로 비판하는 글을 제출하라는 의외의 과제를 그에게 주었던 것이다. 그는 남 부장이 왜 갑자기 그러한 문제에 관심을 갖기 시작했는지 이해할 수 없었다.

도대체 정보기관과 현대 과학 비판이 무슨 관련이 있을까? 하지만 그는 남 부장을 만족시키기 위해 최선을 다했다. 남 부장은 세밀하게 보고서를 읽기 시작했다. 얼마의 시간이 흘렀을까, 남 부장은 심각한 표정으로 말문을 열었다.

"정말 현대 과학은 이렇게 희망이 없는 거야?"

"제 분석에 따르면 그렇게 보입니다." 그는 약간 자신 없는 듯 대답했다. 그는 계속해서 말을 이었다.

"갈릴레이 이후 근대 과학이 문제 삼고 자연의 법칙을 읽어낸 현상은 모두 죽은 존재자들의 현상입니다. 갈릴레이는 물리학의 기본 개념인 운동을 설명할 때 발사된 대포알이나 떨어지는 돌과 같이 죽은 존재자들을 예로 삼았습니다. 그러한 존재자는 스스로 움직이는 것이 아니라 오직 타율적으로 운동하는 존재자들이지요. 따라서 현대의 자연과학에서 자연의 운동이라는 것은 스스로에 의해 이루어지는 것이 아니라 외부에서 어떤 힘이 주어질 때 비로소 움직이는 것이라는 개념이 자리 잡기 시작했습니다. 그리고 이렇게 외부로부터 주어지는 힘에 의해 비로소 운동하는 것은 그러한 힘이 일정할 때 균일하게 반복되는 운동을 할 수밖에 없습니다. 따라서 그러한 운동 개념을 기초로 해서 바라본 자연은 스스로의 내적 능력 없이 외부의 힘에 의해 움직이는 것이며 항상 균일한 운동을 하는 존재입니다. 이렇게 자발성 없이 외부의 힘에 의해 운동하는 존재자를 우리는 기계라고 하죠. 또 그러한 운동은 균일하기 때문에 규칙성을 확인할 수 있습니다. 다시

말하면 그러한 운동은 법칙화될 수 있습니다."

순간 남 부장이 물었다.

"그런데 그렇게 법칙화될 수 있다는 것이 뭐가 잘못이라는 거지."

"문제는 자연에 존재하는 모든 존재자의 움직임이 이러한 운동 개념으로 파악될 수 있는가 하는 것입니다. 우리가 근대의 자연과학의 선입견에서 벗어나 운동을 성찰해보면, 특히 식물이나 동물 그리고 인간의 운동을 주목해서 생각해보면 운동은 내적으로 무엇을 이루기 위해 일어나는 것임을 알 수 있습니다. 가령 제가 지금 제 사무실에서 부장님 사무실까지 이동해온 것은 부장님이 요구하신 보고를 하고 부장님을 만족시키기 위해 제 나름대로 설정한 목적을 이루기 위해서 입니다. 그러나 갈릴레이 이후 운동은 돌과 대포알 등에서처럼 타율적 운동으로부터 파악되는 것이 하나의 전형으로 인정되었고 또 그것 만이 균일한 법칙의 인식을 보장하는 것이기 때문에 자연에 관한 접근은 오직 그러한 방식으로만 합리성을 인정받았던 것입니다. 물리학 이외의 다른 학문도 이러한 사고에 기초해 사물을 파악하려 했습니다. 그리고 그것은 급기야 산업과 결합해 새로운 생산양식을 낳게 됩니다. 다시 말해 그러한 생산양식을 자연에 대해 가동시키는 것, 즉 기계화라는 것은 결국 자연 스스로의 능력이 실질적으로 거부되는 과정입니다."

그는 보고서에 기록된 내용을 다시 한 번 빠른 속도로 요약해 남 부장에게 설명했다. 남 부장은 상당히 오랫동안 계속된 그의 말에도 별로 지루하지 않은 듯 고개를 끄덕이다가 그가 한 말을 한 문장으로 요약했다.

"좀 더 극단적으로 표현하면 자연自然은 더 이상 본래 자연이라는 단어가 뜻하는 것과 같이 자기 스스로 존재하는 것이 아니라 다른 것에 의해서 존재하는 타연他然이 된다는 건가?"

역시 남 부장의 지적 이해 능력은 놀라웠다.

"맞습니다. 자연의 자연스러운 능력이, 다시 말해 스스로 존재하는 능력이 거세당하는 것이죠."

"결국 현재와 같은 생산양식을 갖고는 자연의 파괴로부터 벗어날 길이 없다는 이야기지."

이 부분에서 그는 다시 자신감을 잃어버렸는지 작은 목소리로 대답했다.

"그런 것 같습니다."

"자네, 내일 저녁 시간 있나?"

남 부장의 물음은 무엇인가 중요한 만남의 필요성을 암시하는 것 같았다. 사실 내일 저녁 대학 동창 모임이 있지만 그것은 이제 별로 중요해 보이지 않았다.

"네 있습니다."

"그러면 내일 저녁 우리 집으로 와. 좀 더 구체적으로 이야기해보자고. 그리고 자네 혹시 학계에 있을 때 쓴 이와 관련된 논문이 있나?"

"네 특히 하이데거의 현대 과학 비판을 다룬 적이 있습니다."

"아. 그래. 그거 정말 잘 됐군. 하이데거라 ……."

남 부장은 야릇한 미소를 지으며 그를 쳐다보았다.

"자, 그럼 내일 보지."

"알겠습니다."

그는 남 부장 방을 나오며 중얼거렸다.

"도대체 무슨 황당한 일이 벌어지고 있는 거야?"

07

망각과 시작

다음날 저녁, 약속대로 그는 남 부장 집으로 갔다. 남 부장은 무언가를 읽고 있다가 그의 방문을 반가워하며 말문을 열었다.

"그래 논문은 가져왔나?"

"네."

"여기 몇 사람 더 와 있으니 자네 논문을 그들과 함께 토론해보도록 하지."

남 부장은 그를 서재로 인도했다. 그곳에는 정체를 알 수 없는 몇몇 사람이 이미 자리 잡고 있었다. 남 부장은 그의 어색함을 눈치 챘는지 그들을 소개했다. "이 사람들은 국내 유수 기업의 핵심 브레인들일세." 그러나 개개인에 대해서는 상세히 이야기하지 않았다. 그도 묻지 않았다. 아무튼 무엇인가 경제와 관련된 중요한 문제가 현안으로 떠오르고 있음을 직감할 수 있었다. 그러나 그것이 어떻게 철학적 문제와 연관될 수 있는지 도저히 감을 잡을 수가 없었다. 그는 그들과 악수를 나누고 자리에 앉았다. 이어서 남 부장이 좌중을 향해 무겁게 말문을 열었다.

"현재 우리가 입수한 정보에 의하면 독일의 한 학자가 환경에 전혀 부담을 주지 않는 새로운 에너지 생산방식을 발견했다고 합니다. 이 에너지는 기존의 어떤 과학적 이론에도 근거하지 않은 전혀 새로운 에너지 생산방식이라고 하는데, 도대체 정보만 있고 내용은 전혀 알 수가 없어요. 그리고 그 정보 자체도 신뢰할 수 있는지 부정확하고요."

그는 놀라움과 함께 남 부장을 바라보았다.

'새로운 에너지 생산방식? 환경에 부담이 없는? 엄청난 일이군. 어쩌면 새로운 문명의 탄생을 가져올지 모르는 ……. 그러나 그것이 과연 가능할까? 그런데 도대체 왜 정보부가 이 일에 관심을 갖는 것일까?'

남 부장 말에 그의 궁금증은 조금 풀렸지만 여전히 자신이 왜 정보부장, 게다가 기업의 브레인들 앞에서 히이데거의 현대 과학 비판이라는 현학적 주제에 대해 보고해야 하는지 이해할 수 없었다.

'갑자기 정보부와 기업이 환경보호에 관심을 갖기 시작한다? 그린피스 부속 기관이라도 되려는 건가?'

그는 이 부분에서 냉소적이 될 수밖에 없었다. 그가 이러한 생각을 하는 동안에 남 부장 말은 계속되었다.

"앞으로 이 에너지 생산방식이 본격 도입되면 독일과 미국이 연합해 환경보호라는 미명 아래 기존의 에너지를 국제협약을 통해 폐기할 전략을 세우고 있다고 합니다. 이른바 '그린라운드'의 히든카드죠. 물론 이 기술에 대한 권리를 그들은 상당기간 독점할 것이고 또 그렇게 되면 세계경제의 구조도 달라질 것입니다. 그러면 지금 일본과 아시아를 중심으로 재편 중인 세계경제 주도력은 다시 서양으로 이동하게 될 것입니다. 바로 이것이 그들이 목표로 하는 것이죠. 그들은 기존의 과학이 자연 파괴라는 악순환을 반복할 수밖에 없음을 강력하게 확신하고 있다고 합니다. 그리고 그러한 확신에 이론적 기초를 제공해준 것은 하이데거 철학이라고 합니다. 아마 그들은 하이데거 철학을 기초로 해 그들의 입장을 정당화할 것이겠죠? 따라서 오늘은 우선 하이데거가 이해하는 과학에 대해 제 보좌관 의견을 들어볼 생각입니다. 최소한 기초 지식이 있어야 정보 수집과 분석 방향을 정할 수 있을 테니 말입니다. ……"

약간 실망스러웠다. 결국 돈 문제였기 때문이다. 그러나 한편으로는 정보에 이론적·체계적으로 접근해 들어가는 남 부장의 치밀한 합리성에서 정보인의 프로 근성을 보는 것 같았다.

남 부장은 그에게 눈짓으로 시작하라는 신호를 보냈다.

"우선 하이데거가 과학이라는 문제를 다루는 맥락의 포괄성을 이해하기 위해서는 과학과 우리 삶의 관계를 투명화하는 것이 중요합니다. 따라서 저는 우선 근대 이후 과학이 우리 삶에 대해 갖고 있는 의미를 되돌아보고 난 후 하이데거의 과학 비판을 본격적으로 논의하겠습니다. 한 가지 두려운 것은 여기 계신 분들이 철학을 전공하신 분들이 아니라서 혹시 지나치게 난해하지 않을까 하는 것입니다."

그는 조용히 그들의 표정을 살폈다. 그들은 적어도 상당히 진지하게 그의 말을 끝까지 주의 깊게 듣겠다는 표정을 짓고 있었다. 그러한 표정은 그에게 안정감을 주었고 그는 나지막한 톤으로 논문을 읽기 시작했다.

오늘날 과학을 단지 하나의 현학적 이론 체계로만 본다면 과학의 본래 모습은 적지 않게 일그러질 것입니다. 또 과학은 우리 삶이 사용하는 수단이 아닙니다. 그것은 오히려 현재 우리 삶을 가능하게 하는 조건입니다. 동시에 도처에 스며들어 우리 생각과 행동을 지배하는 거대한 힘입니다. 그리고 그것은 단지 비유적이고 은유적인 의미에서가 아니라 실질적인 의미에서 세계의 변혁을 불러일으켰습니다. 이러한 변혁은 자연, 인식, 경제, 정치 등 인간의 모든 삶의 영역에서 직접적으로 체험될 수 있습니다.

결국 과학을 제거한 현대적 삶은 곧 삶의 붕괴를 의미합니다. 실로 근대화는 사실상 인간의 삶의 모든 영역이 과학화되어가는 과정으로 다른 시대와 구별됩니다. 따라서 오늘날 우리 삶의 구체적 모습을 이해하고 의미를 드러내기 위해서는 과학을 보나 포괄적인 맥락 안에서 반성하는 게 필요합니다. 과학이 현실적 문제에 민감한 철학적 지성을 끊임없이 자극하는 이유가 바로 여기 있습니다. 이러한 견지에서 현대 철학의 주도적 흐름을 '과학철학'이 형성하게 된 것은 너무도 당연한 역사의 전개였을 것입니다. 그러나 불행하게도 오늘날 소위 표면적으로 과학철학이라는 이름으로 갈채를 받고 있는 철학이 이러한 과학철학의 본래 목적에 충실한지에 대해서는 의혹을 표명하지 않을 수 없습니다. 그들에게서 과학철학은 대개의 경우 자연과학의 방법론 해명에 시야가 제한되어 있습니다.

물론 이러한 과학철학도 한계를 넘어설 때가 있습니다. 하지만 이때에도 목적은 자연과학의 방법론을 해명해 그것을 여타의 다른 학문에 적용시킴으로써 그러한 학문에서도 과학이 지금까지 이룩해온 것으로 믿어지는 효율성과 성과를 내기를 기대하는 것입니다. 이러한 믿음에서는 과학 자체의 문화적·역사적 정당성과 합리성이 비판적으로 주제화되지 않은 채 더 이상 문제될 것이 없는 것으로 간주됩니다. 이때 대개의 경우 그러한 정당성과 합리성의 근거는 과학이 인간의 다른 지적 활동과는 달리 경험적으로 확립된 진리 체계이며 나아가 현실적으로 인류에게 많은 유용함을 가져다준 사실에서 찾아지고 있습니다.

그러나 1960년 이후부터 상황의 변화가 일어나기 시작합니다. 우선 자연과학을 경험과학이라 규정함으로써 과학을 정당화시키려는 노력은 쿤, 핸슨, 파이어아벤트, 바슐라르 등의 거센 도전 앞에 좌절될 위험에 처했습니다. 또 실천적 측면에서도 근대 과학의 발전이 야기하는 아이러니가 점차 가시화되고 있습니다. 현대 과학이 제공하는 여러 가지 기술적 수단은 통화량 조절부터 군사 문제에 이르기까지 여러 가지 조작을 가능하게 했으며, 이 앞에서 개인의 결정과 자유는 무력화되고 개인의 삶의 영역이 기술 관료의 통제 하에 들어가는 개인 영역의 식민화가 진행되었습니다. 근대 계몽주의가 과학의 영향 아래 품었던 자유의 꿈은 일찍이 경험할 수 없던 새로운 통제 수단의 등장으로 깨어질 위험에 직면해 있습니다. 더욱이 오늘날에는 자연과학을 통해 자연과 우리의 삶이 죽음 앞에 있다는 인식이 도처에서 강렬하게 피부로 느껴집니다. 여기서 점차 그토록 믿고 추앙되어 왔던 자연과학에 대해 지금까지와는 다른 각도에서 보다 근본적으로 의혹어린 눈으로 바라보아야 할 필요성이 대두되었습니다. 이러한 상황은 바로 반과학적, 비과학적인 철학으로 그리하여 과학철학으로서는 무기력한 철학으로 취급하던 철학에 대해 관심의 시선을 돌리게 했습니다.

현대 철학에서 체계적으로 비과학적인 철학은 바로 과학철학적 관심의 구석에 방치되어 있던 하이데거 철학입니다. 그러나 하이데거의 저작을 검토해본 사람이라면 그가 이미 매우 섬세하고 세련된 과학 이해를 갖고 있음을 간파할 수 있습니다. 하이데거는 오늘날 유치해진 실증주의적 과학 이해, 즉 자연과학은 경험과학이라는 통념을 이미 이 실증주의가 환호되던 시대에 넘어섰습니다. 또 그는 과학이 우리 삶으로부터 유리된 학자들에 의해 주장되는 현학적 이론 체계가 아니라 실천적 힘임을 이미 예리하게 주시했습니다. 하이데거는, 과학은 단지 관점에 불과한 것이 아니라 현실이라고 주장합니다. 또 더 나아가 과학의 역사적·존재론적 정당성에 대해 고뇌에 찬 회의를 표시했습니다. 하이데거는 '과학자는 생각하지 않는다'고 설파하고 또 현대 철학과 기술에 대해 보통의 위험이 아니라 '최고의 위험höchste Gefahr'이라는 고통스러운 진단을 내립니다.

과연 우리 현실은 하이데거가 말하는 것처럼 그토록 암울한 것일까? 혹시 하이데거는 자신이 처한 현실을 자학함으로서 쾌감을 얻는 철학적 마조히스트가 아닌가? 그는 잠시 숨을 돌리며 생각하다가 다시 발표를 이어갔다.

"저는 여기서 하이데거가 어떻게 현대 철학과 대결하는지를 추적

해보고 그가 우리 현실의 어떠한 모습에서 그토록 위험을 느꼈는가를 선명화시키며 그 앞에 어른거렸던 극복의 길을 소묘해보려 합니다."

그는 잠시 멈추었다.

"조금 쉬었다 할까요?"

"아닙니다. 하이데거가 도대체 뭐라고 했는지 궁금하군요. 계속하지요."

그가 제일 두려워한 것은 혹시 자신의 말이 너무 철학적으로 어렵지 않을까하는 것이었다. 그러나 그들은 무언가 의미 있는 것을 듣고 있다는 듯 지루한 기색은 없었다. 그는 고무되었다. 그리고 한국의 기업 간부들의 높아진 지적 수준에 내심 감탄했다.

하이데거의 근대 과학 해명은 근대 과학에 대한 통념을 해체하는 것으로부터 시작합니다. 일반적으로 근대 과학을 여타의 자연에 대한 해석이나 인간의 지적 활동과 구분해주는 기준으로, 과학과 경험과학 그리고 계산 측정 등이 거론되었습니다. 우선 하이데거는 사실을 기준으로는 근대 과학과 근대 이전 과학의 구분이 불분명해진다는 점을 밝힙니다. 왜냐하면 중세의 과학도 사실에 대한 관찰을 이론의 구성 요소로 포함하고 있으며, 근대의 자연과학 역시 추상적인 보편명제와 개념을 사용하기 때문이죠. 그런 다음 하이데거는 근대 과학을 실험 과학으로 특징짓는 일반적 통념에 대해서도 허구성을 폭로합니다. 하이데거는 실험을 사물과 사물을 어떤 방식으로 결합시킴으로써 사물의 행위에 대해 어떤 정보를 얻는 것으로 이해합니다. 그리고 그러한 의미의 실험은 이미 고대와 중세에도 낯선 것이 아니었음을 상기시킵니다. 음의 고저와 현의 길이의 관계에 대한 피타고라스의 실험이라든가 금관의 순정도를 알아내기 위해 왕관을 목욕탕 속에 넣어 물이 넘치는 것을 관찰한 아르키메데스의 실험을 예로 들 수 있을 것입니다. 마지막으로 측정과 계산을 근대 과학의 근대성을 구성하는 것으로 파악하는 것도, 고대 자연과학도 수와 척도를 사용했다는 이유에서 하이데거는 승인하지 않습니다.

그때 한 사나이가 그의 말을 막고 나섰다.

"잠깐, 죄송합니다만 한 말씀 드려도 되겠습니까?"

"제 발표를 그냥 듣고 계시기가 권태로우신 모양이군요?"

"아닙니다. 절대로 그런 건 아니고 처음부터 너무 상식이 파괴되는 것 같아서 ……."

사나이는 단호하게 손을 저으며 계속 말을 이어나갔다.

"이렇게 근대 과학에 대한 일상적 통념이 파괴된 후에도 근대 자연과학을 특징지을 수 있는 것이 남아 있을까요? 근대 과학과 근대 과학 이전 시대의 자연에 대한 이해 사이에 아무런 차이도 없다는 말씀입니까?"

그는 돌발적인 질문에 잠시 당황했다. 그는 잠시 머리를 정리하며 하이데거가 근대 과학의 특징으로 들고 있는 마테마타^{mathemata}란 개념을 생각해냈다. 그리고 다시 냉정을 찾은 후 답변을 했다.

"물론 차이는 있습니다. 하이데거는 근대 과학의 특징을 일반적으로 수학적인 것이라고 번역될 수 있는 마테마타에서 찾습니다."

그러나 사나이는 재빨리 다시 말을 가로막고 나섰다.

" 근대 과학이 수학적이라는 것은 지극히 상식적인 이해가 아닙니까?"

사나이는 그의 논리의 허점을 찾아 집요하게 공격할 태세였다. 마치 권투에서 저돌적인 인파이터처럼. 그는 사나이의 질문이 이런 식으로 계속되다가는 원래 의도한 결론에 이르지 못할 것이라는 불안감이 들었다. 논쟁도 싸움이다. 그는 전략을 바꾸기로 했다. 일단 질문 공세를 퍼부을 기회를 차단해 논쟁의 주도권을 잡고 자기주장을 일방적으로 펼치는 전략을 쓰기로 했다.

"맞습니다. 그러나 여기서 중요한 것은 하이데거가 마테마타를 수학적인 것으로만 이해하는 것이 아니라는 사실입니다. 여기에는 조금 긴 설명이 필요하니 인내를 갖고 제 장황한 말을 들어주셨으면 합니다."

사나이는 불만스러운 표정이었으나 동의한다는 표시로 고개를 끄덕였다.

하이데거는 마테마타란 희랍어의 어원을 추적해 마테마타의 현재의 의미를 전복시킵니다. 하이데거는 '우리가 사물로부터 알아내는 것이 아니라 어떠한 방식으로 사물에 가져가는 것'이 지금은 상실된 마테마타의 본래 의미임을 상기시킵니다. 다시 말해 마테마타는 사물로부터 알아내는 지식이 아니라 말하자면 사물이 무엇을 말하도록 사물에 미리 들이대는, 사물을 들추어내는 방식이라는 것이죠.

하이데거는 '모든 물체는 외부에서 가해진 힘에 의해 상태가 변하지 않는 한 정지 또는 일직선상의 균일한 운동을 계속한다'는 뉴턴 물리학의 제1법칙에서 근대의 과학이 사물에 미리 가져가는 들추어냄의 방식을 보여줍니다. 그는 근대 과학의 마테마타를 아리스토텔레스의 물리학과 대조하면서 여덟 가지 항목으로 분류해 선명하게 부각시킵니다. 그것은 다음과 같이 간추려볼 수 있습니다.

'근대의 자연과학은, 자연의 사물에서 자신에 고유한 것 그리고 존재자가 존재하는 시공 상의 고유의 장소와 시간 등은 고려하지 않는다. 장소는 더 이상 존재자가 자신의 터전으로 삼는 것이 아니라 어떠한 것도 어떤 장소에 있을 수 있다. 장소는 단지 사물의 위치일 뿐이다. 이에 반해 아리스토텔레스의 『물리학』에서 자연은 모든 존재자의 내적 능력이며 모든 존재자는 고유의 운동 형식과 장소를 갖고 있다. 이러한 대비에서 분명해지듯 근대 과학을 통해 존재자의 자기성이 유린되고 자기 터전이 파괴되는 획일화가 일어난다.'

이렇게 존재자의 자기성을 가만 놓아두지 않고 획일화시키는, 그리하여 모든 존재자를 인과관계로 얽어매는 근대 과학의 연구는 결국 존재자를 가공하는 것입니다. 하이데거는 다음과 같이 주장합니다. '과학의 영역에 등장하는 현상은 이론에 의해 이미 결정되어진 대상의 연관 관계에 들어맞을 수 있도록 가공된다. 이와 같은 근대 과학은 엄격한 의미에서 theory[이론]라고 할 수 없다. theory의 어원은 테오리아[관조]이기 때문이다. 근대 과학은, 테오리아 같이 사물이 본연의 모습을 드러내는 것을 그대로 파악하는 관조 활동이 아니라 그것을 자신의 목적에 맞게 가공하는 활동 즉 기술techne인 것이다.'

이러한 이유에서 하이데거는 기술을 근대 과학의 응용이라 보지 않고 근대 과학 그 자체로 파악합니다. 바꾸어 말하면 근대 과학이 성공적으로 기술로 응용되는 것은, 정확히 표현하면, 근대 과학의 진면목 자체가 기술이기 때문입니다. 따라서 근대 과학의 응용으로서의 기술은 근대 과학의 진면목이 드러나 현실화되는 과정입니다. 근대 자연과학의 기술적 전환의 성과는 바로 여기서 기인합니다.

이러한 근대 과학의 학문적 활동, 즉 이미 짜놓은 획일화의 윤곽에 존재자가 들어맞도록 가공하는 작업은 존재하는 모든 사물에서 각 사물의 고유한 존재가치 자체를 박탈해 모든 사물을 공동화空洞化시키게 됩니다. 그리고 여기서 보다 중요한 것은 이러한 과학을 통해 맺어지는 인간과 사물의 관계는 가공자와 가공 재료의 만남이라는 점입니다. 이제 사물은 고유한 존재가치를 박탈당한 채 가공자의 목적에 따라 조직적으로 끝없이 활용되고 사용되고 소모되는 체계 안에 부속됨으로써만 존재할 수 있게 됩니다. 이렇게 사물이 존재하게 되는 존재양식을 하이데거는 부속품Bestand이라고 표현합니다. 그리고 근대 과학과 기술은 존재하는 모든 것의 전면적 부속품화Gestell가 진행된다고 설파합니다.

이때 다시 한 사나이가 그의 발표를 중단시키며 말했다.
"좀 구체적인 예를 들어줄 수 있습니까?"

좋습니다. 존재의 전면적 부속품화를 하이데거는 한편으로 쥐어짜냄이라고 부릅니다. 그리고 그러한 양태를 다음과 같은 예를 통해 보여주려 합니다. '공기는 질소를 배출하도록 쥐어짜지며, 땅은 광석을, 광석은 우라늄을, 우라늄은 파괴나 평화적 사용을 위한 원자력을 생산하도록 강요받는다.' 이러한 현실에서는 땅을 산출의 어머니로, 공기를 자연의 숨으로 그리고 강을 생명의 젖줄로 느끼는 것은 과학 이전 시대의 시인들의 유아적 환상에 불과합니다. 모든 사물은 그 자체로서 존재가치를 갖는 존재자가 아니라 조직적 생산 체계 안에서 다른 것으로 가공되어야 존재할 수 있는 재료나 자원에 불과하며, 그렇지 않으면 소모된 쓰레기일 뿐입니다. 설령 사물에 대한 과학 기술적 애정과 가치 부여가 있다고 해도, 그것은 소모된 쓰레기를 무가치한 것으로 폐기하는 것이 아니라 거기서 다시 활용 가치를 발견하는, 즉 재활용품으로 격상(?)시키는 데 있습니다. 우리 현존재가 처해 있는 실재의 모습, 즉 우리가 사물들과 관계 맺고 있는 양상은 바로 이것입니다.

"그래서 인간은 모든 것을 자원화하고 지배하는 자연의 지배자가 된 것 아닙니까?" 아까 그 사나이가 다시 문제를 제기했다.
"과연 그럴까요. 우리는 과학과 기술의 사용자이며 주인일까요? 그리하여 우리는 전면적 부속품화와 총체적 쥐어짜냄이란 양태로부터 벗어나 있을까요?"
그는 역으로 그 사나이에게 질문을 던지며 말을 이어나갔다.

하이데거는 우리 인간도 예외가 아님을 환기시킵니다. 인간은 사실상 분자생물학적으로는 탄소를 기반으로 한 단백질 재료에 불과하여 다른 것으로 가공될 수 있는 자원입니다. 하이데거가 적절히 표현하는 바대로 이 관계에서 인간 역시 가공될 수 있는 '인적 자원Menschenmaterial'에 불과합니다. 현대 철학과 기술에서 인간은 사물의 존재가 처한 운명과 똑같은 운명을 떠안고 있습니다. 하이데거는 우리는 거대한 부의 축적에도 불구하고 '암흑의 세계'로, '빈곤의 시대'로, '끝없는 겨울'로 들어서고 있다고 말합니다. 사물과 함께 우리는 우리 자신의 자기성을 부단히 공동화당하며 소모되고 있는 것입니다.

이제 결론을 맺고 싶었다.

하이데거는 '전면적 부속품화는 인간을 자신과의 관계뿐만 아니라 존재하는 모든 것과의 관계에서도 위협한다'고 말합니다. 이리하여 사물의 존재와 인간의 존재를 포함하는 모든 존재자는 예외 없이 자신을 잃어버리며 오직 모든 것을 가공하는 공학적 연관관계 속에서만 존재 의미를 갖는 부속품으로 전락하는 상황에 처하게 됩니다. 이 자기를 빼앗김이 오늘날 존재 자체가 총체적으로 처한 운명^{Seinsgeschick}입니다. 바로 여기서 하이데거는 '최고의 위험'으로 모습을 드러내는 현대를 목격하는 것입니다.

그는 논문을 다 발표하고는 목이 탄 듯 옆에 있는 물을 들이켰다.
"이 박사 수고했소."
남 부장이 무게 있는 목소리로 말했다.
그리고 남 부장은 곧 토론을 제안했다. 말이 끝나기가 무섭게 예리해 보이는 한 40대 남자가 질문을 했다.
"재미있게 들었습니다. 그런데 몇 가지 좀 이해가 되지 않는 점이 있군요. 마치 이 보좌관의 의견을 들으면 하이데거는 아리스토텔레스의 물리학은 옳고 갈릴레이 이후의 물리학은 틀렸다고 주장하는 것 같이 들리는데 좀 납득하기 어렵군요."

남자의 질문은 날카로웠다.

"매우 중요한 질문을 해주셨군요. 우선 하이데거는 아리스토텔레스의『물리학』이 옳고 갈릴레이의 물리학이 틀렸다고 주장하는 것이 아닙니다. 둘은 다 같이 자연의 진리를 드러내는 방식이라는 것입니다. 다만 드러내는 양식이 다르다는 것이지요. 그러나 지금까지 많은 이들이 근대의 자연과학은 경험으로 확인된 것이니까 옳고, 그것만이 자연을 그대로 드러내는 것이라고 생각해왔습니다. 그리고 과거의 것은 비경험적 망상이라는 편견을 갖고 있었습니다. 우선 그러한 선입견부터 없애야 한다는 것이 하이데거의 주장입니다. 옳고 그름의 문제가 아니라 자연이 인간의 학문적 활동을 통해 모습을 드러내는 방식의 차이라는 점을 유념하자는 것이죠."

그때 한 사나이가 도저히 이해할 수 없다는 듯 고개를 저으며 투박한 어조로 물었다.

"근대의 자연과학은 경험적인 것 아닙니까?"

그는 그 사나이에게 시선을 돌리며 답변했다

"자연과학이 우리가 생각하는 만큼 경험적이 아니라는 사실을 수긍하는 것은 매우 어려운 일일 줄로 압니다. 우리는 늘 그렇게 학습해왔으니까요. 그러나 자연과학 이론이 경험과 밀착되어 있음을 확보하는 것은 대단히 어렵습니다. 이 문제에 대해 조금 체계적으로 길게 이야기해도 되겠습니까?"

"좋습니다."

우리가 자연과학을 경험적이라고 믿는 것은 초기 실증주의 입장과 같습니다. 초기 실증주의는 자연과학이 경험과학으로 특징지어지는 근거를 다음과 같이 주장합니다. 자연과학적 이론들은 경험으로부터 출발해 경험에 근거한 자료를 수집해서 일반화시키는 소위 귀납induction의 방법을 통해 얻어지며 그 때문에 경험적으로 옳다고 증명됩니다. 경험적으로 옳다고 증명되는 것을 철학 용어로 경험적 입증empirical verification이라 합니다. 그러나 이러한 방식으로 자연과학에 경험성을 확보해주려는 노력은 포퍼Karl Popper라는 과학철학자에 의해 비판에 직면하게 됩니다. 포퍼는 자연과학 이론을 경험적으로 입증하는 작업은 불가능하다고 주장합니다. 이유는 다음과 같이 요약할 수 있을 것입니다. '자연과학은 이론을 수립할 때 개개의 경험으로부터 출발하는 것이 아니라 가설을 세우는 것으로부터 시작한다. 이때 가설은 개별적 사례에 대해 주장하는 것이 아니라 모든 경우에 타당한 보편성을 주장하는 무제한적 보편명제 형식을 갖는다. 따라서 그러한 가설을 입증하기 위해서는 그에 상응하는 무한수의 경험적 사실이 요구된다. 때문에 자연과학 이론이 보편타당한 진리임을 경험적으로 입증하는 것은 현실적으로 불가능하다.' 그러나 포퍼는 이렇게 자연과학의 경험적 입증 가능성을 거부함에도 불구하고 자연과학을 경험과학으로 특징짓는 것 자체를 부정하는 것은 아닙니다. 오히려 그는 자연과학을 경험과학으로 특징지음으로써 합리성을 확보하려는 실증주의적 노력의 적극적 옹호자입니다. 다만 자연과학의 경험성을 자연과학이 경험을 통해 진리로 입증된다는 데서 찾아서는 안 된다고 주장합니다. 오히려 그는 자연과학 이론은 경험에 의해 틀렸다고 오류가 드러날 수 있는, 즉 경험적 반증empirical falsification 가능성을 가진 이론임을 보여줌으로써 자연과학의 경험성을 확보하려 합니다. 바로 이렇게 경험에 의해 오류가 밝혀질 수 있다는 점에서 자연과학적 이론은, 경험적으로는 거짓이 판별되지 않는 신비적 주장과는 다르다는 겁니다. 사실 '하느님의 머리칼 색은 초록색이다'와 같은 주장은 경험으로는 진리인지 거짓인지 가려낼 수 없지 않습니까? 그리하여 포퍼는 경험에 의한 이론의 반증을 경험적 '탐구의 논리'로 파악하며 동시에 과학과 과학이 아닌 것을 구분하는 기준으로 제시합니다. 그리고 과학은 이렇게 반증 가능하기 때문에 오류가 발견되어 수정되면서 발전한다는 입장을 정립합니다. 실로 그는 이것을 논리적으로 엄밀하게 증명하는 데 성공한 것 같이 보입니다.

"그 증명에 대해 간략하게 설명해주시겠습니까?"
"그렇게 하겠습니다."

그러한 논리적 증명에는 두 가지가 있는데, 하나는 전문적인 논리학적 지식이 필요하기 때문에 생략하고 쉽게 이해될 수 있는 것에 관해서 언급해보겠습니다.
우선 조금 전에 말씀드린 대로 과학의 가설은 몇몇 특수한 경우에 대해 주장하는 것이 아니라 모든 보편적인 경우에 대해 주장하는 보편명제 형식, 즉 '모든 X는 ~이다'는 형식을 갖는다는 사실을 주목하는 것이 중요합니다. 이러한 형식의 과학적 가설은 논리형식상 '……은 없다'는 명제와 동치인 보편명제 형식을 갖기 때문입니다. 그런데 이 것이 포퍼의 반증 이론의 중요한 논거가 됩니다. 예컨대 '모든 까마귀 는 검다'는 보편명제는 논리적 형식을 손상시킴이 없이 '검지 않은 까 마귀는 없다'는 명제로 바꾸어 쓸 수 있습니다. 바로 여기서 보편명제 '모든 까마귀는 검다'는 검은 까마귀가 경험적으로 수백만 번 관찰되 었다 해도 타당성이 입증될 수 없는 반면 단 한 번의 검지 않은 까마 귀의 관찰로 반증될 수 있다는 사실이 분명해집니다. 왜냐하면 그 명 제는 '……은 없다'는 명제로 바꾸어 쓸 때 명확해지는 바와 같이 바로 '검지 않은 까마귀'라는 경우를 금지하기 때문입니다. 포퍼는 결국 이 러한 고찰을 통해 그의 저작 『탐구의 논리』에서 다음과 같이 주장합니 다.

'자연법칙은 금지로 파악될 수 있을 것이다. 그것은 무엇이 존재한다 는 것을 주장하는 것이 아니라 무엇이 존재하지 않음을 주장하는 것 이다. 바로 이러한 형식 때문에 자연법칙들은 반증될 수 있다.' ……

그는 좌중을 둘러보았다. 좌중은 포퍼의 명쾌함에 매료된 듯 고개 를 끄덕이고 있었다. 그는 이제 포퍼에 대한 비판을 해야겠다고 생각 했다.

"그러나 자연과학에 대한 보다 주의 깊은 통찰은 포퍼의 반증 이 론이 논리적 완벽성에도 불구하고 자연과학의 현실을 제대로 파악하 지 못했음을 부인할 수 없게 합니다. 즉 자연과학에는 경험적 반증 가능성 또한 배제되어 있는데, 이것은 다음과 같은 상황을 들여다보면 가장 명료하게 밝혀집니다."

아까 의심스러운 표정으로 질문했던 사나이가 이제는 호기심 가득 찬 눈으로 그를 바라보고 있었다. 그는 좀 더 또렷하게 말하기 위해 목소리를 가다듬으며 계속 말을 이어나갔다.

"자연과학 이론의 옳고 그름을 경험적으로 검증하기 위한 구체적 작업은 실험입니다. 이때 실험은 각 실험자의 임의에 따라 이루어지는 것이 아니라 실험의 객관성을 가능한 한 보장하기 위한 적절한 실험 방법에 의거해 수행됩니다. 잘 아시다시피 이 실험 방법 중 측정은 불가결한 요소입니다. 이 측정이 객관적 신뢰성을 갖기 위해서는 측정 또한 임의적으로 이루어져서는 안 됩니다. 측정은 근거 있는 척도의 선택을 요구합니다."

"좀 더 자세히 설명해주실 수 있습니까?"

호기심에 가득한 표정의 사나이가 진지하게 요구해왔다.

네, 측정의 신뢰성을 보장하는 것은 곧 척도입니다. 때문에 우리 주변의 아무 물체나 척도가 될 수는 없습니다. 측정의 엄격성을 보장하는 척도로 선택될 수 있는 물체는 기하학직 형태를 유지할 수 있게끔 고정적이거나 그렇게 만들어져야만 합니다. 그렇지 않은 경우, 즉 위에서 언급된 바와 같은 불변적 척도를 가질 수 없을 경우 — 사실 실재의 세계에서는 완벽한 기하학적인 척도는 없지요 — 척도의 변화에 따른 오차가 기하학적 내지 대수적으로 계산되어야만 합니다. 따라서 자연과학 이론의 경험적 검증에 필수불가결한 측정은 기하학 내지 대수학에 기초하지 않고는 수행될 수 없습니다. 그리하여 자연과학은 이론을 경험적으로 검증할 때도 수학에 근거하지 않고는 불가능하다는 사실에 이르게 됩니다. 이때 간과되어서는 안 될 중요한 사실은 수학은 비경험적 학문으로서 어떤 반증 가능성도 허락하지 않는다는 것입니다. 예컨대 허수가 경험적으로 확인될 수 없는 수라고 해서 허수의 수학적 타당성이 반증되는 것은 아닙니다. 피타고라스 정리도 마찬가지입니다. 이 세상에 존재하는 삼각형 중 피타고라스 정리가 정확히 성립하는 삼각형은 하나도 없습니다. 그렇다고 피타고라스 정리의 수학적 타당성이 반증되었다고 생각하는 사람은 없습니다. 즉 수학은 경험적 반증 여부와 관계없는 학문입니다. 결국 자연과학 이론을 경험적으로 반증하는 것은 그러한 작업 자체가 역행적으로 경험적 반증이 불가능한 수학에 기초해야만 이루어진다는 패러독스에 봉착합니다. 따라서 경험적 반증이 불가능한 수학에 근거해서 수행되는 자연과학 이론의 실험은 원리적으로 경험적 반증이 불가능한 작업입니다. 요컨대 자연과학에는 반증 가능성도 허용되어 있지 않습니다. 물론 이미 포퍼가 반증 이론에서 밝힌 대로 자연과학 이론에 대한 경험적 입증도 불가능합니다. 이렇게 경험에 의해 입증도 반증도 불가능한 학문은 진정한 의미의 경험과학이라 할 수 없습니다.

그곳에 모인 사람들은 그의 장황한 말을 심각하게 듣고 있었다. 그것이 오히려 그에게는 의아했다. 학회에서 발표할 때도 관심도가 이렇게 높지 않았는데. 그는 속으로 기업의 두뇌들은 대단한 지적 능력과 의욕의 소유자라고 생각했다. 그들이 그의 이야기를 이렇게 귀담아 듣는 것은 결국 그들 기업의 경제적 사활이 달린 문제이기 때문이 아닌가? 아무튼 한국의 기업 경영진들이 이렇게 지성화된 데 그는 한편으로 흐뭇했지만 한편으로 두렵기도 했다. 그들은 그러한 지성을 어디에 쓰려는가. 혹시 자신처럼 야심을 충족시키기 위해 사용하지나 않을까하는 생각도 들었다. 도덕과 윤리에 기초하지 않은 지식은 가공할 만한 광기의 도구가 될 수 있음을 그는 너무도 잘 알고 있었다. 이와 같은 생각이 잠시 뇌리를 스쳐갈 때 다시 한 사나이가 질문을 던졌다.

"이 보좌관의 설명으로 자연과학은 경험과학이란 등식은 성립할 수 없음이 어느 정도 이해가 갑니다. 결국 경험성을 갖고는 근대의 자연과학의 정당성을 확보할 수 없다는 이야기죠? 그러나 근대의 자연과학은 실질적으로 성공적이지 않았습니까? 실생활에 많은 편리함을 제공해주고 ……."

이러한 질문은 그에게 가장 곤란한 질문이었다. 그도 사실 근대 과학이 제공하는 편리함과 안락함 때문에 과학에 도취되곤 한다. 그러나 그는 그에 대해 다음과 같이 답변했다.

우리가 만일 실질적 성공을 기준으로 학문의 옳고 그름을 따지려고 한다면 기준을 설정하기가 매우 어렵습니다. 근대 과학은 자연을 이용하는 데는 성공적이었지만 자연으로부터 가치를 읽어내어 인간의 행위에 어떤 방향을 제시하는 데는 무기력하기 짝이 없습니다. 근대 과학으로부터 윤리적 내지 인간관계의 문제의 해결을 기대할 수 없는 것은 이러한 이유에서였습니다. 그러나 고대과학은 그렇지 않습니다. 아리스토텔레스의『물리학』은 자연을 이용하는 데는 성공적이지 못했지만 삶의 방향을 제시하는 기초가 되기도 하지요. 그리고 또 한의학의 예를 들어보죠. 한의학은 아시다시피 음양 이론에 근거해 있습니다. 음양 이론이 바라보는 자연은 근대의 자연과학과는 전적으로 다릅니다. 그러나 한의학은 실질적으로 질병의 치유 능력이 있으며 그러한 의미에서 성공적이라 할 수 있습니다. 그렇다면 우리는 결국 근대 과학과 전혀 다른 방식으로 자연을 이해하는 음양 이론의 자연관도 정당하다고 인정해야 합니다. 근대 과학이 음양 이론을 신비주의적 자연관으로 치부할 아무런 근거가 없는 것이죠.

물론 그는 음양 이론이나 한의학에 대해서는 상식 수준의 지식밖에 없었다. 그러나 항상 한의학의 예를 들며 근대 과학의 절대적 우위라는 편견을 타파해보려고 했다. 좌중은 조용해졌다. 그들은 그의 말을 수긍할 수 있지만 무언가 기만당하고 있지 않은가하는 표정을 짓고 있었다. 그러던 중 한 사나이가 다시 질문을 던졌다.

"그러면 적어도 남 부장이 입수하신 정보 중 현대 철학에 근거한 에너지 획득은 더 이상 가능성이 없고, 따라서 독일과 미국이 새로운 에너지 생산방식을 고집할 수도 있다는 이야기는 전혀 터무니없는 것은 아니겠군요."

"글쎄요, 그것까지 확언할 수는 없으나 가능성은 충분히 있다고 생각합니다."

"답변하실 수 있는지 모르지만 전혀 새로운 방식의 에너지 생산이 가능하다고 생각하십니까?"

"죄송합니다. 거기까지 말씀드릴 만한 능력이 저에게는 없습니다.

그러나 아주 어렴풋이 다음과 같이 말씀 드릴 수는 있을 것 같군요. 현재와 같이 에너지를 산출한다는 것은 자연의 힘을 인위적 체계를 통해 어떤 것에 집중시킨다는 것인데, 그렇게 되면 자연의 균형은 파괴될 수밖에 없을 것입니다."

그러나 그는 더 이상 구체적으로 자신의 생각을 전개할 수 없어 이야기를 하지 않기로 했다.

좌중은 자못 심각한 표정을 지었다. 오늘 그들은 모든 기대를 허물어뜨리는 한 비관주의자를 만난 듯 괴로운 표정을 짓고 있었다. 한동안 침묵이 흘렀다. 그러한 침묵의 분위기는 남 부장에 의해 전환되었다.

"여러 가지로 유익했소. 많은 것을 다시 한 번 생각하게 하는 주장이었소. 자, 오늘은 이만하고 이제 우리 평범한 일상으로 돌아갑시다."

가벼운 주연이 시작되었다. 참석자 모두는 자기 관리에 철저한 프로들이라서 그런지 술을 별로 즐기지 않았다. 그날의 모임은 그렇게 끝났다.

그는 흡족해 있었다. 오늘 모임에서 그의 말은 꽤나 설득력을 가진 듯했다. 남 부장이 보낸 시선도 그에 대한 신뢰를 담고 있는 것 같았다. 한편으로는 남 부장이 왜 그러한 발표를 시켰는지가 아직도 분명한 것은 아니었지만 그는 자신에게 어떤 중요한 임무가 부여되리라는 것을 확신하고 있었다.

그는 창밖을 내다보았다. 아파트에서 내려다보이는 한강의 야경은 아름다웠다. 강물에 비치는 가로등과 건너편 건물들에서 나오는 불빛 그리고 화려한 네온사인이 어우러져 있는 모습은 이 도시에서 그가 사랑하는 유일한 광경이다. 한강을 시멘트 아파트로 둘러 쌓아버린 감각 없는 도시 계획에 의해 한강의 낮은 처절하게 폐허화되었지만 밤에는 똑같은 시멘트와 어지럽도록 오가는 많은 차들은 어둠 속에 묻혀버린다. 이러한 서울의 야경이 때로는 관능적으로 느껴진다. 그것은 마치 가슴이 깊게 파인 검은 드레스의 여인이 희미한 불빛 아래 은은한 화장을 한 모습과 같다.

아마 자본주의의 밤은 관능적일 수밖에 없을 것이다. 자본주의에서 인간들은 낮에는 욕망을 충족시키기 위해 필요한 것을 생산하고 밤에는 그것으로 욕망을 채운다. 때문에 자본주의의 밤은 환락의 시간으로 바뀐다. 그는 "불륜의 사랑이 낳은 합법적 자식인 사치가 자본주의를 탄생시켰다"라는 좀바르트[21]의 말을 떠올렸다. 좀바르트는 자본주의의 발생 자체를 성욕의 세속화에서 찾는다. 자본주의의 생산물은 감각을 자극하는 것으로 이루어져 있으며, 감각적 쾌락과 성적 쾌락은 본질적으로 같은 것이기 때문에 사치와 감각은 근본적으로 성적 충동에서 나온다고 좀바르트는 주장했다. 따라서 좀바르트는 인간의 성욕이 자유롭게 표현되는 사회에서만 자본주의가 발전한다고 했다.

그는 좀바르트의 말을 음미하며 창가에 기댄 채 야경을 바라보았다. 그러나 그는 좀바르트의 말은 잊기로 했다. 밤은 오늘은 그저 아름답게만 보일 뿐 자신 안의 무엇을 자극하는 것은 아니었다. 그는 밤을 만끽하고 싶을 뿐이었다. 그는 천천히 오디오 쪽으로 다가갔다. 그리고 CD 음반을 틀었다. 사데이와 셀린 디옹의 노래가 함께 수록된 그가 가장 아끼는 CD였다. 오디오에선 사데이의 〈No ordinary love〉가 흐르기 시작했다. 갈색 피부에 환희 속을 헤매는 듯 가느다랗게 눈을 뜬 사데이의 모습. 그리고 모호한 안개가 감아드는 듯한 부드럽지만 투명하지 않은 목소리. 사데이를 음미하며 그는 희미하게 피어오르는 새벽 호수의 물안개와 그 안개의 신비로운 유혹 속으로 서서히 꺼져 들어가는 자신을 보았다. 정말 오랜만이었다. 아무런 생각 없이 무엇에 감동받기는 …….

그러나 그 감동과 함께 사데이의 목소리에서 외로움이 한결, 한결 어둠을 젖히며 그에게 다가왔다. 아무도 믿을 수 없는 정보와 음모의 세계에 그는 서슴없이 발을 들여놓았다. 그러나 그곳에는 아무 생각 없이 편안히 기댈 수 있는 사람은 없었다. 그에게 다가오는 모든 사람은 경계와 탐지의 대상으로만 존재 의미를 가졌다.

고독이 밀려왔다. 마치 에드워드 호퍼의 그림에 등장하는 홀로 남겨진 남자 같이.

지난 일이 그리웠다. 그때 그는 한 여자를 무조건 사랑하고 그녀의 모든 것을 거리낌 없이 영혼 속에 가득 넣었다. 지혜! 세상의 모든 곳에서 아름다움을 느끼려 했던 여자. 그녀는 맑은 눈과 때로는 연한 옥빛이 날 정도로 하얀 피부와 가녀린 몸매를 가졌었다. 그녀를 안을 때 나비처럼 부드럽게 감아드는 그녀의 가냘픔을 무척 사랑했다. 그때 그는 그녀를 깨뜨릴 수 없는 유리 인형 같다고 느끼곤 했었다.

"그래, 그녀는 나비처럼 날아 존재하는 모든 것에서 달콤함을 맛보겠다고 했지."

그런 지혜의 존재가 영원히 증발해버린 지도 벌써 3년이 지났다.

"아! 지혜."

그는 가슴이 저미는 듯한 고통을 느끼며 가느다랗게 지혜의 이름을 불러보았다.

그러나 3년이란 세월은 이제 조금씩 잊힐 때를 의미하는 것일까? 언제부터인지 지혜를 생각할 때면 또 하나의 여자가 기억되기 시작했다. 그녀는 지혜와 다른 분위기였다. 지혜가 고요함 속에 격렬한 관능을 감추고 있었다면 그녀는 매우 도전적이며 직설적이며 자신을 표현하는 데 거리낌이 없는 여자였다. 그는 그녀의 옷차림에서 어떤 전형 속에 묻혀 있는 자신에 저항하는 것을 느꼈다. 그녀의 옷차림은 늘 독특했으며 평범함으로부터 일탈되어 있었다. 그렇다고 해도 그녀는 유행하는 모든 것을 소비하고 치장하면서 그것을 개성으로 오해하는 소위 신세대와 질적으로 달랐다. 아무튼 그는 그러한 그녀에게서 감성과 전형화에 대한 반항을 볼 수 있었다. 그녀는 정치적·사회적인 것을 중시하기보다는 정치와 사회 속에 매몰되기 십상인 개인적 자아를 표출하려는 성향의 여자였다.

지혜가 죽은 후 그녀는 비교적 자주 그의 연구실을 찾아왔다. 그리고 그녀가 가끔 던지는 말은 그의 외로움을 달래주곤 했다. 그녀는 지혜와 같은 첫사랑의 애인은 아니었다. 그녀와의 만남은 이미 그가 사랑이란 단어를 자기와 관계없는 것으로 생각하던 그때에 이루어졌다. 그리고 그때에 이미 그는 조용한 학문의 평화에 점점 더 권태를 느끼고 권력에 대한 호기심과 욕망을 키워가고 있었다. 그녀는 첫사랑의 추억을 되살려놓은 여자로서의 의미를 가졌다. 그러나 그녀는 그에게 옛사랑을 향한 추억의 끈을 이어주며 어느샌가 그의 가슴에 소리 없이 들어와 있었던 것이다. 오늘같이 혼자 남겨진 시간, 그의 기억 속에는 그녀가 어느덧 지혜와 함께 외로움을 어루만져주는 과거의 여인으로 얼핏 얼핏 나타났다.

그녀는 바로 숙영이었다. 졸업 후 숙영은 계획대로 프랑스로 유학을 떠났고, 그도 학교를 그만 두고 현재의 이곳으로 옮겼다. 그녀가 그에게 소식을 전하려고 했는지는 모르지만 아무튼 지금으로서는 아무런 연락이 없다. 그러나 연락의 단절 속에서 그는 오히려 그녀를 자신도 모르게 자꾸 가슴 깊숙한 곳에 간직하게 되는 것이다. 그렇지 않으면 혹시 그녀가 잊힐질지도 모른다는 듯 …….

그의 가슴은 저미듯 스며드는 지혜에 대한 그리움과 한편으로 그러한 그리움으로 인해 한층 더 상승되는 듯한 숙영을 향한 복 바치는 감정이 묘하게 교차하면서 셀린 디옹의 목소리로 물들어가고 있었다.

…….I am calling you …….

08

공작 개시

오늘의 사격은 매우 가벼운 기분이다. 그래서인지 손에 쥔 리볼버의 차가운 느낌도 오늘은 상쾌하기만 했다. 그는 귀마개를 벗고 옆에 있는 모니터를 보았다. 예상대로 모두 표적의 중앙을 관통했다. 짜릿했다. 그는 몸을 날려 몇 명의 괴한에게 총을 난사하며 쓰러뜨리는 광경을 연상했다. 그리고 혼자 피식 웃었다. "나에게도 이런 유치한 폭력성이 있다니 ……." 그때 윗주머니에 꽂혀있던 폴더형 핸드폰이 울렸다. 남 부장이 찾고 있는 것이다. 그는 빠른 걸음으로 사격훈련장을 나와 남 부장 사무실로 향했다.

남 부장은 전날보다 조금 더 심각한 표정이었다. 그리고 대뜸 말을 꺼냈다.

"이 박사, 독일 다름슈타트 공대의 게르트 쉬미트 교수라고 혹시 들어본 적 있나?" 게르트 쉬미트. 그는 철학과 물리학, 두 개의 박사

학위를 갖고 있으며 철학으로 하빌리타치온[교수자격논문]을 취득해 지금은 다름슈타트 공대 교수로 '사회적 과학'이라는 연구팀을 이끌고 있는 독일의 중견 철학자였다.

"예, 들어본 적 있습니다. 그리고 그의 저서도 읽어본 적이 있습니다."

"잘됐군. 우리가 조사한 바에 의하면 물리학과 철학을 전공한 사람이더군."

"네, 맞습니다. 그리고 마르크스 이론에 대해서도 상당한 수준의 이해를 갖고 있는 사람입니다."

남 부장은 이미 알고 있었다는 표정으로 "재미있군"하고 대답했다.

"바로 그 사람이 지난번에 이야기한 새로운 에너지 산출방식의 비밀을 갖고 있어."

"네 ……?" 그는 궁금한 듯 남 부장에게 더 질문하려 했으나 남 부장은 손으로 턱을 괴며 말했다.

"우리가 현재 수집한 정보는 매우 미흡하네. 현재로는 그만 알 수 있는 암호 형태로 모든 것을 기록해놓았다고 하는 것뿐이네. 우리는 대독일 공작 경험이 전무한 편이네. 정보망도 극히 취약하지. 물론 1960년대에 미련한 친구들이 동백림 사건[22]이란 원시적 공작을 해서 곤욕을 치룬 적이 있지만 ……. 어떤가, 이번 공작은 자네가 맡아보는 것이? 난 자네가 적임자라고 생각하네. 나에게 간단한 브리핑을 받고 내일 즉시 독일로 출국하게."

남 부장은 잘라 말했다. 그는 그렇게 말하면 끝이었다.

그는 남 부장의 말에 당황하며 물었다.

"임무에 대해 좀 더 구체적으로 말씀해주시지 않겠습니까?"

"자네의 임무는 쉬미트 교수에게 접근해 새로운 에너지 산출방식에 관한 이론을 탐지해오는 것이야. 자네는 학문적 배경이 있으니 우리 요원 중 그에게 접근하기에 가장 유리하지. 지금부터 자네 신분은 한국에서 연수온 환경연구소 연구원이네. 그리고 공작에 필요한 명령은 수시로 여러 루트를 통해 전달될 걸세. 특별히 강조하지만 이것은 절대로 누설되어서는 안 되는 공작이야. 만일 독일 정부에 우리 공작이 알려졌다간 동백림 사건과는 비교할 수도 없는 외교 문제가 일어날 것이 뻔해. 그리고 현재 독일이 EU에서 차지하는 비중으로 보아 EU와 우리나라와의 관계에도 심각한 타격을 주게 될 거야. 그렇게 되면 우리는 경제적으로 궁지에 몰리게 될 수도 있어."

남 부장은 철저한 보안을 강조하며 환등기로 다가갔다.

"쉬미트와 그의 연구원들 얼굴은 아나?"

"모릅니다."

"자, 그럼 그들의 약력과 얼굴을 잘 봐."

남 부장이 프로젝터를 켜자 50대의 턱수염에 안경을 쓴 남자 모습이 스크린에 등장했다. 네이비 블레이저를 입은 세련된 용모에서 지성인 같은 분위기를 풍겼다.

"게르트 쉬미트. 52세. 물리학석사. 튀빙겐 대학 철학박사, 하빌리타치온 쾰른."

"볼프강 뮐러. 35세. 디플롬 생물학, 철학박사."

"코바르칙. 경제학석사. 철학박사."

"다들 쟁쟁하지."

"안네마리. 32세. 독문학 석사. 그의 여비서일세. 어떤가? 매력적이지."

그리고 또 몇 명의 보조연구원 얼굴이 스크린에 나타나고 약력이 소개되었다.

남 부장은 그에게 서류봉투를 건네주었다.

그는 임무를 책임 있게 수행하겠다고 말하고 남 부장이 건네주는 서류봉투를 받아 들고 방을 나왔다. 안에는 이미 여권, 장기체류허가증 그리고 비행기 표와 독일에서 살 집의 주소와 계약서까지 완벽하게 들어 있었다. 그는 다시 한 번 조직의 힘에 놀랐다. 그리고 속으로 투덜거렸다. "이 친구들 언제부터 나를 이 일에 써먹으려고 계획을 세우고 있었던 거야?"

"독토 리, 네멘 지 비테 플라츠[앉으시죠]."

쉬미트 교수는 부드러운 음성으로 그를 맞아들였다. 인상은 사진에서 본 것처럼 전형적인 독일인 학자였다. 차갑고 예리하며 세련된 매너 그리고 생각보다 젊어 보이는 50대 초반의 교수였다.

쉬미트 교수는 곧이어 비서에게 차를 주문했다. 그는 비서를 쳐다보며 독일 교수들은 참으로 행복한 직업이라고 생각했다. 많은 연구 조교와 비서의 지원 속에서 독일 교수들은 매우 활발한 학술 활동을 할 수밖에 없을 것이다. 학생 지도나 부족한 연구 자료 때문에 뭘 연구할지 몰라 연구실에서 허송세월만 보내는 한국의 교수들과는 달리……. 그에게도 독일 교수들과 같은 환경이 주어졌더라면 아마 계속

140

학교에 머물러 있었을지도 모른다는 생각도 들었다.

그에게 주어진 면담 시간은 한 시간이었다. 그는 자신을 한국의 환경연구소에서 파견된 연구원이라고 소개하면서 독일에서 철학을 공부했다는 사실을 언급하는 것도 잊지 않았다. 쉬미트는 반가운 표정으로 학위논문이 무엇이냐고 물었다. '후설의 현상학'이라고 대답하자 그는 놀라는 표정을 지으며 말했다

"그 어렵고 문제 많은 철학자? 나는 그를 읽다가 포기했어요."

사실 쉬미트의 책에서 후설이 거의 언급되지 않은 터라 그도 쉬미트가 후설에 대해서는 잘 알지 못할 것이라고 짐작은 하고 있었다. 그러나 쉬미트가 후설을 알고 있었으면 그에게 접근하기가 좀 더 수월할 수 있을 것이라는 아쉬움이 남았다.

"저는 독일에 있을 때 교수님의 저서 『사회적 과학』을 매우 인상 깊게 읽었습니다. 그리고 귀국 후에는 환경연구소에 들어가 교수님과 같은 방향에서 생각해보고자 노력했습니다. 그러나 저서에서는 기본 개념만 설명되어 있어 많은 궁금증이 남더군요. 그래서 교수님을 직접 만나 많은 것을 배울 목적으로 이 다름슈타트 공대에 1년간 체류하려고 합니다."

쉬미트는 동양에서 온 젊은 학자가 자기 이론에 많은 관심을 갖고 있는 것에 매우 흡족한 표정이었다.

"대단히 고마운 일이군요."

그는 일단 쉬미트에게 호감을 사는 데 성공했다. 그러나 쉬미트 같은 학자에게 보다 중요한 것은 학문적 연대감임을 잘 알고 있었다. 그는 좀 더 그의 이론에 대해 이야기해야겠다고 생각했다.

"교수님 저서에는 마르크스가 자주 언급되고, 또 특히 마르크스에게서 인간의 노동을 자연과 인간의 물질적 대사 관계로 파악하는 것에 상당한 초점을 맞추고 있는 듯한 인상을 받았습니다. 그러나 이미 마르크스주의 실험이 독일의 통일이나 소련의 붕괴에서 보듯 실패로 끝난 마당에 마르크스에 기초한 미래 전망, 특히 환경 문제에 관한 대안이 가능할까요?"

쉬미트는 그의 이러한 질문에 여유를 보이며 대답했다.

"나는 마르크스주의자가 아닙니다. 나에게서 마르크스는 아리스토텔레스, 셸링, 헤겔 등과 같은 철학자일 뿐입니다. 그는 위대한 철학자였습니다. 그러나 그는 위대한 철학자일 뿐 신은 아니지요. 우리가 아리스토텔레스에게서 이해할 수 없는 난센스를 발견하듯이 마르크스에게서도 마찬가지입니다. 또 우리가 아리스토텔레스에게서도 여전히 의미 있는 주장을 발견하는 것 같이 마르크스에게서도 의미 있는 주장을 발견할 수 있습니다. 나에게서 마르크시즘은 단지 하나의 훌륭한 철학일 뿐입니다. 그러나 그의 철학에는 자본주의에 대한 비판뿐만 아니라 자연과 인간의 관계를 새롭게 이해할 수 있게 하는 계기가 남겨 있습니다. 이 계기를 소중히 간직해 인류의 미래를 위해 긍정적으로 성숙시키자는 것이지요. 마치 기독교가 중세와 같은 절대적 권위를 상실했다고 해도 사회적으로 여전히 하나의 비판 세력으로 존재하고 또 때에 따라서는 환경 문제에 대한 비판과 반성의 토대로 기여하고 있는 것 같이 말이죠."

그는 잠시 말을 중단하고 커피를 한 모금 마셨다. 그리고는 그의 말이 계속되었다.

"현재 환경 문제는 인류가 처한 역사상 최대의 위기입니다. 과거 위기는 인간의 위기였습니다. 거기서는 인간의 궁핍이 문제였고 억압받고 착취당하는 인간이 문제였습니다. 그러나 오늘날 인간이 처한 문제는 근본적으로 차원이 다릅니다. 그것은 생명체 전체, 더 거창하게 말하자면 존재의 위기입니다. 이러한 존재의 위기를 극복하는 작업에 과거에 등장한, 존재에 관한 모든 철학적 반성과 사색이 기여할 수 있는 기회가 주어져야 합니다. 나는 마르크스 이론이 정치경제학적으로만 이해되어 사장되는 것이 아쉬웠을 뿐입니다. 나는 단지 내가 아리스토텔레스에게 환경 문제의 해결을 위한 기회를 준 것 같이 마르크스에게도 주고 싶을 뿐입니다."

"그러면 교수님을 일종의 포스트마르크시스트라고 불러도 될까요?"

"글쎄요. 일단 나는 한 사람의 철학으로 세계를 통찰하려는 모든 시도에 반대합니다. 그것은 극히 위험합니다. 따라서 나는 무슨 주의자가 될 수 없습니다. 단지 나는 마르크스를 지금까지와는 다른 각도에서 바라보고 싶을 뿐입니다."

"말이 나온 김에 포스트마르크시즘에 대해서 좀 이야기해주실 수 있습니까?"

그는 대화 시간을 연장해 쉬미트에게 좀 더 친근감을 불러일으키고 싶었다.

"좋습니다."

쉬미트는 흔쾌히 그의 요구를 받아주었다.

"초면에 손님을 너무 오래 잡고 수다를 떠는 것이 아닌가 모르겠

네요."

"괜찮습니다."

"라클라우와 무페 같은 사람들에 의해 대변되는 포스트마르크시스트들은 1960년대 후반부터 본격적으로 등장합니다. 그들은 물론 마르크스의 계승자들입니다. 사회적 문제에 지대한 관심을 갖고 있지요. 이 점에서 마르크스의 철학과 그들 사이에는 주제 의식의 공감대가 확고하다고 생각합니다. 그러나 포스트마르크시스트들은 아이러니하게도 바로 사회라든가 역사라든가 하는 통일적 장의 존재를 부정하지요. 마르크스에게 자주 등장하는 개념은 통일된 사회라는 것입니다. 즉 마르크시즘의 목표는 공동체성에 장애를 가져오는 지배 요소들을 혁명적 방식으로 제거해 통일된 공동체성을 회복함으로써 인간다운 사회를 건설하려는 것이죠. 거기에는 물론 사회의 본질이 총체적 통일성에 있다는 신념이 바탕에 깔려 있습니다. 그러나 바로 포스트마르크시스트들은 이러한 통일된 사회의 존재 가능성을 부정합니다. 사회는 다양한 이질적 요구들이 분출되고 부딪치며 또 때에 따라서는 잠정적으로 결합하는 파편화된 불안정한 장이라는 것이죠. 그러한 사회의 무명한 공동체성을 확보하는 대안은 존재할 수 없다는 것이죠. 따라서 포스트마르크시스트들은 사회의 총체적 개혁이라는 거시적 프로젝트를 포기하고 사회의 작은 문제들에 주목하는 미시적 정치를 주장합니다. 사회의 총체적 개혁은 사회의 동일성이란 가정 아래 통합될 수 없는 요소들을 강제적으로 추방하고 사회를 하나의 구성을 중심으로 집중시키는 헤게모니를 불러온다는 것이죠. 실제로 마르크시스트들은 그들이 추구했던 해방과 전혀 달리 억압만을 산출하지 않았습니까?"

"알튀세르[23]도 같은 입장입니까?"

"알튀세르는 좀 다르죠. 라클라우와 무페가 사회의 통일성, 계급의 응집력에 의존해 총체적 변화를 추구하는 고전적 마르크시즘을 벗어나려고 했다면 알튀세르는 마르크스 이론에 스며든 관념론을 완전히 탈색시키고 구조주의적으로 이해하려 했습니다. 즉 역사의 주체는 인간이 아니라는 입장이죠."

"그런데 알튀세르에 대해서는 요즈음 전혀 들을 수가 없더군요."

쉬미트는 잠시 무슨 기억을 더듬는 듯 눈을 지그시 감았다.

"알튀세르. 난 개인적으로 그를 알아요. 그가 1965년 『마르크스를 위하여』란 책을 출판한 다음 나는 그와 개인적 친교를 가졌었죠. 나는 그를 만나러 가끔 파리로 가서 마르크스에 대해 토론하곤 했죠. 알튀세르는 초기 마르크스 사상에서 보다 인간주의적인 마르크스를 부활시키려는 프랑크푸르트학파를 거부하고 마르크스를 훨씬 더 반인간주의적으로, 즉 구조주의적으로 이해하려 했죠. 그는 비교적 메마른 몸매에 매우 우수에 깃든, 그러나 어떤 반항적 분노가 서린 눈을 갖고 있었어요. 그러한 외모답게 그는 모든 것에 지나치게 예민한 시선을 갖고 있었죠. 그에게 포착되는 문제는 거의 모두 그에게 아픔으로 다가오는 것 같았어요. 나는 그를 만날 때마다 그의 과도한 문제의식이 고통 속에서 스스로를 파멸시킬지도 모른다는 불안감을 갖고는 했죠. 그런데 결국 그는 어떤 광기 속으로 빨려 들어가 1980년 초 아내를 교살했다는 소문을 끝으로 철학계에서 사라졌어요. 정신병원에 수용되었다는 소문도 있고 자살했다는 소문도 있고 ……. 참

불행한 천재예요. 헤겔은 세계사를 영웅들의 도살장이라 했지만 어쩌면 현실은 천재들의 도살장인지 모르죠."

쉬미트는 잠시 침울한 표정을 지었다.

"아무튼 알튀세르는 마르크스 철학에서 비과학적 측면들, 그가 생각하는바 감상주의적인 이데올로기적 요소들을 제거하고 마르크스의 철학을 완전히 구조주의적으로 이해하려 했습니다."

쉬미트와의 대화는 점점 깊어지고 쉬미트는 점차 더 깊은 사색의 골로 빠져드는 듯했다. 그 역시 조금씩 쉬미트의 사색의 깊이에 끌려들어가고 있음을 느낄 수 있었다. 둘 사이의 대화는 그러나 비서의 노크 소리로 중단되었다.

"헤어 쉬미트, 독토 뮐러가 와 계십니다."

쉬미트는 시계를 보더니 미안한 표정을 지었다.

"죄송합니다. 독토 뮐러와 면담이 예정되어 있어서 ……. 아, 참 인사나 하고 가시죠. 그는 나의 미트아르바이터[연구조교]입니다. 매우 지적인 친구죠. 너무 정열적인 것이 흠이긴 하지만."

그 순긴 뮐러가 문을 열고 들어왔다. 금발의 뮐러는 그와 비슷한 나이로 1970년대식 대학생 차림 그대로였다. 장발에 동그란 금테 안경과 청바지 ……. 마치 1970년대의 존 레논[24] 모습 같았다. 그러나 뮐러는 존 레논보다는 훨씬 지적이며 차가움이 느껴졌다.

"헤어 뮐러, 한국에서 온 독토 리를 소개합니다. 이곳 독일에서 후설로 학위를 하고 현재 한국 환경처 산하 환경연구소 연구원으로 근무하고 있습니다. 우리 연구 프로젝트 '사회적 과학'에 많은 관심을

갖고 계시는 분이죠. 우리 노력이 벌써 동양의 한국에까지 알려지고
있다니 매우 고무적인 일입니다."

그는 뮐러와 악수를 나누고 자주 만나 이야기할 수 있는 기회를
가졌으면 좋겠다는 말을 남기고 쉬미트의 연구실을 나왔다.

09

프랑크푸르트에서의 재회
| Jazz의 유혹 |

오늘 쉬미트와의 만남은 성공적이었던 것 같다. 쉬미트는 그가 자기 연구 프로젝트에 관심을 갖는 것에 매우 기뻐하는 것 같았다. 사실 순진한 학자들에게 그보다 더 큰 기쁨은 없을 것이다. 과연 그러한 순진함 뒤에 새로운 에너지 산출방식이란 비밀을 숨기고 있는지 오늘의 만남으로는 전혀 감조차 잡을 수 없었다. 또 그가 미국과 독일 정부가 구상하는 세계경제 장악이라는 음모에 참여하고 있는지 아니면 자신도 모르게 걸려들고 있는지는 더욱 알 수 없었다. 아무튼 분명한 것은 쉬미트는 서서히 자신과 남 부장의 음모 속으로 빨려 들어오고 있다는 것이다.

그는 이런 생각과 함께 프랑크푸르트로 차를 몰았다. 특별한 약속이 있는 것은 아니었지만 오늘은 그냥 그곳에서 이리저리 쏘다니고 싶었다. 아우토반으로 40분 후에 그는 프랑크푸르트의 카이저 스트라세에 도착했다. 지하 주차장에 차를 세우고 거리로 나왔다. 통일 후의 독일은 그가 처음 독일 땅을 밟았던 과거 1980년대 초와는 사뭇 달라진 느낌이다. 그때도 이 카이저 스트라세는 독일에서 가장 지저분한 거리였다. 포르노 극장과 핍쇼, 그리고 창녀들의 거리. 그때 그는 그곳에서 모든 것이 허용되는 서구의 자유를 말초적으로 체험했고 그것이 가져다주는 직접적 해방감을 만끽했었다. 지하철 계단에는 마약중독자들이 웅크리고 앉아 서너 명씩 그룹을 지어 창백한 얼굴로 떠들며 헤픈 웃음을 흘리고 있었다. 당시 그는 왜 이렇게 잘사는 나라에 저들과 같은 마약 중독자가 있어야 하는지 제대로 이해할 수 없었다. 그리고 한편으로는 독일이라는 곳에 대해 실망했었다. 그러나 그는 시간이 지남에 따라 이 카이저 스트라세는 독일의 아주 극히 작은 이색 지대임을 알았다.

그가 카이저 스트라세를 떠나 목적지로 향했을 때 펼쳐졌던 일상적이고 평범한 독일은, 그가 부모와의 첫 전화를 너무 평화롭다는 말로 시작할 수밖에 없는 그러한 것이었다. 도시를 가로지르며 펼쳐진 녹색의 공원과 그 안에 적지도 많지도 않게 피어 있는 온갖 색의 꽃들 그리고 그 사이로 나있는 산책로를 따라 하얀 유모차를 밀며 한가롭게 거니는 사람들 모습이 만들어내는 장면은 마치 한 폭의 맑고 깨끗한 수채화를 그리기 위해 만들어놓은 것 같았다. 도시 곳곳에는 독일인들의 예술적 감각과 치밀함이 스며들어 있었으며, 많은 것이 정성스럽고 예쁘게 가꾸어져 있었다. 이러한 장면은 그의 시선에는 차라리 곰상스럽게 비치기도 했는데, 커다란 덩치와 달리 그들의 어디에 이렇게 작고 세밀한 구석이 있을까 하는 의아심이 들기까지 했다.

시가지에는 많은 차가 오가고 있었으나 경적소리는 들을 수 없었다. 또 길을 건너기 위해 신호등이 없는 횡단보도 끝에 서 있자 달려오던 차들이 모두 멈추더니만 어서 건너가라고 손짓을 하며 그가 건널 때까지 가만히 기다리고 있었다. 그는 정신이 없어 여러 번 공중전화 박스 안에 한 달 생활비가 든 지갑을 두고 온 적이 있었는데, 운이 좋았는지 매번 다시 찾을 수 있었다. 그러나 그것은 운이 좋은 때문만은 아니었을 것이다. 많은 사람이 건전한 사고방식을 갖고 있는 곳에서는 당연히 지갑을 잃어버렸을 때 되돌아올 확률이 많지 않겠는가? 때로는 질식할 것만 같은 그들의 질서의식이 따분하기도 했지만 아무튼 당시 그에게 비친 독일은 한국인으로서의 자신에게 열등감을 심어주기에 충분했다.

때로 그는 분노하기도 했다. 가끔 히치하이크로 차를 얻어 타게 되면, 그때마다 독일인은 상냥하게 웃으며 차를 태워주곤 했고 그들은 한결같이 일본인이냐고 물었다. 그때 한국인이라고 내답하면 대개의 경우 분위기는 금방 어색해졌다. 그리고는 화가 난 듯 아니면 실망한 듯 묵묵히 차를 몰거나, 아니면 좀 수다스러운 친구들은 여지없이 광주사태나 군사독재에서 살기가 어떠냐고 물어오곤 했었다. 그때마다 그는 당황했다. 그리고 자신에게 열등감을 심어주도록 만든 당시의 위정자들이 원망스러웠다.

당시에는 독일 매스컴에서 심심치 않게 한국의 대통령이라는 자가 군사 쿠데타로 정권을 장악하고 폭력으로 정권을 유지하고 있다는 뉴스를 다루었다. 그리고 1986년인가 그 대통령이 독일을 방문했을 때 보여준 세련되지 못한 매너나 경호원들의 무식한 행동은 독일 매스컴에 냉소가 가득한 기사거리를 제공했다. 아직도 잊을 수 없는 것은 독일 매스컴이 그의 방문을 '골칫덩어리 방문'이라는 표제로 보도했던 것이다. 그것은 그에게 한편으로는 부끄러움을 한편으로는 당시 한국의 정권을 장악하고 있던 자들에 대한 분노를 불러일으키기에 충분했다.

그러나 현재 그러한 분노는 흔적도 없이 사라졌다. 그리고 독일도 과거와 같아 보이지 않았다. 카이저 스트라세는 더 무질서해졌고 마약 중독자 수도 증가했다. 그리고 곳곳에 범죄의 흔적이 남아 있는 듯했다. 독일의 장벽이 깨어지던 순간 독일을 뒤흔든 환희의 함성은 마법의 힘에 의해 연출된 핑크 플로이드의 록 콘서트 같은 것이었을 뿐이다. 통일은 잠시의 열광만 가져다주었을 뿐 독일이 지금까지 지켜온 질서와 안락함이 서서히 무너지고 있었다. 독일은 몇 년째 마이너스 성장을 계속하고 있었다. 사실 그들이 가진 훌륭한 사회복지제도를 구동독에까지 확대하면서 국제 경쟁력을 갖추기란 여간 어려운 일이 아닐 것이다. 독일은 이제 더 이상 그들이 말하는 사회적 시장경제를 유지하면서는 사회복지 비용이 적은 일본의 경쟁국이 될 수 없었다. 그래서 아마 그들이 가진 사회복지제도를 유지하기 위해 새로운 돌파구가 필요할 것이다.

그는 독일이 미국과의 연합 아래 새로운 에너지원을 구실로 국제경제를 장악하려는 음모를 꾸밀 만한 충분한 이유가 있다고 생각했다. 미국도 소련의 붕괴 이후 군비경쟁의 부담에서 벗어나고 컴퓨터 소프트웨어와 정보통신기술의 성공적 상품화로 경제가 회복 단계에 들어섰지만 경제 주도권을 지속적으로 장악하기 위해서는 또 하나의 확고한 카드가 필요할 것이다. 독일과 미국, 그들은 세계경제의 주도권을 일본에 넘겨줄 수는 없는 것이다. 그들은 이미 국제통화시장의 교란을 통해 일본을 곤경에 몰아넣은 경험이 있지 않았던가? 그는 무엇인가 맥이 잡히는 것 같았다. 독일과 미국은 충분히 음모를 꾸밀 이유가 있었던 것이다.

그러나 진정 새로운 에너지 생산방식이 가능할까? 쉬미트는 정말로 그것을 개발했을까? 만일 성공했다면 그것은 엄청난 역사적 사건이다. 그러나 그러한 가능성에 그는 늘 회의적이었다. 만약 쉬미트가 세계경제의 현 구도를 바꾸어놓을 수 있는 그러한 방식을 발견했다면 독일 정부가 그를 저렇게 방치해놓지 않을 것이다. 한국의 정보부에서도 정보가 입수된 상태라면 그러한 정보는 적어도 일본과 중국의 정보기관에도 흘러들어 갔을 것이다. 따라서 쉬미트를 노리는 자가 많을 것이다. 쉬미트가 정부의 보호를 받고 있지 못하다면 그러한 음모는 쉬미트도 모르게 진행되고 있다는 말인가? 아니면 쉬미트를 중심으로 훨씬 더 은밀히 진행된다는 말인가? 아직도 여러 가지가 혼란스러웠다.

아직 남 부장에게서는 아무런 연락도 오지 않았다. 그는 남 부장으로부터의 연락이 있을 때까지 절대 연락을 해서도 안 되고, 입수한 모든 정보는 일단 보관하라는 명령을 떠나올 때 받았다. 그러나 남 부장으로부터의 연락이 어떠한 경로를 통해 올지에 대해서는 알지 못했다.

그는 이런저런 생각으로 혼란스러웠다. 그러나 어차피 오늘 모든 문제에 대한 답변을 얻을 수 있는 것은 아니었다. 그는 잠시 그러한 문제로부터 떠나 좀 쉬고 싶었다. 그는 시가지의 이곳저곳을 가볍게 산책하다가 분위기 있는 카페를 찾았다. 그곳은 카이저 스트라세 근처의 호젓한 재즈 바였다. 바의 한구석에 자리를 잡고 마티니를 주문했다. 그리고 재즈 악단의 연주를 감상했다. 악단은 〈I can get started〉를 은은하게 연주하고 있었다. 이 곡에 삽입되어 있는 피아노 연주는 그가 특히 좋아하는 것이다.

그는 재즈 피아노 연주자의 섬세한 감성이 쇼팽의 그것과 비교될 수 있을 것이라고 생각했다. 그리고 언젠가 읽은 프랑크푸르트학파의 아도르노의 신랄한 재즈 음악 비판을 다시 한 번 생각해보았다. 아도르노는 재즈와 블루스를 인간의 감각적 욕구만을 만족시키는 육체적 자극물에 지나지 않는다고 비판했다. 그러나 재즈는 결코 포르노 같은 게 아니다. 재즈는 물론 에로틱하다. 그러나 그것은 고도로 발달된 예민하고 섬세한 감성의 유희이며 거기서 그는 정녕 아름다움을 체험했다. 그것은 틀림없는 예술이었다. 그는 어쩌면 철학도 재즈 같아야 할지 모른다고 생각했다. 재즈 연주에는 악보가 없다. 연주가들이 그때그때 주어지는 분위기를 해석하고 연주 중 서로 조율해가면서 조화를 만들어내는 것이다. 물론 이것은 즉흥적인 일시적 무질서가 아니다. 재즈 음악 연주자들은 즉흥적으로 서로 조율할 수 있도록 화음에 대한 완벽한 이해와 함께 표현의 기교를 익히고 있어야 한다. 이러한 의미에서 재즈는 철학이 나아가야 할 방향과 많이 닮은 것 같다. 절대적 이론이나 진리에 대한 지나친 확신에서 비롯되는 교조주의보다는, 그리하여 다른 사상을 허용하지 않는 배타주의보다는 타인의 소리를 들으려는 그리고 거기에 적절히 맞추어 자기

소리를 내는 절제와 관용과 조화의 정신이 철학에 진정 필요한 것일지도 모른다.

그런데 왜 아도르노는 재즈에 그토록 거부감을 가졌을까? 이 프랑크푸르트라는 상업 도시에서 철학적 사색을 시도했던 아도르노는 아마 재즈가 자본과 결탁해 산업화한 것에, 그리고 그것이 대중의 비판 의식을 마비시킨 것에 분노를 느꼈을 것이다. 그러한 분노가 너무 컸기 때문에 재즈가 가져다주는 미적 체험을 느낄 수 없었을 것이다.

아도르노에 대한 상념은 자연스레 좀 전의 쉬미트와의 대화에서 잠시 언급되었던 프랑크푸르트학파로 옮겨갔다. 1920년대 바이마르 공화국의 혼란기에 시대의 아픔을 견딜 수 없어 이곳 프랑크푸르트에서 탄생했고 아직도 이곳을 중심으로 활동하고 있는 학파. 프랑크푸르트학파에 속하는 주요 사상가인 호르크하이머, 마르쿠제, 프롬, 아도르노, 그리고 최근의 하버마스 얼굴이 떠올랐다.

이들에 의해 형성되고 발전된 이론적 경향 또는 입장은 비판이론이라고 불린다. 이들은 철학이 실천적 힘을 가져야 한다는 점에서 마르크스와 일치한다. 그러나 그들은 마르크스의 철학을 고정된 교조적 체계로 신봉하기보다는 사회 현실에 대한 유연하고 비판적인 접근 방식으로 간주했다. 이들의 주장에 의하면 자본주의는 마르크스 이후로 크게 변해왔으므로 마르크스의 개념 중 많은 것은 폐기되거나 최소한 근본적으로 수정되어야 한다는 것이다.

특히 프랑크푸르트학파는 1930년 이후의 역사적 상황 앞에서, 마르크스가 제시한 전망에 대한 깊은 좌절에 빠진다. 그들을 그러한 좌절의 늪 속으로 빠뜨린 역사적 상황은 다음과 같았다. 1930년 이후 독일의 혼란을 틈타 등장한 나치즘이라는 극우 정권에 마르크스가 혁명의 주체로서 기대했던 노동자가 보여준 대대적 환호는 노동자의 역사의식과 그에 맞는 사회적 실천이란 전망을 포기하지 않을 수 없게 했다. 그리고 역사상 최초로 실현된 현실 사회주의는 스탈린에 이르러 폭압 정권화하고 어떠한 인간적인 삶도 기대할 수 없게 되었다. 그들은 사회주의의 현실 가능성에 대해 회의하게 된다. 또 선진화된 자본주의에서 등장하는 총체적 상품화 과정에서는 문화조차 의식의 고양이나 비판적 의미를 상실하고 단지 소비되기 위해 존재하는 것으로 전락했다. 문화는 대중문화란 새로운 옷을 입게 되었으며, 그것은 단지 노동에 지친 대중들의 상처받은 자아를 말초적으로 애무해 주는 환각제 역할만 할 뿐이라는 것이다. 이러한 상황에서 노동자 의식은 욕구 충족만 지향하는 단세포적 의식으로 퇴화해 더 이상 우리가 사는 세계에 대한 반성이나 비판의식을 기대할 수 없게 되었다. 마르쿠제는 이러한 인간 존재의 모습을 일차원적 인간이라고 표현했다.

아도르노와 호르크하이머는 지배와 이성의 퇴화 현상이 근대 이후 발생한 자본주의와 사회주의에 공통된 현상임에 주목한다. 따라서 그들은 근대 이후 목격되는 사회적 모순이 반드시 자본주의에서만 비롯되는 것은 아님을 목격하게 되었다. 그들은 근대 세계에서 인간에게 닥쳐오는 문제를 자본주의와 사회주의 모두를 발생시킨 근원에서 파악하려 했다.

그러한 근원은 바로 생산수단의 과학화에서 가장 뚜렷하게 등장하는 도구적 이성의 전면적 팽창과 그로 인한 이성의 또 다른 모습, 즉 비판적 이성의 퇴조에서 찾을 수 있었다. 아도르노는 근대 이후 이성을 전면에 내세우고 등장한 계몽주의는 인간을 신화적 환상의 세계로부터 벗어나게 해 지식에 기초한 해방의 가능성을 제시했지만 그러한 지식과 그것을 기초로 해서 만들어진 제도에 맹목적으로 지배되는 상황에 놓이게 된다는 '계몽의 변증법'을 주장했다. 호르크하이머는 근대적 이성이 객관적 법칙과 지식을 자기 삶에 유익하게만 이용하고 외부 세계에 대한 지배와 그에 상응하는 내면세계의 지배만 추구하는 도구적 성격에 빠지게 되어 결국 목적 달성을 위한 이성만이 남게 되었다고 그의 저서 『도구적 이성 비판』에서 주장한다.

하버마스는 아도르노와 호르크하이머의 비판적 이성의 회복에 동의하고 그것이 마르크스의 이론에 의해 해결될 수 없음을 통찰했다. 하버마스는 마르크스가 노동 개념을 지나치게 중시한 나머지 인간 간의 소통과 상호작용을 간과했다고 비판했다. 그리고 하버마스는 사회 현실을 자연과학과 같은 실증적 방법으로 분석하려는 입장에 대해서도 인식과 관심의 밀접한 관련성을 주장하며 거부했다.

하버마스는 인간의 인식은 그 자체가 독자적인 것이 아니라 삶의 문제와 관련이 있으며, 그리하여 인식은 그 자체만을 위한 순수한 것이 아니라 삶의 문제와 관련된 관심에 의해 비롯된다고 주장했다. 하버마스는 그러한 관심을 세 가지로 구분했다. 첫째는 외부 세계를 자신에게 유용하게 이용하려는 기술적 관심. 둘째는 타인과의 의사소통과 상호이해 그리고 그를 통한 공동체의 확보에 관심을 갖는 실천적 관심. 세 번째는 억압으로부터 벗어나려는 해방적 관심이다. 하버마스에 따르면 각 관심에 의해 발생하는 인식에는 각기 상이한 형태의 학문이 상응한다. 기술적 관심으로부터는 자연과학과 공학, 상호

이해의 실천적 관심으로부터는 해석학이 그리고 해방적 관심으로부터는 비판철학이 등장한다는 것이다.

한동안 아도르노와 자신의 재즈 철학을 그리고 프랑크푸르트학파를 오락가락하며 재즈 음악과 마티니의 어울림을 즐기고 있었다. 그때 저쪽 건너편에서 외국 남자와 앉아 이야기를 주고받는 젊은 동양 여자의 모습이 눈에 들어왔다. 그는 별로 할 일도 없고 해서 그녀의 모습을 물끄러미 바라보고 있었다. 그러나 점차 어딘가 익숙한 모습이라는 생각이 들기 시작했다. 동양인으로는 좀 큰 키에 검은 웨이브 진 긴 머리 그리고 자신에 넘치는 모습. 그 모습은 바로 숙영이었다. 그는 그녀에게 다가가야겠다고 생각했다. 숙영도 무엇인가 느낌이 이상했는지 흘끗 뒤를 돌아보았다. 숙영은 그때 자신에게 다가오는 한 동양 남자의 모습을 발견했다. 숙영은 그보다 훨씬 더 빠르게 그를 알아차렸다. 그녀는 자리에서 가볍게 일어나 그에게 다가왔다.
"선생님이시죠?"
그녀는 놀라움과 기쁨이 가득 담긴 목소리로 소리쳤다. 그 역시 그녀가 숙영이라는 것을 확인한 순간 대단히 기뻤다. 인생에는 가끔 이런 전혀 기대하지 않았던 극적 우연이 있기 때문에 즐거운 것이 아닐까. 숙영이 다시 자리로 돌아가 뭔가를 이야기하자 외국인은 그를 쳐다보며 자리를 떠났다.
그는 숙영과 같은 테이블에 앉았다. 숙영은 너무나 즐거워했고 또 많은 것을 물어왔다.
"선생님, 어떻게 된 거예요? 학교로 몇 번 편지했었는데."

"나는 이제 선생님이 아냐. 오래 전에 그만 두었지. 그러니까 날 선생님이라 부르지 마."

그는 자신이 여전히 그녀의 선생님으로 기억되는 것이 싫었다. 그리고 선생님은 지금의 그에게 너무 무거운 호칭이었다. 그는 학교에 있을 때도 학생들에게 선생님이라 불리는 것이 두려웠다.

"좋아요. 저도 선생님이라고 부르고 싶지 않아요. 그러면 뭐라고 그러지. 독토 리? 명철 씨?"

그녀는 이렇게 그의 호칭을 여러 가지로 부르다 재미있는 듯 웃고 말았다.

"분위기 따라 아무렇게나 부르지, 뭐. 선생님이라는 말만 빼놓고 ……. 그런데 여기는 웬일이야. 파리로 간다고 했잖아?"

"파리로 갔었죠. 그곳 에스모드에서 공부를 마치고 지금은 함부르크에서 일하고 있어요. 어딘지 아세요?"

"글쎄 ……."

그는 한동안 생각해보았지만 떠오르는 것이 없었다.

"질산더. 생각나세요. 제가 4학년 때였을 거예요. 라일락 향기가 그윽하던 봄날이었죠. 유학에 대해 상담하러 선생님을, 아니 뭐라고 그러지, 아무튼 찾아간 적이 있었죠. 그때 질산더에 대해서 이야기해주셨잖아요. 독일의 유명한

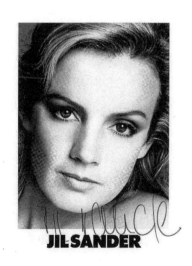

JIL SANDER

디자이너라고."

"아, 맞아. 질산더, 아주 매력적인 여자지. 모델 출신의. 그런데 그 회사에 들어가기가 쉽지 않았을 텐데."

"물론이죠. 그러나 질산더는 자기 같이 매력 있는 여자만 채용하거든요."

그녀는 장난스러운 표정을 지으며 말했다. 그는 긴 속눈썹 아래 부드럽게 빛나는 그녀의 맑은 눈을 바라보며 긍정하듯 싱긋 웃었다. 이제 숙영은 20대 후반의 원숙한 숙녀였으며, 그녀에게 매순간 유혹받고 있다고 느낄 정도로 매력적이었기 때문이다.

"프랑크푸르트는 자주 오나?"

"네. 독일 상업의 중심지잖아요. 우리 바이어들이 이쪽에 많아서, 제품 상담을 위해 자주 와요. 이 재즈 바는 제가 좋아하는 곳이죠."

"결혼은 아직? ……."

그는 끝말을 잇지 못하고 숙영의 얼굴을 바라보았다.

"왜 물으시죠. 청혼하시려고요? 아니면 아무도 절 결혼할 만큼 사랑할 것 같지 않아서요?"

"아니. 누구에게 소유된 여자치고는 너무 매력적이라서."

숙영은 소유라는 말이 조금 걸리는 듯했으나 화사하게 웃어 보이며 장난스럽게 말했다.

"좋게 받아들이죠. 제가 한때 열렬한 페미니스트였다는 건 아시죠. 단어를 조심해서 사용하세요. 경고합니다. 그런데 아직도 독신이신가 보죠."

"어떻게 알았지?"

"느낌으로요. 그때의 외로운 분위기가 아직도 남아 있어요. 저는 그런 분위기를 좋아했지요. 사색적인 것 같아서. 드러나지 않는, 그래서 안으로 숨어드는 것 같은 매력을……."

"아직도?"

"글쎄요."

숙영은 양손에 턱을 괴고 그의 얼굴을 부드러운 눈빛으로 바라보며 조용히 이야기했다. 그들 사이에 놓인 촛불은 가냘픈 빛을 내고 있었고 그 빛과 함께 숙영의 미소는 잔잔하게 그의 가슴에 스며들고 있었다. 한동안 그들은 서로를 감상하듯 마주보며 아무 말도 하지 않았다.

"우리 춤춰요."

숙영은 그의 손을 잡고 무대 위로 나가 그에게 가볍게 안겼다.

그날의 만남은 전혀 예기치 못한 우연이었고, 그렇기 때문인지 그 기쁨은 너무 컸다. 그리고 이미 훨씬 이전부터 감추어져 있었던 숙영에 대한 사랑이 표면으로 떠오르고 있었다. 물론 그는 그녀에게 그의 신분에 대해 아무것도 이야기하지 않았다. 그녀도 만남만이 중요한 듯 그가 현재 무엇을 하는지는 별로 관심이 없는 것 같았다. 아무튼 그는 시간이 나면 함부르크로 가고 싶었다. 그녀를 만나기 위해……

숙영은 좀 더 가까이 그의 품으로 다가왔고 그는 그녀의 부드러운 머리카락에 뺨을 갔다 대며 황홀경에 빠진 듯 아니면 무언가를 잊고 싶은 듯 눈을 감았다. 그는 그녀의 머리칼의 허벌 향기에 천천히 취하며 그녀를 가슴 속 깊이 아늑한 곳에 영원히 감추고 싶었다. 잔잔하게 울려 퍼지는 재즈 밴드의 연주는 그들을 안개처럼 감싸 들어오고 있었다. 그는 음악에 따라 조용히 속삭였다.

I am a fool to want you ······ such a fool to want you ······.

10

접근
| "하이데거를 좋아하십니까?" |

안락의자에 앉은 쉬미트는 그에게 와인을 따라주었다. 다름슈타트 교외에 위치한 쉬미트의 집은 잘 가꾸어진 정원이 딸린 아담한 분위기의 전형적인 독일식 집이었다. 오늘은 쉬뢰더와, 뮐러 그리고 쉬미트의 또 다른 조교인 코바르칙과 함께 마르크스가 비판한 현대 기술 문명에 대해 토론하기로 한 날이다. 그는 집의 구석구석을 쉬미트가 눈치 채지 않게 세밀하게 살펴보았다. 그러나 어떤 경보장치라든지 경호 시설은 발견되지 않았다. 쉬미트는 독일 정부와 관계가 없을까? 아니면 독일 정보기관 BND가 고도의 경호 작전을 펼치고 있는 것일까. 게슈타포의 후예들답게 …….

"바인〔와인〕좋아하나요?"하며 쉬미트가 포도주를 권했다.
"네."

"오늘은 프랑켄 바인을 준비했습니다. 외국에서는 모젤 바인이 더 유명하지요. 아, 헤어 리는 모젤 바인에 대해 잘 아시겠군요. 모젤 지방에서 공부했으니까."

그는 5년을 그 지방에서 살았으며, 다니던 대학도 포도밭으로 둘러싸여 있었다. 그리고 학위논문이 난관에 부닥쳐 괴로웠을 때, 특히 과연 해낼 수 있을까하는 고민에 빠졌을 때 산책을 하며 자신을 위로하던 곳도 포도밭 길이었다. 포도밭 사이로 산책하며 했던 많은 사색과 고뇌의 순간을 그는 여전히 기억하고 있었다. 그러나 그는 모젤 바인을 별로 좋아하지 않았다. 그 맛은 지극히 여성적이었다. 반면 프랑켄 바인은 모젤 바인 같은 달콤함은 없지만 그에게는 프랑켄 바인의 꾸밈없는 맛이 더 좋았다.

"난 바인을 마실 때면 늘 하이데거 생각이 나요."

그도 마찬가지였다. 하이데거는 포도주 잔에서 하늘과 신과 인간과 땅의 만남을 보았다. 하이데거는 그렇게 사물의 본질이 도구만이 아님을 이야기하고 싶었던 것이다. 하이데거는 제사에 바치는 포도주 잔을 바라보며 그 잔은 몇 푼 주고 산 와인을 마시기 위한 도구가 아니라 하늘이 내린 빗물, 땅이 영글어낸 포도, 유한한 인간 그리고 그에 의해 기려지는 세계의 신성함이 집합된 작품임을 보여주었다. 그리하여 그는 이렇게 사물과 예술적 관계를 맺는 것이 인간의 본래적인 존재방식임을 상기시킴으로써 존재 방식의 변화가 도래하기를 기대했다. 하이데거는 '인간은 이 땅에 시적(예술적)으로 산다'는 독일 시인 횔덜린의 시구를 종종 인용하곤 했다.

"하이데거를 좋아하십니까?" 그는 쉬미트에게 물었다.

"인간 하이데거는 별로 내 성향에 맞지 않습니다. 그는 너무 영리하고 위험스럽기도 하지요. 하지만 그의 철학은 높이 평가할 만합니다. 현대 문명의 굴레를 벗어나 현대 문명의 숙명을 바라본 몇 명 중의 하나니까요."

"몇 년 전에는 하이데거 철학과 나치즘의 관계가 유럽 지성계에 큰 스캔들이 되지 않았습니까? 교수님은 하이데거 철학과 하이데거가 일시적으로 찬양했던 나치즘 사이에 어떤 연관이 있다고 생각하십니까? 아니면 철학과 철학자 개인의 삶은 두 개의 서로 다른 문제인가요?"

"하이데거는 현대의 피상성과 도구주의, 대중성을 모두 비판했습니다. 그는 이 모든 것의 완결 상태가 바로 아메리카니즘이라고 보았죠. 그는 아메리카니즘이 세계 전역으로 확대되는 것을 심각한 위협으로 판단했습니다. 또 대중 민주주의에 대해서도 호의적이지 않았지요. 그는 한때 나치 정권의 등장을 아메리카니즘의 확산에 대한 저항으로 이해하고 싶었던 모양입니다. 그래서 일시적으로 혼동을 일으켰던 것이죠. 잘 알다시피 그는 나치 정권에 의해 임명된 프라이부르크 대학 총장 자리를 1년 만에 사임함으로써 상징적으로 나치 정권에 대한 협력을 철회하지 않았습니까? 그리고 또 한편으로는 하이데거 부인이 나치 당원이었던 데서 그 이유를 찾는 사람도 있습니다. 철학자는 실로 폭압적인 정권에 저항할 수 있는 용기는 있지만 부인에게는 저항할 수 없는 존재죠"하며 쉬미트는 웃었다.

그는 쉬미트의 마지막 조크에 함께 웃음을 터트렸다. 평범한 남편으로서의 하이데거의 모습을 보는 것 같았다. 그러나 한편으로는 그가 과연 권력을 향한 야심이 없었는가 하는 의문도 들었다. 하이데거는 총장 재직 시 자신의 스승이며 당시 유대인이라는 이유로 박해받던 후설이 도서관을 출입하는 것도 금지시켰던 인물이 아닌가. 그러나 그에게는 지금 하이데거를 비난할 아무런 이유가 없었다. 오히려 위대한 철학자도 권력의 유혹에 빠질 수 있다는 것은 권력으로부터 자유로운 것은 아무것도 없다는 입장을 강화시켜 줄 뿐이다. 그리고 그것은 결국 자신의 현재를 정당화시켜주는 것이었다.

"죄송합니다. 조금 늦었군요."

뮐러가 미안한 표정으로 문을 밀고 들어왔다.

"헤어 뮐러, 헤어 코바르칙, 헤어 쉬뢰더, 괜찮아요. 우리는 지금 하이데거에 대해 재미있는 이야기를 나누고 있었어요."

쉬미트는 뮐러의 어깨를 두드리며 마치 사랑스러운 아들에게 이야기하듯 부드럽게 말을 건넸다. 뮐러에 대한 쉬미트의 신뢰는 대단한 것 같았다.

"하이데거, 그는 너무 시적이에요. 철학이나 이론은 말년의 하이데거에서 시 속으로 숨어들어버렸습니다. 나는 그의 철학으로 무엇을 할 수 있을지 모르겠어요."

뮐러는 하이데거가 별로 탐탁지 않은 듯 말했다.

"헤어 뮐러는 하이데거를 받아들이기에는 너무 합리적이고 실천적이에요. 나도 그전에는 그렇게 생각했는데 요즘은 하이데거에 대해 조금은 너그럽게 다가가고 있어요. 물론 여전히 그를 포용하는 데는 어려움이 있지만 ……. 아무튼 오늘은 하이데거가 주제가 아니니까 하이데거는 기회가 있으면 본격적으로 토론해보기로 하고 ……. 자 헤어 코바르칙, 마르크스에 대해 이야기해봅시다."

"제가 지금부터 발표하는 내용은 저의 책『자연과 인간의 변증법적 관계』의 핵심 내용을 요약한 것입니다. 자 시작하겠습니다."

그와 별로 만난 적은 없지만 코바르칙은 매우 냉철한 마르크스 전문가로 알려져 있다. 코바르칙은 침착한 목소리로 주제 발표를 시작했다.

일반적으로 마르크스의 이론은 자연에 대해 무지하다고 평가받고 있습니다. 사실 마르크스의 이론은 자연을 단지 사회적 실천을 위해 임의로 투입되어야 하는 자원으로 보는 것으로 해석되고 있죠.

물론 마르크스에게서 자연 문제가 전면에 등장하는 것은 아닙니다. 그것은 사회적 문제의 이면에 처져 있습니다. 그러나 ─ 초기와 후기의 ─ 마르크스 저작을 세심히 읽어보면 다음과 같은 사실이 드러납니다. 우선 마르크스는 사회적 노동 이외에도 자연을 부의 원천으로 부각시킵니다. 그러나 그는 그러한 자연이 생산 과정에서 활동하는 인간의 노동력과 같이 현재 지배적인 형태의 생산양식에서 착취당하고 있음을 강조합니다. 따라서 마르크스는 자연의 소생을 위해 자연과 인간의 관계를 변화시켜야 하며 이 변화가 인간의 생존을 위해서도 필연적인 것으로 주목합니다.

코바르칙은 과거 마르크스가 지나치게 일방적으로 정치경제학적 관점에서만 읽혀지고 실천되었음을 부각시켰다.

먼저 마르크스가 산업에 대해 어떻게 이해하는가를 살펴보도록 하죠.

마르크스는 『경제학-철학 수고』에서 산업과 관련된 두 가지 소외에 대해 말합니다. 첫째는 철학으로부터 산업의 소외입니다. 그럼으로써 사실 철학이 소외된 것입니다. 마르크스는 철학의 소외를 비판합니다. 마르크스가 말하는 소외된 철학이란 인간의 창조적 실천을 오직 정치, 문학, 종교 형태에서만 고찰하며 그것만 철학적 주제로 탐구하는 반면 물질적 생산, 즉 '인간적 작용의 광대한 풍요로움을 가진 인간 노동의 이 커다란 부분'을 그냥 도외시하는 철학입니다. 마르크스는 자연을 생산적으로 가공하는 작업에서 바로 인간이 사회적 존재로 실현되고 또 확증된다고 하죠. 따라서 마르크스는 산업이 도달한 현재의 상태를 인간의 본질 능력을 펼쳐 보이는 책이라고 부릅니다.

두 번째는 산업에 의한 자연의 소외입니다. 바로 자본주의적 산업은 '직접적 생산자의 본질 능력을 착취하는 것뿐만 아니라 자연을 실제적으로 경시하고 실질적으로 격하시킴으로써' 자연을 소외시키는 활동입니다.

그런데 중요한 것은 『경제학-철학 수고』에서 마르크스가 자연과학에 대해 언급하고 있는 것입니다. 그가 자연과학에 주목하는 이유는 자연을 산업의 손아귀에 넣어준 것이 바로 자연과학이기 때문이죠.

마르크스는 다음과 같은 사실을 간과해선 안 된다고 경고합니다. 자연과학 역시 자연에 관한 인간의 인식이라는 사실, 즉 인간이 자연과 사회적으로 대결함으로써 발생한 인간의 생산적인 정신적 활동이라는 사실입니다. 달리 표현하면 자연과학은 어떤 특정한 역사적인 사회적 규정 아래 발현된 인간의 정신적인 자연력이라는 것이죠.

따라서 마르크스에 따르면 자연과학은 정신적 노동으로서의 사회적 실천의 맥락에서, 그리고 이 실천은 자연과의 생산적 대결에서 생성되는 생산적 자연의 한 부분으로 파악되어야 합니다. 그리고 이렇게 자연과학이 자연의 생산 활동에 포함된 자연 활동의 발현으로 파악될 때만 자연에 관한 우리의 지식은 자연을 자연 자신으로부터 이해하는 것이 되고 또 자연 안에 있는 우리를 이해하는 것이 됩니다. 바로 여기서 마르크스는 인간의 역사를 포함하는 자연철학을 전망하는 방향으로 발전하는데, 이 자연철학은 동시에 자연과학을 포함하는 역사 철학입니다. 그리고 이 부분에서 마르크스와 셸링의 유사한 문제의식이 드러납니다.

마르크스는 20세기 들어서 에른스트 블로흐가 셸링에게서 받아들인 핵심적인 생각을 이미 간파하고 수용했다는 데 의심의 여지가 없습니다.

그는 블로흐란 이름에 관심이 끌렸다. 에른스트 블로흐. 지나친 독서로 말년에 실명해 암흑세계에서 살다간 비극적이며 극적인 삶을 산 철학자. 2차세계대전 후 그는 혐오하는 자본주의에서 살기를 거부하고 동독을 조국으로 선택했다. 하지만 질식할 것 같은 동독의 스탈린주의에 환멸을 느끼고 다시 서독으로 망명했다. 그는 저서 『희망의 원리』에서 반유토피아론을 전개했지만 자신은 부단히 유토피아를 찾으러 다녔다. 그러나 유토피아는 이 단어가 뜻하는 대로 어느 곳에도 존재하지 않는다는 사실을 확인해 블로흐는 말년에 스스로 실명했는지도 모른다. 그러한 생각에 잠시 잠겨 있을 때 코바르칙의 발표가 계속되었다.

그러나 매우 안타까운 점은 마르크스가 자연과학에 대해 좀 더 밀도 있는 분석을 하지 않았다는 것입니다. 자연으로부터의 소외가 사회적 소외와 직접적으로 연관되어 있는지를 밝히기 위해서는 오늘날의 과학 기술적 합리성의 등장 과정이 변화된 사회적 실천에 어떻게 근거하고 있는가가 추적되어야 합니다.

결론적으로 말해 마르크스는 자연을 단지 기계론적 대상으로 보지 않았습니다. 자연은 근원적 생산력이며, 사회적 존재로서 인간의 노동은 이 생산력의 품 안에 있는 자연의 실천력입니다. 따라서 마르크스는 자연과 인간의 관계를 이중적인 변증법의 관계로 파악합니다. 그는 인간 노동의 근원적 의미를 자연적 생산력이 사회적 인간을 통해 실천되고 동시에 인간이 자연적 존재로서 자연으로부터 물질을 공급받는 변증법적 관계로 해석하는 것이죠. 그러나 이러한 자연 개념은 마르크스 자신이 정치경제학에 관심을 집중함으로써 논의의 주변으로 밀려났습니다. 특히 엥겔스 이후 마르크스의 자연 변증법을 과학적으로 각색해 정당화시키려는 시도로 인해 마르크스의 자연철학은 거의 실종되고 말았습니다.

코바르칙은 그가 아직 마르크스에 대해 모르던 많은 사실을 알려주었고 또 마르크스가 어떠한 점에서 보완되어야 하는가에 대해 여러 가지 시사점을 주었다. 그는 여기서 무엇인가 쉬미트에게 강한 인상을 심어주어야 한다고 생각했다.

"그러니까 마르크스의 결론은 현대 인간과 자연의 관계를 결정하는 것은 생산수단의 과학 기술화를 가능하게 한 바로 그것, 즉 과학이라는 것이군요. 그런데 이에 대한 탁월한 분석은 아까 우리가 논의한 하이데거 그리고 그의 스승이던 후설에서도 얻을 수 있습니다. 물론 그들은 마르크스와 정치적 신념이 달랐지만 마르크스가 진입하지 못한 주제를 매우 밀도 있게 다루고 있습니다."

그의 이러한 발언에 쉬미트 교수를 비롯한 참석자들은 일제히 시선을 돌리며 매우 큰 관심을 보였다.

"그래요, 그럼 다음에는 기술에 대한 하이데거나 후설의 생각에 관해 이 박사의 발표를 들어보는 것이 어떨까요?"

모두 쉬미트의 제안을 받아들였다. 그들은 2주 후 같은 시간에 쉬미트 교수 집에서 만나기로 하고 헤어졌다. 그는 쉬미트에게 점점 더 가까이 다가가고 있음을 느꼈다. 만일 2주 후의 발표에서 쉬미트에게 강한 인상을 줄 수 있다면 쉬미트는 그에게 미트아르바이터가 되어줄 것을 제안할지도 모른다. 그러면 그의 모든 연구 프로젝트에 참가할 수 있을 것이고, 결국은 그가 숨기고 있는 새로운 에너지 생산방식에 접근할 수 있는 기회가 올 것이다.

11

치열한 시험
| 위기의 현대 |

남 부장의 메시지를 전달받은 이후 그는 며칠 동안 2주 후 발표할 후설의 과학 비판을 준비하기 위해 도서관에 틀어박혔다. 실로 오랜만에 들쳐보는 후설의 책이었다. 과거 그는 이 책에 운명을 걸고 거기서 자신과 세계의 문제가 해결되기를 기대하지 않았던가. 그때는 정보원으로서의 현재의 자신을 예감케 하는 것은 아무것도 없었다. 오히려 그는 후설의 방대한 전집을 보며 학생들에게 후설의 철학을 강의하는 성실한 교수를 꿈꾸었다.

자신의 과거와 현재 달라진 입장을 생각하자 조금 착잡한 기분이 들었다. 그래서일까. 도서관의 한 칸을 차지하는 후설 저작이 오늘은 유난히도 방대해 보였다. 그는 후설의 저작이 주는 위압감 속에서 왜소한 자신을 보았다. 그리고 평생 연구실에만 틀어박혀 속기로 4만 매, 그러니까 그냥 타이핑한다면 10만 장이 넘는 원고를 쓴 초인적

173

열정이 차라리 그에게는 하나의 불가사의처럼 생각되었다.

그는 특히 후설의 『위기』, 『기하학과 대수학 연구』, 『형식논리학과 선험논리학』 등의 저작을 읽었다. 후설의 『위기』는 자연과학에 대한 날카로운 해명을 담고 있다. 그리고 거기에는 갈릴레이 이후 근대의 자연과학은 기하학을 기반으로 탄생했으며 또 그것이 어떠한 과정을 거쳐 삶의 세계에 침투해 들어오는가가 짧고 명료하게 서술되어 있었다. 그러나 그는 이 서술이 좀 더 상세하지 못한 것이 불만이었다. 그리고 그는 이러한 후설의 과학 해명을 좀 더 과격화시키고 싶었다. 후설이 『위기』를 집필할 당시 현재와 같은 환경 파괴는 문제가 되지 않았다. 후설은 자연과학이 인문학이나 철학에도 스며들어 인간의 본래적 모습과 그의 세계를 은폐시킨다고 생각했기 때문에 자연과학과 심한 불화를 겪었던 것이다.

그러한 의미에서 후설의 자연과학 비판은 자연과학 자체에 대한 비판이 아니라, 자연과학을 일반화시켜 인간과 인간의 사회를 탐구하는 인문 사회학에 적용시키는 맹목적 자연과학주의에 대한 비판이라는 것이 후설에 대한 교과서적 해서이었다. 그러나 『위기』를 읽을 때마다 그는 후설의 비판은 현대 자연과학이 가진 한계를 보다 신랄하게 비판하는 것으로 읽어낼 수 있으리라고 생각했다.

오늘도 역시 그랬다. 그리고 오늘도 역시 '세계는 수학적 다수체 mathematische Mannigfaltigkeit가 되었다'는 문장이 그를 곤혹스럽게 만들고 있었다. 그가 독일에서 공부하던 시절 그의 지도교수도 이 문장을 대수롭지 않은 듯 넘겼다. 그의 지도교수는 그저 세계는 수학적으로 파악되었다는 것을 주장한다고 단순하게 이해하는 것 같았다. 그러나 그에게 남는 의문은 왜 후설이 세계는 수학적으로 이해되었다 또는 수학화되었다고 하지 않고 다수체라는 용어를 사용했을까 하는 것이었다.

그것은 틀림없이 후설이 『형식논리학과 선험논리학』과 초기 저서 『논리 연구』에서 사용한 '한정적 다수체'라는 개념과 무관하지 않을 것 같았다. 그는 그러나 이 개념이 정확히 무엇을 뜻하는지 잘 이해하지 못했었다. 후설은 이 개념을 그 저작에서 단지 공리 연역적 구조를 가진 학문, 예컨대 기하학 같은 것은 그에 속하는 모든 이론이 공리로부터 도출되거나 공리와 모순되는 것이라는 정도로만 정의하고 있었다. 그 이상은 그가 이 단어로부터 찾아낼 수 있는 다른 의미는 없었다.

오늘 역시 이 개념의 수수께끼를 풀지 못하고 끝나는 것이 아닌가 하는 걱정이 앞섰다. 만일 쉬미트에게 일반적인 후설의 자연과학 비판만 이야기한다면 깊은 인상을 심어줄 수 없을 것이다. 쉬미트는 학구적인 사람이다. 쉬미트에게 접근할 수 있는 길은 쉬미트를 학문적으로 감탄시키고 그에게 지적 호기심을 갖도록 하는 것이다. 그 외에는 아무것도 통하지 않을 것이다.

그는 조금 불안해지기 시작했다. 그리고 불안은 집중력의 혼란을 가져왔다. 그는 후설의 이 책 저 책을 뒤적여보았다. 그러던 중 후설이 젊었을 때 쓴 『기하학과 대수학 연구』라는 책의 목차에서 '집합과 다수체Menge und Mannigfaltigkeit'란 제목이 눈에 띄었다. 그는 재빨리 해당 페이지를 폈다. 그리고 한동안 그 부분을 정신없이 읽었다. '이거였구나.' 그리고 빠른 걸음으로 수학과 도서관으로 달려갔다. 그리고는 거기서 집합론의 창시자인 칸토어의 책을 끄집어냈다. 그는 그 책에서 1882년에 칸토어가 집합론을 처음 발표했던 논문을 주의 깊게 읽었다. '사실이구나.'

칸토어는 집합과 다수체라는 말을 동의어로 사용하고 있었다. 이제 무엇인가 실마리가 잡히는 것 같았다. 그는 이 개념을 중심으로 다시 한 번 후설 전집을 며칠 동안 집중적으로 살펴보았다. 아울러 집합론에 대한 연구도 계속했다. 이틀 후 드디어 집합에 대한 한 수학자의 글에서 다음과 같은 매우 간결한 구절을 발견했다. '집합에서 원소를 이루는 대상을 낱낱이 따로 생각하면 집합의 의미가 없다.' '일상적으로 말할 때 먼저 원소가 될 대상이 있고 그것들을 담는 그릇을 생각하지만 수학적 입장에서는 먼저 그릇이 있고 그런 다음에 그것에 들어갈 원소를 따지게 된다.' '이제 되었어.' 그는 들뜬 표정으로 중얼거렸다. 앞으로 일주일 동안 집필하면 꽤나 설득력 있는 논문이 나올 것 같았다.

쉬미트는 그를 언제나처럼 반갑게 맞았다. 오늘은 그가 가장 늦었다. 오늘, 어떤 세미나보다 더 긴장되고, 그래서 공들여 쓴 원고를 집에서 몇 번씩이나 읽다가 약속 시간에 늦어버린 것이다. 이미 뮐러와 코바르칙도 와 있었다. 그는 그들과 악수를 나눈 뒤 가방에서 원고를 꺼냈다. 그리고 목이 타는 듯 쉬미트가 가져다준 미네랄워터를 벌컥들이키고 천천히 원고를 읽어 내려가려는 순간 뮐러가 갑자기 손을 들며 말했다.

"제가 제안을 하나 해도 되겠습니까?"

"좋습니다."

"보통 세미나처럼 먼저 논문을 발표하고 그에 대해 질문하는 것보다 우리가 현상학에 대해 궁금한 것을 질문하고 답변하는, 조금 부드러운 방식을 택하는 것이 어떻겠습니까?"

그는 예상치 못한 뮐러의 요청에 당황했다. 도대체 뮐러가 왜 이런 요구를? 혹시 쉬미트의 지시로 크자신의 실력을 생생하게 테스트해보기 위한 건 아닐까? 준비 안 된 그의 실력이 어느 정도이며, 어느 정도 순발력이 있는지를 테스트하기 위한? 그는 다소 긴장된 표정으로 슬쩍 쉬미트를 쳐다보았다. 쉬미트는 아무런 표정의 변화가 없었다. 선택의 여지가 없었다. 그는 자신감을 내비치며 대답했다.

"그냥 발표하는 것은 너무 형식적이죠. 좋습니다. 원래 소크라테스나 플라톤도 대화식으로 철학을 시작하지 않았습니까?"

"감사합니다. 그러면 우선 후설 철학의 이념이랄까 아니면 추구하는 바에 대해서 좀 말씀해주십시오."

별로 어려운 질문은 아니었다.

후설 철학의 기본적인 입장 그리고 그가 꿈꾸는 이상은 철학을 통한 삶의 전개입니다. 즉 인간의 삶의 기반이 되어 삶의 방향을 그리며 또 그것의 정당성을 결정하는 것은 더 이상 신화나 종교나 이데올로기가 아니라 바로 철학이어야 한다는 것이죠. 후설이 이렇게 철학에 삶의 토대로서의 의미를 부여하는 이유는 매우 단순합니다. 철학은 바로 우리가 사는 현실을 투명하게 밝혀내려 하기 때문이죠. 또 그러한 한 철학은 믿음이라든가 권력이라든가에 근거해 현실에 대한 불투명한 주장을 하는 것을 거부하고, 항상 자기주장의 정당성을 반성하는 자기 투명성과 철저한 자기책임을 추구합니다. 철학은 바로 우리 앞에 현실로 생생하게 펼쳐져 있으며 우리 삶이 진행되는 현상 세계를 있는 그대로 탐구하고 거기서 현실의 원리를 발견해 그러한 원리에 맞게 삶을 이끌어가려는 인간 실천의 핵심적 활동이라는 것입니다.

순간 코바르칙이 그의 말을 끊고 들어왔다.

"그것이 뭐 새로운 철학의 이념입니까?"

그랬다. 코바르칙의 말이 맞았다. 그는 말을 이어나갔다.

"물론입니다. 이러한 철학의 이념은 그러나 후설에 의해 비로소 확립된 것이 아닙니다. 그러한 이념은 가까이는 인간을 맹목적인 종교로부터 구해냈던 계몽주의에 의해 또 멀리는 신화적 세계관을 극복하려 했던 고대 그리스 철학에서부터 시작되었습니다. 따라서 그러한 철학 이념은 후설에게 철학을 영원히 살아 움직이게 하는 생명력 entelechie으로 드러납니다."

"그런데 문제는 무엇인지 아십니까?" 그는 코바르칙을 응시하며 질문을 던졌다. 그리고는 코바르칙의 반응에는 별관심이 없다는 듯 스스로 답을 했다.

그러나 후설은 자신이 살던 당시의 철학이 철학의 이러한 본래의 역할에 충실한지에 대해 크게 회의적이었습니다. 당시의 철학들은 우리에게 생생한 현실로 나타나는 현실 자체에 대한 투명한 탐구라기보다는 전승된 이론 체계의 유희이며, 그러한 가운데 현상 자체는 이론과 사이비 논쟁의 유희 속에 실종되고 있었습니다. 이렇게 전승된 이론 체계 중 가장 위력적인 힘을 발휘하고 있던 것이 자연과학의 연구 성과와 방법론을 맹신하는 실증주의였죠. 실증주의는 근대가 진행될수록 보편적 방법론으로서의 절대성을 획득하고, 자연과학은 물론 역사와 인간과 사회를 다루는 학문에까지 침투했습니다.

물론 실증주의의 이러한 무차별적 공격에 대한 저항이 없었던 것은 아니었습니다. 그러나 그러한 저항은 실증주의에 의해 은폐된 역사와 인간 앞에서 좌절에 빠져 모든 철학의 엄밀성과 책임 의식을 포기하는 소위 상대주의와 역사주의로 전락했습니다. 이러한 상황에서 후설은 철학의 본래 목적의 회복, 즉 현실 내지 현상 자체에 대한 투명한 탐구를 통해 삶에 대한 철학의 의미를 회복할 것을 요구합니다. 그리하여 후설은 '문제 자체로'라는 구호를 외치게 되는 것입니다. 철학의 본래적 역할의 회복은 우선 기존의 모든 이론 체계에 대한 무비판적 수용을 유보하는 판단중지를 수반합니다. 그러한 판단중지를 통해 지금까지 우리에게 주어진 모든 이론과 선입견이 정지되면 남는 것은 우리에게 나타나는 현상뿐입니다. 이제 우리는 우리 앞에 나타나는 현상을 그 자체로 다시 탐구할 수 있는 계기를 마련한 것입니다.

"그런데 후설의 현상학은 현상에 대한 탐구라기보다는 의식에 대한 탐구가 주 내용을 이루지 않습니까? 때문에 후설의 현상학은 현실 세계에 대한 철학이 아니라 의식 속으로 도피해버린 철학이란 야유를 받기도 했지 않습니까?"

이번에는 코바르칙이 얄밉도록 아픈 후설의 약점을 건드리고 나왔다. 실로 후설의 현상학은 우리 의식의 분석에 몰두하고 있다. 때문에 후설의 현상학은 매우 괴상한 심리학 같이 보이기도 한다. 그러나 그러한 야유에 대해 오래 전부터 많은 생각을 해두었다. 그는 잠시 쉬었다가 입을 열었다.

그러한 오해가 생기는 것은 당연합니다. 후설의 현상학은 현상에 대한 탐구보다는 우리 의식에 대한 참을 수 없이 밀도 높은 연구를 하고 있지요. 그러나 한번 생각해보세요. 현상의 구체적 원리를 탐구하기 위해서는 우선 현상 그 자체가 우리에게 어떻게 나타나는가를 해명하는 작업이 선행되어야 하지 않겠습니까? 후설은 바로 그러한 과제를 간과하지 않습니다. 그리고 그는 다음과 같은 사실을 발견합니다. '현상은 우리 의식이 무엇을 지향하는 활동을 하지 않는 한 우리 의식 앞에 떠오르지 않으며 또 의식도 지향 활동을 하지 않는 한 존재할 수 없다.' 의식은 그냥 존재하는 것이 아니라 지향 활동 그 자체로 존재하는 활동성인 것이죠. 다시 말해 우리 의식은 항상 무엇인가에 대한 지향 활동을 하고 있습니다. 그러한 활동을 하지 않으면 의식 자체가 아예 없어진다는 것이죠.

아무것도 의식되지 않은 빈 상태의 의식은 없습니다. 심지어 공허한 공간에 대한 의식도 의식 그 자체의 텅 빔이 아니라 아무런 물체도 놓여 있지 않은 공간에 대한 의식입니다. 의식은 무엇을 지향하지 않고 그냥 존재하지 않습니다. 물론 우리는 일상적으로 아무것도 의식할 수 없다는 말을 사용하지만 실제로 의식은 있는데 아무것도 의식되지 않는 것이 아닙니다. 무엇인가 흐릿하게, 아니면 주의 집중이 안 되고 이런 현상 저런 현상이 혼란스럽게 의식에 떠오르고 있는 것입니다. 의식은 있는데 아무것도 현상으로 떠오르지 않는 경우는 없습니다. 진정 아무것도 의식되지 않는다는 것은 의식 자체가 없다는 것입니다. 만일 우리가 무엇인가를 지향하지 않으면 우리에게는 아무것도 나타나지 않습니다. 그리고 의식도 아예 없어집니다. 그러한 활동이 정지되어 있는 식물인간 상태를 생각해보세요. 그러한 식물인간에게는 어떠한 것도 나타나지 않습니다.

현상은 의식이 지향적으로 활동하기 때문에 대상화되는(의식 앞에 떠오르는) 것입니다. 역으로 말하면 현상이 우리 앞에 떠오르는 전제조건은 의식의 본래적 존재방식인 지향 활동입니다. 그리고 현상이 우리 앞에 대상화되어 우리와 마주치는 것을 경험이라 표현한다면 의식은 경험의 전제조건이 되는 지향 활동을 하는 한 논리적으로 경험에 앞서 경험을 성립시킨다는 의미에서 '선험적transzendental'이라 불리게 되는 것입니다. 바로 여기서 후설의 현상학은 선험적 의식 활동 내지 선험적 주체성이라는 차원에 이르게 됩니다. 그것은 우리의 일상적 의식을 초월해 우리의 일상적 의식에는 전혀 발견될 수 없는 신비적인 것이 아닙니다. 선험적 의식은 우리에게 현상이 나타나는 한, 우리가 일상적으로 현상과 대면하며 현상들 가운데서 살고 있는 한 우리의 일상적 의식에서 항상 활동하고 있는 우리 의식의 본래적 차원입니다. 그리고 이 의식의 본래적 차원을 후설은 선험적 주체성이라고 부릅니다.

"그 수수께끼 같은 주체성 개념에 대해 설명해주시겠습니까?" 뮐러가 다시 질문을 했다.

"후설이 주체성이란 개념을 도입하는 이유는 간단합니다. 주체가 '자기 스스로에 의한'이란 뜻을 갖고 있기 때문이죠. 의식의 본래적 활동은 외부의 무엇에 의해 비로소 반응하는 타율적 작용이 아니라 스스로 일어나는 주체적 활동성이며, 이 활동에 의해 현상이 비로소 구성되는 것입니다. 때문에 의식의 선험적 활동을 표현하는 가장 정확한 용어는 '선험적 주체성transzendentale Subjektivität'인 것입니다."

주의 깊게 듣던 뮐러가 고맙게도 그가 지금까지 어설프게 한 이야기를 조리 있게 요약했다.

"의식은 빈 공간 상태 또는 로크의 타불라 라사tabula rasa처럼 백지 상태로 있으며, 이미 밖에 존재하는 현상이 의식에 밀려 들어와 그러한 백지에 새겨지거나 반영되는 것이 아니라는 것이죠. 의식은 무엇을 향하는 활동 그 자체이며, 그러한 활동에 의해 비로소 현상이 의식에 나타나게 된다는 것이군요. 즉 현상이 의식에 의식되기 위한 조건 혹은 현상이 구성되기 위한 조건은 바로 의식의 지향 활동이라는 것이군요. 의식은 이미 펼쳐진 스크린처럼 이미 존재하는 것이 아니라 이렇게 무엇을 향하는 활동 그 자체로서 스스로 활동하는 것이기에 주체성이라 불린다는 말씀 아닙니까. 더군다나 현상이 우리에게 경험되기 위해서는 항상 이러한 의식의 활동이 전제된다는 의미에서 경험에 앞선다는 의미의 선험적이란 수식어가 붙게 되고 ……. 이제 후설의 난해한 개념이 이해되는군요."

뮐러는 역시 날카로웠다. 뮐러는 그다지 쉽지 않는 그의 말을 완벽하게 이해했다.

"그런데 후설의 현상학에서 선험적 환원이라는 말이 나오던데, 그것은 무엇인가요?"

밀러가 의외로 순순히 그의 말에 수긍하자 그는 고무된 듯 안정된 분위기에서 말을 이어나갔다.

후설은 이렇게 생생한 현실로 펼쳐지는 현상 세계가 나타나기 위해 전제되어야 하는 활동으로서 의식의 선험적 활동 내지 선험적 주체성을 발견했습니다. 따라서 그는 이제 우리 앞에 생생하게 펼쳐져 있으며, 우리가 살고 있는 현상 세계를 해명하는 결정적 단서를 의식의 선험적 활동을 구체적으로 해명하는 작업으로 파악할 수밖에 없었던 것이죠. 그리하여 그는 현상학의 주제를 의식의 선험적 차원에 관한 탐구 혹은 선험적 주체성에 관한 탐구로 환원시킬 것을 요구합니다. 이렇게 우리 앞에 생생한 현실로 펼쳐지는 세계를 해명하기 위해 의식의 본래적 활동인 선험적 주체성으로 탐구의 시선을 옮기는 것을 후설은 '선험적 환원transzendentale Reduktion'이라 불렀습니다. 선험적 환원은 흔히 오해되듯이 현실로부터 자아 속으로 도피하는 소극적 행위가 아니라 바로 우리 앞의 생생한 현실을 철저하게 이해하려는 적극적 행위입니다.

"그런데 후설은 최후 저서에서 왜 현대를 위기로 진단하게 되는지 말씀해주시겠습니까?"

의자에 비스듬히 기대어 그의 말을 듣고 있던 코바르칙이 질문을 했다. 그 질문은 바로 며칠 전 도서관에서 준비했던 것과 상당한 관련이 있었다. 그는 내심 기뻤다.

이러한 사색을 바탕으로 이제 후설은 임종을 앞둔 1930년대에 다시 한 번 학문과 삶의 관계에 대한 보다 진지한 반성을 바칩니다. 그가 이 문제를 모든 정열이 쇠진되었을 노년에 다시 심도 있게 반복하는 이유는 당시의 역사적 상황과 깊은 관련이 있습니다. 1차세계대전의 아픈 기억과 전쟁 상황에서의 학문의 역할은 후설에게 깊은 고뇌를 가져다주기에 충분했습니다. 1차세계대전은 신화와 환상을 떨쳐버리고 과학이라는 학문을 손에 쥔 인간에 의해 삶의 대대적 파괴가 체계적이고 합리적으로 진행된 충격적인 사건이었습니다. 후설은 삶이 이와 같이 위기에 빠진 이유를 학문이 삶에 대한 의미를 잃어버리고 단지 수단화된 데서 찾습니다. 그리고 학문이 삶에 대해 의미를 상실하게 된 근원을 천착하기 위해 근대 학문과 근대 문화의 모태인 자연과학에 대해 과학이라는 세례를 과감하게 벗겨버리고 그것이 발생한 과정에 대한 역사적 성찰을 하기에 이릅니다.

이러한 성찰 속에서 다음과 같은 사실이 밝혀집니다. '현대 과학은 갈릴레이 이후 자연 공간을 전면적으로 기하학적 공간으로 변형하는 작업으로부터 시작된다. 그리고 기하학이 근거하고 있는 전제는 세계가 수학적인 집합의 구조를 갖고 있다는 것이다.' 후설은 따라서 근대 이후 자연과학적 세계 인식 과정은 세계를 수학적 집합화하는 과정이라고 선언합니다. 그러나 이러한 과정의 내면의 모습은 무엇일까요?

"글쎄요, 뭔가 감이 잡힐 듯한데 금방 떠오르지는 않는군요."

근대 세계의 내면이라는 것이 그렇게 쉽게 포착될 수는 없겠죠? 이제 그러한 내면을 드러내기 위해 후설은 집합의 존재론적 특성에 천착해 들어갑니다. 여기서 후설이 이른 결론을 이해하기 위해서는 집합에 대한 수학자들의 손쉬운 정의를 돌이켜보는 것이 도움이 될 것입니다. '집합에서 원소를 이루는 대상들을 낱낱이 따로 생각하면 집합의 의미가 없다.' '일상적으로 말할 때 먼저 원소가 될 대상이 있고 그것들을 담는 그릇(집합)을 생각하지만 수학적 입장에서는 먼저 그릇이 있고 그런 다음에 그것에 들어갈 원소를 따지게 된다.' 수학적 의미의 집합은 단순한 다수의 모임이 아니라 이념적으로 완결된 총체성을 의미합니다. 수학적 집합의 형성에는 원소가 아니라 집합을 형성하는 조건의 결정이 우선합니다. 예를 들면 집합은 다음과 같이 조건의 제시를 통해 형성됩니다. $P = \{x | 1 \langle 9.\ x$는 정수$\}$. 원소는 그러한 조건을 충족시키거나 그러한 조건에서 도출될 수 있는 한에서 비로소 집합의 원소로서 존재가치를 인정받습니다. 그러므로 수학의 집합에서 원소는 이미 규정된 집합의 법칙에 종속되고 그러한 종속의 가능성에 의해서만 의미를 가질 뿐입니다. 또 그러한 한 수학적 집합은 어떠한 한 원소에 대해서도 체계로부터의 일탈을 허용하지 않습니다. 집합에서 원소들은 고유한 의미나 자기성 내지 주체성을 주장할 수 없습니다. 바꾸어 말하면 어떠한 것이 한 집합의 원소가 될 수 있는 경우는 자신의 고유한 자기성이나 주체성이 침탈되거나 포기되는 한에서입니다. 이러한 관점에서 보면 세계를 수학적 집합화하는 과정은 결국 세계의 모든 존재자들이 자신의 고유성, 사기성 내지 주체성이 침탈당하는 전체화 과정이라 할 수 있습니다.

그는 잠시 호흡을 조절하기 위해 말을 끊었다. 오랜 동안 말을 하다 보니 좀 지치고, 그래서인지 발음이 불분명해지는 것 같았다. 이제 결론을 맺어야 할 것 같았다.

이제 중요한 것은 이러한 전체화 과정이 인식론적 · 방법론적 차원에만 머물지 않는다는 점입니다. 이러한 전체화 과정은 실천적으로 관철되는데, 그것은 자연과학이 문자 그대로 실천적으로 응용되기 때문이죠. 이것은 근대의 자연과학과 기술의 결합, 즉 생산수단의 과학화로 구체화되었습니다. 따라서 이러한 생산수단을 매개로 한 인간 활동, 예컨대 노동 같은 것은 우리의 실천 세계에 수학적 집합 구조를 이식시키는 과정인 것입니다. 결국 근대의 자연과학을 근거로 한 인간의 삶의 방식은 이러한 전체화 과정이 인간의 삶의 전 영역 속으로 침투해가는 과정으로 폭로됩니다. 존재자에 대해 자기성을 진공화시켜 존재자를 전체로부터 부분이 일탈을 허용하지 않는 기대 체계 안에 종속시키는 전체화 과정 말입니다. 실로 근대 이후의 인간의 실천, 즉 삶의 세계의 합리화 내지 과학화는 대도시화, 국제 시장화 등의 거대한 체계로 형상화되어 전체주의적 경향을 점차 노골화했습니다. 그리고 이는 도처에서 발견됩니다.

"어디요? 나는 발견을 못하겠는데요."
밀러가 말을 끊고 들어왔다.

아니요. 너무 쉽게 발견됩니다. 바로 우리가 사는 도시가 그곳이죠. 지금 우리 삶이 이루어지는 도시 공간을 형성한 모더니즘 건축에도 그러한 경향이 여과 없이 투영되어 있습니다. 모더니즘 건축은 합리주의와 기능주의를 선언하며, 모든 건물이 도시라는 거대 기계에 부속되는 완전히 체계화된 도시를 건설했죠. 그리하여 이 거대한 체계의 구성자들은 그 안에서 존재를 영위하기 위해 자신의 고유성, 나아가 자율적·주체적 존재방식을 포기하고 수학적 집합의 원소와 같이 자신에 외적인 질서에 종속당함으로써만 의미를 획득하는 존재로의 전락을 강요받습니다. 오늘날 과학화된 생산수단을 삶의 근거로 하는 어떠한 개인도, 어떠한 국가도 세계시장과 같은 거대 체계에 종속될 수밖에 없고 또 그것으로부터 일탈해서는 존재할 수 없는 경향이 뚜렷이 가속화되는 현상. 바로 이러한 현상은 현상학적 입장에서 보면 단지 정치경제학적 논리가 작용한 결과만은 아닙니다. 근대의 숙명은 주체성의 포기의 강요에 다름 아니죠. 후설은 마지막 저서인 『위기와 선험적 현상학』에서 근대의 역사란 주체 파괴적 경향이 완성되어가는 과정임을 감지하고는 위기를 경고합니다. 그리고 우리의 선험적 활동과 상호 주관적 공동체성에 의해 펼쳐지는 주체들의 다중심적 삶의 세계 Lebenswelt의 실종을 폭로합니다. 후설이 마지막까지 정열을 불살랐던 선험적 주체성의 현상학은 주체에게 다가오는 죽음의 그림자 앞에서 주체의 구출을 시도했던 필사의 노력이었습니다. 그러나 포스트모더니즘에 들어선 오늘날, 결국 주체의 죽음이 선언되고 말았습니다.

그는 사유의 리듬에 흥분되어 매우 빠른 속도로 평소에 생각해온 바를 쏟아냈다. 그러나 말을 끝냈을 때는 약 한 시간가량 계속된 발표에 거의 탈진된 상태였다.

쉬미트는 한동안 침묵을 지켰다. 그리고는 무엇인가를 곰곰이 생각하다가 입을 열었다.

"독토 리가 우리에게 해준 답변은 두 가지 점에서 매우 인상적이군요. 첫 번째는 매우 깊은 차원에서 밀도 있게 진행되는 후설의 자연과학 비판과 후설의 주체성 개념을 간략하게 잘 설명해주셨다는 점입니다. 두 번째는 마지막 문장에 관한 것입니다. 그것은 소위 후기 구조주의를 이론적 바탕으로 주체의 죽음을 선언하는 포스트모더니스트들에 도전하는 것 같이 들리는데, 매우 흥미롭군요."

"저도 같은 인상을 받았습니다."

코바르칙이 비스듬히 소파 위에 걸터앉아 있던 자세를 바로 세우며 말했다.

"잘 아시겠지만 포스트모더니스트들은 근대를 테러의 시대라고 부르지 않습니까? 그들이 근대에 보내는 이혹이 눈길에서 근대 철학의 한 뚜렷한 흐름을 이루었던, 자아의 의식에 기초한 주체성 철학도 예외가 아닙니다. 데카르트의 '나는 생각한다, 고로 존재한다'로부터 시작된 주체성 철학은 근대의 테러리스트적 경향의 모태라는 차가운 시선을 받고 있습니다. 포스트모더니즘에게 자아란 주체는 자기중심적 특성을 갖는 것으로, 모든 것을 자기에 집중시켜 일탈을 허용치 않는 전체주의적이며 권력 지향적인 존재입니다. 따라서 포스트모더니스트들은 전체성을 해체해 그 안에서 질식당했던 다채로움이 호흡할 수 있도록 하기 위해 주체성의 폐위를 선언합니다. 특히 정신분석가이자 철학자인 라캉[25]은 바로 근대의 데카르트적인 자율적 주체를 하나의 환상적 허구로 전락시켰다는 이유에서 포스트모더니즘 철학의 선구자로 찬미됩니다. 라캉은 '나는 생각한다, 고로 존재한다'는 데카르트의 명제를 패러디해 '내가 존재하지 않는 곳에서 나는 생각하고, 내가 생각하지 않는 곳에서 나는 존재한다'고 주장함으로써 자율적 자아의 허구성을 폭로했지요. 근대 과학에 대한 후설의 비판은 귀담아 들을 점이 많지만 과연 이러한 상황에서 여전히 주체성을 향한 선험적 환원을 주장하며 위기로부터의 탈출을 이야기하는 후설을 신뢰할 수 있을까요?"

코바르칙은 그를 뚫어지게 쳐다보며 카랑카랑한 목소리로 질문을 던졌다.

그는 후회했다. 너무 흥분해서 말하다보니 오버페이스를 하고 만 것이다. 괜히 발표의 말미에 포스트모더니스트들의 주체성 철학에 대한 비판을 걸고 넘어져 매우 곤란한 질문을 받은 것이다. 사실 그 문제는 현대 철학의 매우 중요한 쟁점 중의 하나이다. 아무튼 코바르칙이 제기하는 질문에 설득력 있는 답변을 제시하지 않는 한 쉬미트를 감동시킬 수 없을 것이다. 그러면 그의 미트아르바이터로 채용되기는 어려울 것이다.

그는 잠시 심각한 표정을 지으며 시간을 벌어야겠다고 생각했다. 그는 역으로 코바르칙에게 질문을 했다.

"대체 라캉이 후기구조주의와 포스트모더니즘 철학의 대부 역할을 하는 이유가 무엇이라고 생각하십니까?"

그의 기습적인 역질문에도 코바르칙은 주저 없이 답변했다.

"일단 정신분석학 이론이 구체적인 임상 경험을 바탕으로 하고 있는 것이 아니겠습니까? 또한 20세기 초엽부터 불기 시작한 언어에 대한 관심을 적절하게 무의식 구조의 해명에 도입한 것이겠죠. 성적 욕망의 에너지로 가득 찬 무의식의 세계. 마치 뿌연 안개 속의 망령처럼 인간의 의식을 지배하는 이 프로이트의 무의식 세계에 라캉은 언어적 법칙성을 부여했죠. 그럼으로써 라캉은 학자들에게 어두컴컴한 혼돈 속의 무의식 세계가 보다 더 법칙적으로 접근될 수 있는 통로가 열린 것 같은 만족감을 주었다고나 할까요?"

코바르칙의 지적은 정확했다.

'프로이트는 인간이 근본적으로 욕망의 존재임을 고백했다. 때문에 인간에게 억압은 숙명이다. 이 원억압 때문에 무의식은 억압 기제의 감시망을 피해 자신을 위장시켜 표출한다. 프로이트는 신체적 고통이나 꿈을 설명하면서 무의식에 잠재된 욕망이 억압 기제 즉 사회 윤리의 검열을 피하기 위해 입축condensation과 내지displacement라는 변형 과정을 거쳐 꿈이나 신체의 여러 가지 증상으로 표출된다고 했다. 여기서 압축은 무의식의 욕망들이 억제됨으로써 서로 뒤엉켜 응축되어 내적으로 복잡한 구조를 가진 다른 현상으로 표출되는 것을 뜻한다.

대치는 잠재적 욕망의 내용, 다시 말해 사회 윤리적으로 문제가 될 수 있는 내용이 검열을 피해 하찮은 현상으로 바뀌어 표현되는 무의식의 작용을 뜻한다. 예컨대 어떤 여인에 대한 성적 욕망은 그 자체로 표출될 경우 사회적 처벌 대상이 되기 때문에 여자의 속옷을 훔치는 행위로 대치되어 나타나는 경우가 있다.

라캉은 프로이트가 무의식의 작용을 밝히는 과정에서 도입한 이러한 압축과 대치의 메커니즘이 언어의 의미 현상의 본질이라는 사실에 주목했다. 라캉은 압축과 대치가 은유metaphor와 환유metonymy라는 언어의 중추적 기능에 상응하는 것으로 보았다.[26] 그리하여 라캉은 무의식을 언어적 구조가 작동하는 장으로 파악한다. 언어는 우리가 의식적으로 우리의 생각을 표현하기 위해 고안한 도구가 아니다. 오히려 우리의 의식은 무의식의 언어 작용에 의해 비로소 발생해 언어의 다스림을 받게 만들어진 수동체일 뿐이다. 나의 의식은 타자와의 상호관계를 통해 언어 능력을 받아들이기 전에는 존재하지 않는다. 결국 라캉에 따르면 현재의 인식하고, 지각하고 소망하는 나의 의식의 원천은 나 자신이 아니라 나 자신은 사실상 나의 외부에서, 나 아닌 것에 의해 만들어진 것이다. 나의 의식의 근원은 내 자신에 있는 것이 아니라 나 자신이 아닌 곳에 있다. 때문에 나는 내가 존재하지 않는 곳에서 생각한다.'

그는 잠시 라캉 이론의 핵심 내용을 머릿속으로 정리해보면서 코바르칙을 향해 말문을 열었다.

말씀하신 대로 라캉은 무의식의 언어 구조를 밝힘으로써 프로이트에 부분적으로 스며들어 있는 자연과학주의를 극복했죠. 프로이트는 인간의 정신을 헬름홀츠의 에너지 양식 이론을 빌어 설명하고자 했죠. 그것이 아마 당시 인간을 과학적으로 이해하고자 하는 실증주의적 인간관을 거부하면서 동시에 데카르트 식의 주관적 관념론에 노이로제를 갖고 있던 지식인들을 사로잡았던 것 같습니다. 그리고 실로 그 후 라캉의 정신분석학은 포스트모더니즘 철학의 확고한 이론적 기반이 되죠. 그러나 나는 왜 포스트모더니즘 철학자들이 모든 것에 야유와 조소를 보내면서도 라캉 이론에 대해서만은 절대적으로 신뢰하는지 이해할 수 없습니다. 라캉이 정신과 의사로서 많은 임상적 경험을 토대로 하고 있다는 점을 지나치게 과대평가하는 것이 아닌지 모르겠습니다. 그러나 최근 다니엘 스턴이라는 심리학자의 많은 사례 연구는 라캉을 정면으로 공격할 수 있게 해줍니다.

"스턴에 대해 조금만 설명해주시겠습니까?"
코바르칙이 호기심에 가득한 표정으로 요구해왔다.
"스턴에 관해 읽은 지가 오래되어 잘 기억나지 않지만 한번 해보겠습니다."

스턴의 저서 『유아의 상호 주체적 세계*The Interpersonal World of the Infant*』를 보면 언어 이전에는 의식이 존재하지 않는다는 라캉의 결론은 여러 가지 사례 연구를 통해 비판될 수 있습니다. 특히 라캉이 자의식의 구성 과정을 다루면서 제시한 이른바 거울 단계도 비판의 대상이 되지요. 잘 아시겠지만 거울 단계란 다음과 같은 것입니다. 라캉에 따르면 유아는 6개월 이전까지 자신의 몸을 서로 연관 없이 따로 떨어져 있는 파편화된 신체로 느끼다가 6~24개월 사이에 거울 속에 비친 자신의 이미지를 보면서 비로소 자신의 몸의 전체상을 지각한다고 하죠. 이것을 계기로 유아에게 신체의 통일성이 체험되어 통일적 자아 개념이 만들어진다는 거죠. 자아는 발생적으로 나중에 구성되는 것이며 자아는 자신의 구성의 원천이 아니라 밖으로부터, 즉 거울에 비친 상이란 타자로부터 구성된다는 것이죠. 그리고 이 단계가 언어 활동으로 들어가는 단계와 일치한다고 합니다.

그러나 스턴에 따르면 거울 단계는 다음과 같이 해석되어야 합니다. 라캉이 제대로 지적한 대로 유아는 처음에 거울 속의 상을 자신의 상으로 인지하지 못합니다. 유아가 거울 속의 상을 인식하는 방식과 자신의 자아를 인식하는 방식이 전혀 다르기 때문이죠. 그러다가 유아가 거울 속의 상을 자신의 상으로 인식하게 되면 이제 유아는 내적으로 경험된 자아를 거울 속의 상으로 대상화해 자기 앞에 놓고 보게 되는 것입니다. 이것은 유아가 타자를 보는 방식과 동일합니다. 따라서 유아는 자신을 타자의 시각에서 보게 되어 자신을 자신이 보는 타자와 같은 것으로 경험하게 되는 것이죠. 그리하여 유아는 비로소 자신을 이제 여러 타자와 같은 범주에 위치시키게 됩니다. 즉 거울 단계는 자신을 타자의 시선으로 바라봄으로써 자신을 타자들 사이로 밀어 넣어 여러 인간 가운데 하나로 사회화시키는 단계라는 것입니다. 라캉은 자아가 자신을 타자와 같은 것으로 인지해 자신 안에 타자를 받아들이는 단계를 자아가 비로소 구성되는 단계로 오해한 것이죠.

"라캉이 그런 오해에 빠진 이유는 무엇이라고 생각하십니까?" 코바르칙이 다시 질문을 던졌다. 그는 쉴 새 없이 질문을 던지는 코바르칙이 원망스럽기만 했다. 그는 지금 너무 지쳐 있었다. 그러나 여기까지 와서 포기할 수는 없는 노릇 아닌가? 한편으로는 쉬미트를 속이기 위해서 이렇게까지 치열하고 진지한 철학적 토론을 벌여야 하는

가 하는 의문이 들었다. 또 밖으로 비친 자신의 진지한 모습과 자신의 내부에서 경험되는 자신의 사기성 사이의 엄청난 간격을 생각해보면서 쾌감과 우울함을 동시에 느끼기도 했다. 그러나 그것이 어쩌면 인간의 운명 아닐까? 타자에게 영원히 접근될 수 없는 내면의 자아. 그렇기 때문에 자아는 자신을 자신이 외부만을 보는 타자 속으로 밀어 넣어 자신 안에 타자를 받아들여야 한다. 인간 안에는 이 내면적 자아 자신과 외적 타아의 충돌이 끊임없이 계속되고 ……. 그러나 그는 다시 머리를 가다듬으며 답변했다.

라캉이 그러한 오해에 빠진 것은 언어 능력 이전에 모든 것은 무형태적이고 파편화되어 경험될 수 없다는 언어 절대주의에 너무 집착한 데 이유가 있는 것 같습니다. 그러나 스턴은 언어 능력 이전의 출생 15일 ~18개월까지의 유아를 관찰한 결과 유아가 인지하는 세계도 일관적이고 비교적 잘 구별되어 있는 세계라는 결론을 얻게 됩니다. 즉 유아들은 이미 대상을 시간적·공간적으로 분리되어 존재하는 것으로 봅니다. 또 유아들은 사물들에 인과론을 적용할 수 있으며 따라서 사물의 움직임은 다른 사물과 접촉이나 충돌에 의해 일어난다고 봅니다. 때문에 연구자가 인과론과 반대되는 현상을 조작하면 유아는 놀라는 반응을 보입니다. 나아가서 그들은 무생물과 생물을 구별할 수 있고 생물체는 무생물과는 달리 그 스스로에 의해 움직이는 것도 안다고 합니다. 물론 여기서 다니엘 스턴을 인용하지 않더라도 언어 활동 이전의 의식의 존재가 과연 부정될 수 있을까 의문입니다. 실어증으로 언어 능력을 상실한 사람은 정말 의식도 없는 것일까요? 그렇기 때문에 그에게는 세계가 전혀 의식되지 않을까요. 실어증에 걸린 사람은 진정으로 의식이 없는 식물인간 상태와는 다른 것 아닙니까?

그는 정신없이 스턴에 관해 쓴 어떤 논문의 단편적 기억들을 머릿속 이곳저곳을 헤집고 다니며 긁어모았다. 그리고 마치 자신이 스턴의 책을 직접 읽어 본 것 같이 위장해 속사포같이 쏟아버렸다.

코바르칙은 수긍되는 건지 아니면 아직 적절한 반론을 찾지 못한 건지 한 손으로 턱을 괸 채 침묵을 지켰다.

"좋습니다."

쉬미트가 그의 답변에 만족한 듯 미소를 지으며 말했다.

"주체성 문제에 대해서는 그만하기로 하죠. 내게 궁금한 문제는 과연 후설이 밝혀내고자 하는 주체성이 자연철학과 어떤 관련을 가질 수 있을까 하는 점입니다. 후설에서의 주체성은 주로 인간의 인식에 관계되는 것 아닙니까? 그리고 그는 자연 문제에 대해서는 별로 연구한 것이 없지 않습니까?"

"맞습니다. 후설의 선험적 주체성 철학이 자연 문제와 연결될 수 있는 점은 별로 없습니다. 그러나 만년의 후설은 그러한 문제에 대한 매우 강한 연구 의욕을 보입니다. 그리고 체계적은 아니지만 자연사를 선험적 주체성의 원리를 적용해 이해해보려는 시도도 합니다."

"그런데 그러한 시도가 성공할 수 있을까요. 후설이 아꼈던 제자 하이데거조차 후설을 따르지 않은 것으로 아는데. …… 하이데거에게 후설의 현상학은 여선히 근대 철학의 근본석 편견으로부터 완전히 벗어나지 못한 철학으로 비판되는 것 같던데 ……."

코바르칙이 다시 물고 늘어졌다. 이번에는 현상학과 다른 철학의 입장에서 공격해 들어오는 것이 아니라 바로 후설이 학문적 후계자로 생각했던 제자, 그래서 교수 자리까지 물려준 제자, 하이데거를 통해 그의 입장에 균열을 내려 했다. 그는 한편으로 코바르칙의 의도가 혹시 불순한 것이 아닌지 의심했다.

'대체 저자는 무엇 때문에 나를 철학적 곤궁에 빠뜨리려는 걸까? 내가 쉬미트에게 인정받는 것이 자신에게 무슨 불이익이라도 된단 말인가?'

하지만 코바르칙의 질문은 상당히 예리한 것이었다. 고대 신화와 철학 그리고 중세, 현대까지를 깊이 꿰뚫고 들어가며, 그것도 철학의 가장 극단적 심층인 형이상학적 문제에서부터 소위 위대한 철학자들이 헤어나지 못한 서구 철학의 편견, 선입견을 파괴하고 들어가는 하이데거. 사실 이 하이데거가 발견해내는 후설의 문제점은 치명적이었다. 잠시 그는 생각을 가다듬었다. 후설을 옹호할 것인가 아니면 하이데거 편으로 기울면서 문제를 새로운 상황으로 끌고 갈 것인가? 하지만 사실 그는 몇 해 전부터 하이데거 철학으로 자신의 생각이 전향하고 있음을 느꼈다. 그리고 그도 후설을 배반하는 것이 아닌가하는 죄책감을 갖기도 했다. 그러나 사실 철학은 어떤 위대한 철학에 충성을 바치는 것이 아니다. 역시 현상학자인 프랑스 철학자 사르트르 식으로 말하면, 위대한 철학의 권위를 숭배하며 충성을 바치는 것은 사르트르가 극도로 경멸했던 나태한 성실성이 아닌가.

그는 속으로 결심했다. 이 기회에 본격적으로 하이데거 철학을 파고들기로. 사실 후설은 철학사 전반의 심층을 꿰뚫어보는 시선의 깊이와 폭에서는 하이데거에 미치지 못한다. 후설은 근대 철학과 수학에는 어느 누구도 범접할 수 없는 철학적 지위를 구가하고 있지만 적어도 서구 지성사의 시원인 고대 신화에서 현대까지를 관류하는 사유의 길을 개척하지는 못했다.

그는 머릿속을 정리하며 비로소 코바르칙의 질문에 응수했다.

아주 중요한 지적을 했습니다. 하이데거는 후설이 근대 철학과 근대 과학에 대해 비판한 내용을 전적으로 수용했습니다. 하이데거는 후설이 근대 철학과 과학을 성립시키는 토대 밑으로 파고 들어가 근대 과학이나 철학이 접근할 수 없는 사유 차원으로 진입한 것을 높이 평가합니다. 그러나 하이데거는 그럼에도 후설을 여전히 사로잡고 있는 서양 철학의 근본적 한계를 돌파하려 합니다. 특히 데카르트 이후 근대 철학을 가장 깊은 차원으로 끌고 들어가는 주체성과 관련해 그러한 작업을 시도합니다. 즉 인간을 논리적 추론 능력으로 대변되는 이성과 자유 능력을 중심으로 파악하려는 철학의 편협성을 고발하지요. 하이데거는 어딘가에서 이렇게 말합니다. "근대는 분명 인간 해방의 결과로 주관주의와 개인주의를 동반했다. …… 결정적인 것은 인간이 지금까지의 구속에서 스스로를 해방시킨 것이 아니라 오히려 인간이 주체가 됨으로써 인간의 본질 자체가 변했다는 것이다."

하이데거가 주체성 철학에 대해 갖는 의혹은 주체성 철학에 의해 인간을 모든 것의 기저Subjektum로 절대화시키는 형이상학이 등장하게 되었다는 말로 요약될 수 있습니다. 그리하여 인간은 모든 것에 대해 지배권력을 갖는 주체로 등극하며, 특히 인간과 자연의 관계는 인간에 의

한 자연의 지배의 관계로 전환됩니다. 그런데 자연은 원래 피시스^{Physis}로, 스스로 일어난다는 뜻입니다. 하지만 인간이 주체가 되고 자연은 메커니즘으로, 즉 기계론이 됨으로써 인간은 자연에게 스스로 일어나는 능력을 인정하지 않습니다. 그리하여 인간은 자연이 스스로를 내보이며 말 걸어오는 것^{Ansprechen} 자체를 허용하지 않는 자폐증에 빠집니다.

주체성 철학에 대한 이러한 비판을 통해 격화되는 근대와 하이데거 사이의 불화는 근대 과학 및 기술과의 대결이라는 보다 치열한 모습으로 전개되며, 그것은 결국 근대성 전체에 대한 불화로 비화됩니다.

그의 정신은 거의 고갈될 지경이었다. 그의 두뇌는 난타전처럼 계속되는 토론으로 이제 더 이상 까딱도 할 수 없이 흐느적거리는 것 같았다. 마치 치열한 난타전을 치르고 난 후 펀치 드렁크 상태에 빠진 복서처럼 ……

"프리마!" 쉬미트가 굵직한 목소리로 박수를 치며 외쳤다. 쉬미트는 그의 피곤을 눈치 챈 것 같았다.

"당신의 수고에 감사드립니다. 우리는 앞으로 후설에게서도 근대 세계의 모습을 투명화하고 한계를 벗어날 수 있는 중요한 출발점을 발견할 수 있을 것 같습니다. 또 하이데거에서는 지금까지 서구 과학과 기술 그리고 철학이 걸어온 길과는 전혀 다른 길이 발견될 수 있을 것 같군요. 당신 도움이 필요합니다. 헤어, 리! 나의 미트아르바이터가 되어주지 않겠습니까?"

이제 되었다. 철학으로 위장한 저 치열한 아니 처절한 쉬미트 속이기 작전이 성공한 것이다. 그는 마음속으로 쾌재를 불렀다. 쉬미트의 미트아르바이터가 되면 그의 연구를 훨씬 더 가까이서 지켜볼 수 있을 것이다. 왠지 공작이 쉽게 풀릴 수 있을 것 같은 예감이 들었다.

12

호모 파베르

| 사랑과 슬픔의 여로 |

정말 피곤했다. 아니 완전히 탈진되었다. 그날 그 치열한 논쟁은 그가 가진 모든 것을 단 몇 시간에 남김없이 자백하게 한 잔인한 고문이었다.

"독일인들의 집요함과 진지함이란 ……. 날 이렇게 망가뜨리는군."

좀 쉬고 싶었다.

벌써 가을이건만 ……. 벌써 가을이 온 사실조차 모르고 있었다. 마침 날씨는 가을은 이래야 한다는 듯 조금 쌀쌀한 기운으로 피부에 와 닿고 있었다. 산들산들한 가을 공기에 휩싸이며 그는 예민해지고 있었다. 그러한 예민함은 곧 막연한 그리움으로 변했다. 그러나 막연하지 않았다. 그리움은 지혜에 대한 기억을 불러일으키고 있었다. 잠시 지혜의 모습을 떠올리던 그. 이제는 오직 기억과 상상 속에만 존재하는 지혜. 그는 상상으로 가고 싶었다. 그러나 그런 몽환 속을 헤

매려는 자신의 유아적 취향이 한심하게 느껴졌다. 그리움, 추억, 상상……. 한동안 이런 생각을 하던 그는 이럴 때는 영화나 보는 것이 상책이라고 생각했다. 지혜에 대한 혼자만의 그리움에, 추억이나 상상에 사로잡히면 어쩌면 영원히 그로부터 헤어 나올 수 없을 것 같았다.

"그래 영화나 보자. 영화는 내가 나도 모르게 나를 침몰시키는 자폐적 상상은 아닐 테니. 대신 아름다운 여인이 나오는 로맨틱한 영화를 ……."

그는 시내로 나가 영화관을 찾았다. 마침 〈보이저〉라는 영화가 상영 중이었다. 영화는 제목도 맘에 들었다. 〈VOYAGER〉. 1991년인가, 국내에서는 〈사랑과 슬픔의 여로〉라는 제목으로 상영된 바 있었다. 그리고 포스터를 보니 줄리 델피가 주연이었다. 줄리 델피. 그녀가 아직 유명해지기 전 가녀린 달빛의 모습을 그대로 간직하고 있는 영화.

1957년 6월 아테네 공항. 비행기를 기다리는 승객 중 비교적 지성적인 용모의 40대 남자가 여행 가방에 힘없이 걸터앉은 모습이 클로즈업된다. 월터란 이름의 남자, 표정에서 어떤 깊은 회한이 읽혀진다. 잠시 후 그의 독백이 나지막한 목소리로 흘러나온다. "그건 운명이었어."

독백과 함께 카메라는 그해 4월 베네수엘라로 거슬러 올라간다.

어디론가 떠나려는 사람들로 붐비는 베네수엘라의 공항. 주인공 월터가 남미의 뜨거운 태양에 권태로운 듯, 그러나 조금은 거만한 모습으로 비행기를 타기 위해 걸어가다가 옛 친구를 닮은 독일인을 만난다. 월터는 옛 애인을 연상시키기에 그 옛 친구를 별로 기억하고 싶지 않은 듯 접근해오는 독일인을 피하며 다음 비행기를 타려고 한다. 하지만 그를 찾아 나선 매혹적인 스튜어디스의 권유로 비행기를 탑승하면서 이야기가 본격적으로 펼쳐진다.

주인공 월터는 뉴욕에 거주하는 미국인 댐건설 기술자이다. 월터는 자기 영역에 관한 고도의 전문성을 갖춘 성공한 프로로 성격마저도 대단히 실용적이며 계획적이며 또 현실적이다. 그는 기술을 신봉하고 스스로 꿈을 꾸지 않는다고 표현할 정도로 현실주의적이다. 베네수엘라에서 뉴욕으로 가는 비행기가 엔진 고장으로 불시착하는 상황에서도 그는 동요하지 않는다. 그는 오히려 지도를 보면서 비행기가 불시착할 지점을 계측하는 성격의 소유자이다. 그는 일정을 함부로 변경한 적도 없다. 또 예술이라든가 문학, 종교 따위엔 관심이 없다. 그렇다고 철저히 기계적이기 만한 불감증 환자는 아니다.

그는 철저히 쾌락적이다. 기술자로서의 자기 일에 충실한 그는 그만큼 쾌락에 대한 권리를 갖고 있다고 생각하는 듯하다. 오늘 처음 만난 저 고혹적인 스튜어디스와 비행기의 화장실 커튼 뒤에서 키스를 나눌 수 있는 매력의 소유자이다. 또 뉴욕에는 그를 애타게 기다리는 여자 친구가 있다. 그러나 그는 그녀와 결코 결혼하지 않는다. 어쩌면 결혼이 곧 쾌락의 끝임을 잘 알기 때문일지도 모른다. 뉴욕의 여자 친구가 그와 결혼하기 위해 현재의 남편과 이혼했다는 이야기를 들고는 그녀와의 저녁 테이블을 매정하게 떠나버린다. 그녀가 와인과 바다가재와 장미로 정성스럽게 치장한 저녁 테이블을. 시원한 바깥공기를 마셔야겠다는 말과 함께. 그에게서 여인과의 사랑은 쾌락을 극대화시키기 위한 도구에 불과하다. 아니 여인은 그에게 쾌락을 극대화시키기 위한 도구적 존재자에 불과하다.

그런 그가 파리에서 열리는 중요한 회의에 참석하기 위해 배를 타면서 평소 냉소해왔던 운명의 사슬에 걸리고 만다. 월터는 배 안에서 카뮈의 『이방인』을 읽고 있는 청순한 여대생 엘리자베스를 만난다. 물론 월터도 그녀에게 호감을 갖기는 했지만 오히려 엘리자베스가 어떤 애틋함을 담은 눈으로 그에게 다가온다. 얼마 후 갑판 위에선 두 사람은 서로의 눈을 바라보며 대서양의 밤바람에 실려 오는 사랑에 빠진다. 그러나 이상한 것은 월터 자신에게도 잘 이해되지 않는 그의 감정이다. 대개의 여자와의 만남이 며칠을 넘지 못할 정도로 월터는 쾌락 이외에 다른 것을 여자에게 주지 않았다. 하지만 그녀에게는 무언가를 배려해주고 싶은 마음이 자신도 모르는 사이에 우러나오는 것이다.

파리에 도착해 헤어질 무렵 엘리자베스는 그에게 히치하이킹으로 파리에서 로마까지 혼자 여행할 것이라고 말한다. 언제든지 여자에게 냉정하게 등을 돌렸던 월터. 헤어짐에 익숙한 그. 하지만 월터는 엘리자베스의 모험적인 여행 계획에 적지 않은 근심에 빠진다. 그는 결국 파리에서의 중요한 회의 중간에 뛰쳐나와 루브르 박물관에서 예술품을 감상하던 엘리자베스를 찾아 그녀와 함께 로마로 여행을 떠난다. 그녀를 보호하기 위해. 그러면서 기술이 지배하던 세계가 그에게서 예술의 세계로 서서히 개시開示된다.

　파리에서 이탈리아로 가는 밤길, 운전을 하는 그는 침침한 눈의 피로를 견디지 못한다. 그러자 엘리자베스는 그 대신 세계를 보며 그녀가 본 것을 말해주며 그의 운전을 인도한다. 이제 월터는 엘리자베스의 눈을 통해 세계를 보기 시작하는 것이다. 그리고 이제 모든 것은 예술로서 그에게 다가온다. 서로에게 설명 불가능한 이유로 급속히 다가가던 월터와 엘리자베스. 결국 그들은 로마의 예술적 분위기에 고조되어 어느 날 밤 연인으로서 맺을 수 있는 가장 깊은 관계에 들어선다. 그날 밤, 달빛은 태양 뒤로 숨어 개기월식이 일어났고, 월터와 엘리자베스가 나누는 성애의 축제는 오직 새카만 어둠만이 지켜보고 있었다. 그래서 인지 월터와 엘리자베스가 몸으로 부딪히며 성애를 나눌 때 쾌락에서 새어나오는 신음은 한없이 깊은 어둠과 고요를 타고 슬픈 색소폰 소리처럼 아주 멀리 퍼져나갔다.

　그렇게 달콤하게만 펼쳐지던 둘의 관계는 극적 반전을 맞게 된다. 엘리자베스가 엄마에게 보내는 편지 겉봉에서 월터가 그녀의 엄마 이름을 보았기 때문이다. 엘리자베스의 엄마 이름은 헤나였다. 월터는 2차세계대전이 발발하기 전 독일에서 유학을 했었다. 헤나, 그녀는 그가 독일에서 유학하던 시절 월터의 옛 애인이었다. 그리고 그때 헤나는 월터의 아기까지 임신할 정도로 월터를 맹목적으로 사랑했었다. 그즈음 월터는 바그다드에서 아주 중요한 일자리를 얻게 되었다. 월터는 바그다드로 가기로 결정했다. 그리고 헤나에게 지금은 아이를 낳을 좋은 때가 아니라고 말했다. 그런데 헤나가 갑자기 월터를 떠났다. 헤어짐을 선언하며 헤나는 월터에게 싸늘한 어조의 말 한마디를 남겼다. 아이는 우리 뜻대로 만드는 것이 아니라고.

그 후 20년. 헤나가 가졌던 월터의 아이는 이제 월터 앞에 그렇게 청순하고 신비로운 연인으로, 어젯밤 그와 그렇게 깊은 육체의 향락을 함께했던 여인으로 서 있는 것이다. 월터의 충격과 걷잡을 수 없는 번뇌. 그들은 다시 그리스로 여행을 떠나지만 월터는 더 이상 엘리자베스를 가까이 하지 못한다. 갑자기 돌변해버린 월터의 태도에 엘리자베스는 당황하며, 그의 마음을 돌리려 애를 쓴다. 그러나 월터의 마음은 돌아올 수 있는 성질의 것이 아니었다. 두 사람 간의 갈등이 계속되는 동안 그리스의 한 들판에서 수영복 차림으로 평화롭게 일광욕을 하던 엘리자베스가 독사에게 물리게 된다. 결국 엘리자베스는 자신이 월터의 딸이란 사실을 모른 채 병원에서 치료를 받다가 잃어버린 월터의 사랑에 대한 생래적 그리움 때문인지 갑자기 죽고 만다.

그리고 다시 1957년 6월의 아테네 공항. 가방 위에 허딜한 모습으로 걸터앉은 월터의 얼굴이 다시 클로즈업된다. 기다리던 사람들이 비행기 탑승구를 빠져나가 공항은 텅 비어 있다. 월터는 혼자 앉아서 자신의 독백을 계속하고 있다. "그것은 운명이었어. …… 그 아이는 이제 존재하지 않아. ……. 어디로 가야 하지."

영화의 이야기는 대충 이렇게 요약된다. 프랑스와 독일 합작의 이 영화는 특수효과와 과격한 액션 그리고 폭력적 노출로 범벅이 된 할리우드나 그의 아류인 홍콩 영화와 아주 색다르다는 이유만으로도 오랜 동안 기억될 수밖에 없었다.

엘리자베스 역을 조용히 소화해낸 줄리 델피의 청순한 모습. 어떠한 과격함도 없이 절제된 그녀의 연기는 영화의 분위기와 잘 어우러졌다. 또 영화 속에서 펼쳐지는 로마와 그리스의 아름다운 풍광. 그리고 그러한 장면을 마치 쇼팽의 야상곡처럼 차분하게 움직이며 비추어내는 안정된 카메라워크. 영화 미학적 측면에서 이 영화는 성공적이었다. 하지만 영화는 또 관객을 아프게 한다. 원죄로부터 자유로운 듯 깨끗한 엘리자베스, 그녀의 안타까운 죽음. 자신의 딸과 한 남자로서 가장 깊은 관계를 가졌던 월터. 그리고 결국 그녀를 죽음에 이르게 한 자신. 월터에게 밀어닥칠 죄의식과 그로부터 연유된 결코 빠져나올 수 없는 고통은 모두에게 너무 짙게 다가올 것이다.

영화를 본 후 한동안 가슴이 월터처럼 아팠다. 한편으로 월터는 특이한 운명을 가진 한 개인이 아니라 어쩌면 오늘날의 문명을 상징하는 것일지도 모른다고 생각했다. 현대 문명이 끊임없이 새로운 수단을 개발해 장악하려 했던 삶의 요소들. 즉 우연이라든가 운명이라든가 하는 문제는 어쩌면 인간의 손아귀에 영원히 잡히지 않는, 하지만 삶에서 결코 추방하거나 무시해버릴 수 없는 삶의 부분이다. 이 운명 앞에서 과연 우리는 어떻게 해야 할 것인가. 영화는 아무런 갈 길을 제시하지 않는다.

영화를 본 후 그는 월터처럼 하염없이 창밖을 바라보며 생각에 잠길 수밖에 없었다. 운명의 사슬, 그 삶의 비밀은 무엇을 통해 우리에게 이해될 수 있을까? 예술일까, 학문일까 아니면 운명 앞에 숙연해지는 종교일까? 그가 철학을 포기하고 가는 이 길은 과연 어디에 이를 것인가. 한동안 사색에 잠겨 있던 그는 영화에 쓸데없이 깊은 의미를 부여한다는 생각에 무거운 상념을 지워버렸다. 그러나 사실은 그가 사색에 잠긴 동안 지혜에 대한 그리움이 끊임없이 더욱 무겁게 마음을 헤집고 들어왔기 때문이다. 그리고 또 지혜에 대한 그리움이 이상하게도 얼마 전 프랑크푸르트에서 만났던 숙영의 모습과 겹치며 그 그리움이 혼란에 빠졌기 때문이다.

며칠이 지난 후 그는 우연히 심리학과 건물 근처 산책로에서 코바르칙을 만났다. 별로 할 말이 없던 그는 며칠 전 〈보이저〉란 영화를 보았다고 말했다.

"영화가 멜로 장르인 것 같은데 꽤 깊은 의미가 있더군요. 모든 것을 심각하게 보는 철학자의 직업병 때문인지 모르지만."

그 말은 듣던 코바르칙은 의아하다는 듯 반응했다.

"몰랐어요? 그 영화는 독일의 매우 철학적인 자기 프리쉬[Max Frisch]의 소설 『호모 파베르[도구적 인간]』을 영화화한 것인데, 프리쉬는 사실 하이데거 철학에서 많은 영감을 받은 소설가지요."

'그랬군. 그것은 슬프고 아름다운 멜로드라마만은 아니었군.'

13

시에나

| 장소의 영혼 |

그는 여느 때처럼 쉬미트 교수 연구실 옆에 있는 자신의 연구실에서 책을 읽고 있었다. 〈보이저〉라는 영화가 준 감동 때문일까. 그는 하이데거에 더욱 관심이 생겼고, 하이데거 저작도 더 열심히 탐독했다.

지난번 세미나에서 코바르칙이 하이데거를 업고 후설을 비판할 때 그는 하이데거에 동조하는 방식으로 대응했었다. 그러나 체력적 탈진 때문인지 아니면 하이데거 철학, 특히 후기 철학에 대한 이해가 완전히 내공으로 체화되어 있지 않기 때문인지 논쟁 후반부에 힘든 모습을 보였고 그것을 간파한 쉬미트는 논의를 서둘러 종료시켰다. 그는 쉬미트에게 자신의 약점을 들킨 것 같았다. 그래서 지난번 세미나에서 쉬미트의 완전한 신뢰를 얻기에는 뭔가 미흡했던 것 같았다. 그것을 만회하려면 늘 준비가 되어 있어야 했다. 하이데거의 후기 철학. 하이데거는 2차세계대전 이후에는 기존 철학과는 전혀 다른 방식으로 철학적 사유를 전개한다. 특히 시와 시적 언어를 철학적 사유의 길잡이로 선택해 사유를 펼쳐 보인다.

그의 후기 철학은 철학자들 사이에서 극단적으로 상반된 반응을 낳았다. 어떤 이들은 그것은 철학이 아니라고 하고, 어떤 이들은 철학의 새로운 시작이라고 거의 숭배에 가까운 찬사를 보낸다.

"참 문제적인 철학자야. 정치적으로, 또 사유의 깊이도 또 사생활도."

잠시 그는 하이데거와 사랑에 빠졌던 하이데거의 제자 한나 아렌트를 떠올렸다. 청순미와 지성을 겸비했던 마르부르크 대학의 여성 철학도. 훗날 미국에서 활동한 20세기가 낳은 최고의 정치철학자. 그러나 그녀와 이미 유부남이던 스승 하이데거의 사랑은 불행이고 불륜이었다. 더욱이 그녀는 유대인이었다. 때문에 그녀는 1930년대 나치가 집권하자 하이데거와의 불행한 사랑을 포기하고 망명길에 올라야 했다. 그러면서 아렌트가 남겼던 말. "이제는 어떤 남자도 사랑하지 않으리."

그러나 그녀는 파리로 망명한 1년 후 한 사회주의 혁명 운동가를 만났고 그와 사랑에 빠져 결혼했다.

"사랑은 참 ……. 여자의 마음이란 ……."

그런 생각을 하며 하이데거 전집을 서가에서 꺼내들었다. 이번에는 하이데거가 1950년에 한 강연 「시 짓기, 사유 그리고 거주」라는 글을 탐독했다.

2차세계대전 후 전쟁으로 파괴된 독일. 독일 정부는 집 없는 국민들에게 다시 주거를 마련해주기 위해 전력을 기울였다. 이때 건축가들은 그냥 집을 대량 공급하는 데만 관심을 갖고 있던 것이 아니라 대체 집을 어떻게, 무엇을 위해 지어야 할지 고민했다. 그리고 이 고민을 풀기 위해 하이데거를 초청해 강의를 들었다. 그 강연이 바로 「시 짓기, 사유 그리고 거주」였다.

여기서 하이데거는 인간이 사는 공간은 물체가 위치하는 공간이나 동물이 사는 환경이 아니라 장소, 더 나아가 분위기로서의 풍경이라고 설파한다. 그리고 이 풍경은 하늘과 땅, 그리고 죽을 운명의 인간과 신성함이 모여들며 응축되는 사물을 중심으로 펼쳐진다고 주장한다.

그는 속으로 하이데거를 비웃었다. 집 없는 사람으로 넘쳐나는 시절, 집을 빨리 지을 생각은 하지 않고 뭐라고 잘 알아듣지도 못할 말을 하는 듯한 하이데거. 그리고 그의 강연을 듣고 있는 독일 건축가들, 왠지 너무 한심한 것 아닌가 하는 생각이 들었다.

그는 하이데거가 강연에서 한 말을 어처구니없다는 듯 되뇌었다.

"'사물은 원자나 분자의 집합체가 아니라 하늘과 땅, 신성함 그리고 죽을 운명의 인간이 모여드는 응축체'라고? 대체 이런 이야기를 듣고 어떻게 집을 짓고 도시를 건설한다는 말이지?"

하지만 호기심이 생겼다. 고대부터 현대에 이르기까지 인간 사유의 극단인 존재론의 역사를 꿰뚫고 있는 하이데거. 그가 이런 이야기를 했을 때는 무엇인가 있을 것이다. 혹시 그의 이러한 강연이 건축가들에게 영향을 미쳐 무슨 건축 이론으로 응용되지 않았을까? 그는 다시 도서관으로 향했다. 그는 가끔 자신이 쉬미트에 접근해 공작을 펼치고 있는 스파이임을 잊고 있는 것은 아닌가 자문해보기도 했지만 지적 호기심은 어쩔 수 없었다. 도서관에서 목록을 검색하던 중 그는 『장소의 영혼*Genius Loci*』이라는 제목의 책을 발견했다.

'건축 현상학'이라는 부제를 단 책은 슐츠라는 노르웨이 사람이 쓴 것이었다. 그는 책장을 열고 목차를 살폈다. 놀랍게도 저 말도 되지 않는 듯한 하이데거 철학을 건축으로 응용해 인간이 사는 공간, 도시 그리고 인간이 지어야 할 건축에 대해 연구한 책이었다. 그는 책을 보는 순간 호기심으로 가득 찼다. 어떻게 철학으로 도시를 짓지?

아직 남 부장으로부터 구체적인 명령이 오지 않은 상태이기 때문에 책을 탐독할 여유가 있을 것이다. 그는 책을 대출해 연구실로 돌아와 정신없이 읽었다. 그리고 슐츠의 건축 현상학을 깊이 연구하기 시작했다. 그때 문을 두드리는 소리가 났다. 쉬미트였다.

"헤어 리, 시에나라는 도시 알죠?"

"시에나? 이탈리아의 토스카나 지방에 있는 중세 도시 말입니까?"

"네, 그래요. 그곳에서 앞으로 3주 후 '공간과 인간 그리고 자연'이라는 주제로 학술대회가 열리는데 나와 동행하지 않겠소? 그리고 가능하면 헤어 리도 발표를 하면 좋을 텐네. ……"

그는 잠시 망설였다. 인간과 공간? 그 문제에 대해 본격적으로 연구한 적은 없었다. 하지만 이 기회에 쉬미트의 신임을 확실하게 얻어두는 것이 필요했다. 그는 도전해보기로 했다.

"잘 되었습니다. 주제도 제가 최근 관심을 갖고 있는 것에 근접하는군요."

"아직 여유가 있으니까 잘 준비해보세요."

그는 하이데거를 읽었다. 또 슐츠의 건축 현상학을 집중적으로 읽었다. 무엇인가 보이는 것 같았다. 하이데거의 공간과 건축의 철학은 이렇다.

'하늘과 땅이 죽을 운명의 인간을 통해 신성하게 만나는 장소, 즉 사물을 중심으로 풍경이 열리고 이렇게 열린 풍경이 인간을 초대할 때 인간은 그곳에 거주하며 집과 도시를 짓는다.'

대체 슐츠는 이러한 하이데거의 공간의 현상학과 거주의 시학을 어떻게 해석하는가.

인간은 공간에 그냥 위치하고 만유인력이나 어떤 물리적 힘에 의해 다른 위치로 이동하는 것이 아니다. 또 인간은 동물처럼 환경 안에서 생존하는 것도 아니다. 인간은 거주하는 것이다. 그런데 이 인간의 거주란 무엇인가?

거주는 우선 정착 과정을 필요로 한다. 그러나 인간이 정착지를 선택하는 것은 자의에 따른 것이 아니라 풍경이 그를 초대할 때이다. 즉, 인간은 동물처럼 서식지를 찾는 것이 아니라 거주지를 찾는 것이다. 거주는 동물처럼 본능적으로 생을 연장해가는 생존 현상이 아니라 삶의 의미를 찾아가는 실존 현상이다. 그리고 이러한 실존 현상으로서의 거주 행위는 늘 죽음을 미리 앞당겨 삶의 문제로 삼는 인간이 존재 문제와 필연적인 관계를 갖는 데서 발생한다. 따라서 인간은 존재의 의미가 뚜렷해지는 곳에 정착하기를 원하며, 이러한 정착은 존재의 의미가 직접적으로 탁월하게 구현되는 사물에 머물면서 시작된다.

그는 잠시 전에 공부한 문명사를 기억해냈다. 그리고 고대 문명의 성립과 인간의 거주의 역사를 연결시켜 보면 슐츠의 해석이 상당히 타당한 것 같았다. 그러나 아직 구체적 사례가 떠오르며 분명하게 이해되는 것은 아니었다. '하늘과 땅이 가장 탁월하게 만나는 사물, 그 탁월한 사물은 죽을 운명의 인간에게 신성한 의미를 열어주며 인간의 삶과 거주의 중심으로 경배된다.' 대체 그런 사물은 무엇일까? 골똘히 생각하던 그는 '아하'하는 탄성을 질렀다.

'그렇지 산이지, 산. 하늘과 땅이 가장 탁월하게 만나는 사물은 ……. 높으면 높을수록 산은 늘 인간에게 경외감을 불러일으키는 절대적인 초월적 존재였지. 숭고의 감동. 인간에게 산은 애초에 숭고의 감동에 휩싸이게 하는 신성한 사물이었을 것이다.'

사실 그랬다. 인간은 인간으로 대지에 거주하기 시작한 문화가 출현하는 순간부터 그랬다. 고대 문화는 그에 대한 증거이다. 그리스의 파르나소스 산. 고대 그리스 문화는 세계의 배꼽Omphalos을 해발 2,457m의 파르나소스Parnassos 산의 기슭에 자리 잡은 델포이에 위치시키고 신성시했다. 또 이슬람 문화권에서는 여전히 카아바Ka'aba가 세계의 중심으로 경외된디.

'이슬람 문화와 기독교 문화가 교차하는 지역도 예외가 아니지. 스페인도 그래. 카탈로니아 지역에 있는 몬세라트 산, 바르셀로나 근처에 있는 이 산은 바로 그 지역의 터를 열어주는 중심적인 사물의 역할을 하며 신성시되었지. 그러기에 그곳에 수도원이 자리하고 있는 것이지.'

그러면서 그는 바로 그 수도원에서 현대 바르셀로나를 위대한 건축의 도시로 만든 건축가 안토니오 가우디를 기억해냈다. 가우디는 그곳에서 늘 명상을 하며 창조적 건축 작품의 영감을 얻었다고 한다.

'그런데 우리나라도 그럴까?'하는 의문이 들었다.

'맞아, 우리나라도 그래. 서울을 보면 분명해. 조선의 수도 서울은 북악산을 주산으로 형성되며. 그곳에 천명을 받는 왕궁, 즉 경복궁을 위치시켰지.'

그는 지금까지 머릿속을 맴돌던 생각을 다시 정연하게 정리하고 싶었다.

사물은 하이데거가 밝혀낸 대로 사방四方, 즉 하늘, 땅, 신성함, 죽을 운

명의 존재자의 모임이라고 하면 사방으로서의 이러한 사물성이 가장 뚜렷하게 현시되는 사물은 산, 물, 숲이다. 그리고 적어도 인간이 인간 으로서 거주하기 시작한 시원적 시점과 때를 같이 하는 여러 신화를 보면 공통점이 발견된다. 고대 신화에서 풍경은 단순한 관망의 대상 이 아니라 어떤 힘들이 살아 움직이는 것으로 밝혀진다. 하늘과 땅의 혼인을 통해 사물이 탄생하는 것이지.

이렇게 마치 하늘과 땅이 결혼하듯 밀접하게, 탁월하게 관계하는 사 물은 산과 나무 같은 것들이다. 때문에 고대 문명에서 산, 나무 등은 하늘과 땅이라는 원천적 힘들이 어우러지는 존재의 근본 현상으로 다 가와 사물 중의 사물로, 그리하여 풍경의 중심으로 신성시된다. 또 사 물은 바로 생명성을 드러낸다는 점에서 풍경의 성격을 결정하는 사물 로 경배된다. 최초의 인간에게 산, 수목, 물과 같은 사물들에서 사물성 이 가장 탁월하게 현재하는 것으로 드러나며 풍경은 이러한 사물들을 중심으로 펼쳐진다. 그리고 이렇게 풍경의 중심을 형성하는 사물들은 신성성을 발하며 죽을 운명의 인간을 거주로 초대한다. 즉 인간의 거 주는 이렇게 사방으로서의 사물성이 뚜렷한 곳에서 정착으로 초대받 으면서 시작되어 마을을 형성한다.'[27]

이제 조금 길이 보이는 것 같다. 시에나에서 무엇을 발표할까 고민 하다가 인간, 공간, 풍경, 거주를 연결시키며 이집트를 그러한 입장에 서 해명하기로 했다. 인류 최초의 고도 문명인 이집트 문명에 대한 해 명은 인간과 공간적 거주가 근원적으로 어떻게 형성되는지를 보여줄 수 있을 것이기 때문이다. 그는 남은 시간 동안 고대 이집트에 관한 연구에 전력을 집중했다. 그리고 다음과 같은 결과에 도달했다.

이집트, 거대한 피라미드의 땅. 만일 피라미드가 없었다면 이집트는 우리에게 그토록 직접적으로 기억될 수 있을까? 모든 것을 탈진시킬 것 같이 작열하는 태양, 지상에 존재하는 것들은 감히 접근할 수 없을 것 같은 무한한 사막, 그곳에 엄청난 크기로 우뚝 서 있는 불가사의가 있다. 피라미드. 때문에 오래전부터 피라미드를 둘러싸고 신비로운 전설과 기괴한 소문이 끊이지 않았다. 심지어 신화와 전설을 추방한 과학의 시대인 오늘날, 그 과학은 피라미드를 소재로 또 다른 전설을 만들어내고 있다. 피라미드는 인간이 지은 것이 아니라 비행접시를 타고 온 외계인이 지었다고. 물론 이러한 소문은 제법 지적인 수준을 자랑하는 사람에게는 호소력이 없었지만 무모하게 거대한 이 돌덩어리가 이집트 왕의 무덤이라는 사실 역시 의문과 당혹감을 불러일으킨다. 대체 왜 이집트인들은 죽음에 이토록 절대적인 과잉투자를 했을까? 그러나 이집트 풍경을 하이데거처럼, 슐츠처럼 현상학적으로 사색해보면 피라미드의 비밀이 풀렸다.

이집트는 어떤 땅인가. 장구하게 흐르는 나일 강과 무한히 펼쳐진 사막의 땅이 이집트이다. 이러한 이집트의 풍경은 단순성과 규칙성에 의해 성격을 드러낸다. 나일 강은 장구하지만 좁은 폭으로 광활한 이집트의 대지를 관류하고 나일 강 계곡의 양안에는 인간의 활동 공간을 위압적으로 제약하는 무한히 수평적으로 펼쳐진 사막이 펼쳐져 있다. 이렇게 인간의 활동을 위압적으로 제한하는 사막은 다시 인간 편에서 보면 인간의 상상력과 생각을 초월해 있는 절대적인 우주적 규모이다. 그리고 또한 이집트 기후는 늘 모든 것을 뜨겁게 달구는 태양빛으로 건조하기 이를 데 없으며, 날씨의 변화도 그다지 크지 않다. 또한 나일 강은 비교적 규칙적으로 범람한다.

이집트의 풍경은 우주적 성격을 지닌 풍경의 전형이다. 이러한 풍경을 배경으로 출현하는 건축물들도 같은 성격을 구현하고 있다. 특히 이집트인의 삶의 근거인 나일 강은 북에서 남으로 흐른다. 또 언제나 변함없이 작열하는 이집트의 태양은 동쪽에서 뜨고 서쪽으로 진다. 따라서 이집트의 우주적 풍경에는 이미 남북축과 동서축이 교차하는 직교 체계가 함축되어 있다. 이러한 조건들은 이집트 풍경을 영원한 질서의 공간으로 드러낸다.

이렇게 이집트 풍경으로부터 드러나는 영원한 질서는 그러한 풍경에 인간이 정착할 때 죽음은 종말이 아니라 삶의 또 다른 연장이라는 이해의 길을 열어주지 않을까. 따라서 이집트에서는 삶은 죽음 이후에도 계속되는 것이며, 거주의 핵심은 '영원한 집'을 짓는 작업이 될 수밖에 없을 것이다. 때문에 이집트의 분묘와 장제 신전들은 삶이 끝나 소멸한 자들의 무덤이 아니다. 그것은 영원한 질서를 구현하는 사물로 지어지는 동시에 이러한 건축 작업이 이집트 문화의 중추를 형성하게 된다.

특히 이집트의 분묘는 죽은 자의 무덤이라기보다는 이집트의 풍경에서 실존하는 인간에게 풍경의 의미가 영원한 삶이란 의미로 응결되어 지어진 가장 진정한 의미의 집이다. 그리고 풍경의 영원성은 풍경 속에 존재하는 거대하고 육중한 돌에서 절대적 의미를 발견한다. 돌은 모든 변화를 버텨내며 영원히 존재하는 것으로 밝혀지며, 그 자체가 이미 위대한 기념비적 존재자로 지어져야 한다. 또한 질서는 수직과 수평의 직교 구조의 엄격한 만남이 절대적 균형을 이루는 삼각형으로 나타난다. 그리고 이 영원한 질서는 비교될 수 없는 규모로 초월화되는 것이다.

이렇게 보니 피라미드의 의미가 분명해지는 것 같았다.

이집트의 풍경이 담고 있는 영원성과 질서는 거석과 수직·수평의 절대적 균형인 삼각형이 만나는 거대한 불가사의에서 절정을 이룬다. 이것이 바로 피라미드이다. 카이로에서 차로 20분 거리에 있는 기자의 피라미드는 인간에 의해 지어진 가장 거대하고 영원한 삼각형 돌덩어리이다. 그것은 가로와 세로의 길이가 230m이고, 높이는 146.6m에 이른다.

이 피라미드는 산과 같이 풍경의 중심을 형성하는 탁월한 신성한 사물이 부재하는 사막에서 바로 그러한 부재를 극복하는 건축물로 풍경을 모은다.

'그래 피라미드는 산이었어. 그것은 산이 없는 사막에 산으로 지어진 것이야.'

피라미드는 이렇게 사막에 산으로 지어짐으로써 하늘과 땅을 결연하고, 동시에 태양을 받아들이는 수직축으로서 역할을 담당하며, 산이란 터의 성격을 드러낸다.

'사막에는 산이 없다. 인간의 거주를 부르는 신성함의 중심적 사물

인 산이 없는 곳이 사막이지. 때문에 이집트인들은 거주의 의미를 완
성시키기 위해 사막에 산을 지은 거야. 그것은 절대 권력자이며 신인
파라오의 무덤, 즉 영원한 집인 동시에 이집트의 신성한 중심적 사물
로 지어진 것이다.

그런데 정말 그럴까. 피라미드에 대한 이러한 해석을 좀 더 확고하
게 지지해줄 증거가 없을까?'

그는 다시 곰곰이 생각에 잠겼다.

'진정 피라미드가 영원한 집이며 동시에 사막에 부재하는 신성한

사물, 산으로 지어졌다면 이는 역설적으로 산이 실제로 있는 풍경에 영원한 집, 즉 장제 사원을 지을 때 피라미드로 지을 필요가 없을 것이다. 가령 실제로 산이 이미 풍경의 중심으로 풍경을 형성하고 있을 때 이집트인들은 인위적으로 산을 지을 필요가 없을 것이다.'

생각이 거기에 이르자 갑자기 어떤 장면이 머릿속을 스쳤다.

'그렇지.'

그는 벌떡 일어나 서가로 향했다. 그리고 거기서 『이집트 문명 도감』이란 책을 꺼내 빠른 속도로 넘기다 멈추고선 기쁨에 찬 듯 어떤 페이지를 주시했다.

거기에는 이집트 역사상 유일한 여성 파라오 하셉수트^{Hatshepsut}, 그녀의 무덤, 그녀의 장제 신전 사진이 전면을 차지하며 실려 있었다.

카이로에서 150km 정남쪽에 위치한 데이르 엘–바하라$^{Deir\ el-Bahara}$, 그곳에는 하셉수트 여왕의 사원이 있다. 여기서 사원은 거대한 산을 배경으로 마치 산 자체가 신전의 위대함을 드러내는 원래의 주 건물인 듯, 그리하여 실제로 지어진 신전은 마치 산의 부속 건물처럼 산에 종속되어 있다. 이 사원은 피라미드처럼 엄청난 높이를 과시하며 하늘을 향해 수직으로 솟아오르지 않는다. 오히려 배경을 이루는 산과 비교할 때 상당히 낮은 수평 형태를 취하는 세 개의 테라세로 이루어져 있어 산의 수직성과 극적으로 대비되며 산의 초월성을 강렬하게 표출시킨다.

이렇게 이미 산이 하늘과 땅이 결연하는 탁월한 사물로 현재하는 곳. 그러한 풍경에서 이집트인들은 영원한 집, 즉 사원을 지을 때 이미 그렇게 존재하는 산의 신성함을 조금도 훼손시키지 않는다. 오히

려 지어진 건축물과의 극적 대조를 통해 산이 구현하는 존재론적 의미, 즉 하늘과 땅의 모임이 강렬하게 현시되는 수식성과 높이를 더욱 두드러지게 가시화해 풍경의 신성성을 압도적으로 현출시키는 방식이 선택되고 있다.

그는 지금까지의 내용을 잘 정리해 발표 원고를 작성했다.

그는 쉬미트와 함께 로마의 다빈치 공항에 도착했다. 그리고 그곳에서 마중 나온 이탈리아 학자의 차에 동승해 시에나로 향했다. 로마에서 북쪽으로 향하는 고속도로로 4시간 정도 달리자 시에나가 나타났다. 구릉에 위치해 멀리서 보아도 금방 정체성을 분명히 드러내는 도시 시에나. 토스카나 지방에서 상업과 교통의 중심지로 피렌체와 라이벌 관계에 있던 이 위대한 중세 도시는 르네상스 시대에 이르러 피렌체와의 경쟁에서 밀리며 쇠락했다. 그러나 이 쇠락 덕분에 중세 도시의 모습을 잘 보존하고 있어 도시 전체가 유네스코 세계유산으로 등록되어 있다.

학술대회는 독특한 형태의 첨탑으로 도드라지는 시에나 시청에서 개최되었다. 상당히 많은 참석자가 모여 있었다. 그는 이례적으로 많은 참석자에 약간 긴장하기도 했지만 그의 발표는 순조롭게 끝났다. 이집트 문명을 피라미드를 중심으로 풍경과 거주의 관점에서 해석하는 그의 발표는 비교적 반응이 좋았다. 특히 산의 압도적인 수직적 숭고성을 수평성과의 극적 대조를 통해 드러내는 방식으로 지어진 하셉수트 장제 신전을 증거로, 역으로 기자의 피라미드를 풍경의 초점 역할을 하는 인위적 산으로 입증하는 그의 주장은 참석자들의 주목을 끌었다. 그리고 어떤 참석자는 그에게 도움이 되는 사실을 알려주며 그의 입장을 거들었다. 그에 따르면 고대 이집트 신화에서 우주는 혼돈의 바다에서 벤벤이라 불리는 산이 솟아오름으로써 탄생했다고 하는데, 이는 이집트 문명이라는 인간의 거주 행위가 시원적으로 산과 깊은 관계가 있음을 시사한다는 것이다. 물론 비판이 전혀 없는 것은 아니었지만 다수의 참석자는 상당히 신선한 시도라는 평가를 했다. 그리고 어쩌면 인간의 문화를 근본적으로 다시 생각해보게 하는 기회였다는 코멘트도 있었다. 그의 발표를 지켜보는 쉬미트의 표

정은 만족스러운 것 같았다.

"헤어 리, 어려운 일을 잘 해냈어요. 이제 휴식을 겸해, 더구나 시에나에 왔으니 시에나를 좀 돌아보도록 하죠. 시에나는 광장으로 전세계인을 유혹하는 도시 아닙니까, 피아차 델 캄포 광장 말입니다."

"그렇죠. 묘하게 경사지며 굽은 광장."

유럽의 여느 다른 도시와 마찬가지로 시에나도 광장을 중심으로 도시 공간이 조직되어 있다. 그러나 이 광장은 어느 곳에서도 보기 힘든 독특한 공간 형태를 보여준다. 그리고 가장 아름다운 광장이란 찬사를 받으며 시에나란 도시의 정체성을 형성하는 데 결정적 역할을 하고 있다. 오늘날 시에나는 도시 중심부를 형성하는 광장 피아차 델 캄포와 동일시될 정도로 광장을 통해 이름을 세계에 알리고 있다. 그리고 수많은 사람이 바로 이 광장 때문에 시에나에 모여든다.

"독토 리, 대체 어디가 그렇게 독특하기에 사람들이 이 광장에 그렇게 끌리는 걸까요? 혹시 이번에 발표의 이론적 기초가 된 하이데거와 슐츠의 공간론, 즉 장소의 영혼이란 관점에서 한번 이유를 밝혀볼 수 있을까요?"

늘 학구적인 쉬미트, 예외 없이 또 깊이 있는, 그렇기 때문에 상투적으로 답변하기 어려운 물음을 던졌다. 쉬미트는 마치 보고 듣고 만지는 모든 것에서 무엇인가를 발견하려는 듯했다. 학술대회의 긴장으로부터 해방되어 가벼운 마음으로 시에나 도심을 산책하려던 그는 쉬미트의 질문이 내키지 않았다. 하지만 그리 어렵지 않게 대답한 수 있을 섯 같았다. 사실 이틀 전 이곳에 도착했을 때 시에나 도심을 두 번이나 걸어 다니며 광장을 중심으로 펼쳐진 시에나의 구조를 살펴봤기 때문이다.

"이곳에 도착해서 나름대로 답사해보았습니다. 시에나는 북으로는 피렌체, 남으로는 로마 그리고 서쪽으로는 지중해로 향하는 세 개의 언덕에 조성된 도시더군요. 도시의 중심은 당연히 이 세 개의 언덕이 만나는 곳이겠죠. 따라서 만남으로서의 도시 공간을 초첨화하는 광장은 이곳에 조성되어야 했습니다."

"아, 그렇군요."

"그런데 말이죠. 유감스럽게도 세 개의 언덕이 만나는 풍경의 지형적 조건은 곡면과 비탈이 주를 이루는 지세입니다. 이런 지세는 수평적 평면을 제공하는 데 인색합니다. 그리고 이렇게 수평에 인색한 지형적 조건은 도시 중심부를 광장으로 조성해내기에 불리합니다. 물론 광장을 조성하기 위해 풍경의 지형적 조건을 무시하고 대지를 평탄화하면 문제는 해결될 수 있습니다. 그런데 바로 여기서 시에나 시민들의 놀라운 지혜가 발휘됩니다. 시에나에서는 평탄화라는 상투적이고 폭력적인 방식이 선택되지 않았습니다."

"그것이 무엇인가요? 궁금하군요. 빨리 말해주세요."

쉬미트는 어린아이 같이 순진한 모습으로 재촉했다.

"예, 시에나의 풍경의 지형학적 난점은 오히려 상투적 공간 조직 방식을 탈피해 시에나의 공간을 여느 광장과는 다른 매력적인 공간으로 반전시키는 계기가 됩니다. 물론 그러한 반전은 하루아침에 이루어지지는 않았습니다. 그것은 200년이란 역사의 성숙 과정을 거쳐 지금의 피아차 델 캄포 형태로 탄생하며 시에나의 공간을 조직합니다."

"글쎄 그 반전의 내용이 무엇이냐니까요?"

"존중입니다."

"존중이요? 무엇을 존중하죠?"

"가장 중요한 것은 바로 광장에 시에나 풍경의 자연적 지세 조건인 곡면의 비탈을 존중하는 것이죠. 동시에 곡면의 비탈과 어울리며 초점으로서의 의미를 상징화하는 기하학적 패턴을 부여하는 것입니다. 그런데 그러한 패턴은 어떤 것일 수 있을까요?"

그는 역으로 쉬미트에게 질문을 던졌다.

쉬미트는 잠시 생각하더니 자신이 없는 듯 답변했다.

"정방형이나 원형?"

"아닙니다. 물론 광장의 전형적 형태는 정방형이나 원형이죠. 하지만 다른 도시에서처럼, 가령 프랑스의 툴루즈에서와 같이 시에나 광장의 공간을 정방형이나 원형으로 조직한다면 곡면 비탈에서는 오히려 그러한 도형 형태가 왜곡되게 나타날 것입니다. 그리고 이는 완벽성과 보편성이라는 기하학적 도형의 상징적 효과를 훼손시키는 결과가 될 것입니다. 따라서 시에나에서는 원이나 사각형 형태의 광장을 조성하는 대신 다른 기하학적 해결 방법이 도입됩니다."

"다른 기하학적 해결 방법이 있을까요?"

"예, 있죠. 그러한 해결 방법을 찾기 위해서는 곡면의 비탈이 어느 한곳으로 수렴되는 흐름의 공간성을 찾는 것이 중요합니다. 한곳으로 수렴되는 흐름의 공간성, 이러한 공간성을 선명하게 상징하는 기하학적 도형은 무엇일까요?"

쉬미트는 그에 대한 답을 자기가 찾고 싶은 모양이었다. 그는 '쉿' 하는 제스처를 쓰며 잠시 생각에 잠겼다.

"그렇지."

잠시 후 쉬미트는 답을 찾은 것 같은 미소를 지어보이며 말했다.

"혹시 부채꼴?"

"역시, 교수님은 보통 사람이 아니군요. 흐름의 공간성, 시에나의 풍경이 가진 지세, 한곳으로 수렴되는 흐름의 공간성을 상징하는 방식은 바로 그처럼 경사진 흐름에 기하학적으로 정확히 계산된 부채꼴 모양의 방사형 체계를 새겨 넣어 그러한 흐름이 한곳으로 모이게

하는 것이었습니다.

그리하여 시에나의 피아차 델 캄포는 오목하게 휘어져 비탈진 지세가 8개의 방향에서 한 점으로 수렴되는 부채꼴 형태로 지어집니다."28

"그리고 더욱 경이로운 것이 무엇인지 아십니까?"

"글쎄요?"

"그것은 풍경의 지세가 수렴되는 지점에 시청사가 자리 잡고 있는 것입니다. 시청사는 다시 수직으로 우뚝 선 만자라는 이름의 탑을 갖고 있습니다. 이 탑 때문에 시청사는 어디서나 돋보이는데, 이러한 형태를 통해 하늘과 땅을 이어내며 시에나 공간의 흐름을 받아내고 있습니다. 그 결과 외부로는 로마, 피렌체, 지중해로 뻗어나가는 시에나의 공간적 구조는 내부로는 광장의 흐름에 의해 매개되어 시청사로 집중됩니다. 동시에 거기서 하늘과 땅으로 이어짐으로써 보다 선명하게 실존적 공간의 구조를 구현하게 됩니다. 대지의 지형학과 추상적 기하학은 시에나 광장에서 이렇게 결합해 화해를 이루며 실존적 공간을 탁월하게 성취하는 것이죠."

"이게 정말 다른 어느 곳에서도 체험할 수 없는 시에나 광장의 공간적 매력이군요."

쉬미트는 이미 그의 말을 다 알아들은 것 같았다. 굳이 덧붙일 필요가 없었지만 그는 자신의 말에 몰입해 있는 쉬미트를 보며 이야기를 그칠 수 없는 흥분을 느꼈다. 그래서 약간 격앙된 톤으로 말을 이었다.

"그렇습니다. 시에나 광장은 가장 아름다운 광장이란 찬사를 받고 있습니다. 하지만 시에나 광장은 바닥이 빛나는 대리석으로 장식되어 있는 것은 아닙니다. 또 주변이 화려한 꽃으로 치장되어 있는 것도 아니고요. 시에나 광장이 아름다운 것은 그것이 우리의 미적 감수성을 자극하기 때문이 아니죠. 그렇다고 시에나 광장이 하늘과 땅을 그 자체로는 아무 감동도 없는 무미건조한 물질로 환원시키며 오직 넓은 면적의 수용 능력이라는 기능만 제공하는 것도 아닙니다."

"맞아요." 쉬미트가 맞장구를 쳤다.

"시에나 광장과 건물은 그곳 풍경에 고유한 대지의 지세를 보존하며 또 대리석 대신 지역의 대지가 선사한 고유한 흙을 구어 만든 벽돌로 지어져 있습니다. 따라서 시에나 광장은 찬란한 장식성보다는 짙은 토속성을 드러내며 풍화를 허용합니다. 그리고 풍화된 벽돌 바닥과 건물들은 시에나 광장을 대지로 삭아 들어가는 귀향의 분위기로 채색합니다. 이러한 분위기 속에서 대지가 토스카나 지방의 코발트빛 하늘과 만나며 모습을 드러내고 동시에 찬란한 하늘이 대지의 지세가 배어나오는 사발 모양의 토속적 광장에 담기듯 내려앉습니다. 그런데 말이죠. 바로 그럴 때면 시청 건물은 시간의 흐름에 따라 광장에 그림자를 드리웁니다. 그런데 이 장면이 경이롭습니다."

"어떤?"

"광장은 이제 캔버스가 되고 서로에게 스며드는 하늘과 땅은 빛과 그림자의 윤무를 통해 스스로 붓질을 합니다. 하늘과 땅은 시에나에

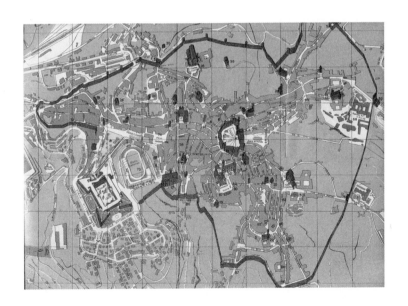

서 인간이 지은 건축물로 중심화되어 서로 만나고 이 만남의 과정은 광장에 스스로를 풍경화로 드러내는 시적 사건, 포이에시스적 사건으로 일어나고 있는 것입니다. 이렇게 시에나 광장의 아름다움은 그곳에서 탁월하게 성취되는 실존적 공간 조직에서 샘솟습니다. 그것은 감수성을 자극하는 장식적 미학으로는 결코 재현할 수 없는 존재론적·실존론적 사건입니다. 그리고 이 사건은 거주를 갈망하는 인간들을 끊임없이 불러 모으며, 이에 화답하듯 전 세계에서 온 사람들은 광장에 행복하게 자리 잡으며 광장을 향유합니다."

쉬미트는 그의 말에 몰입해 감동을 받은 듯 반응했다.

"정말 도시는 철학이군요. 철학이 없으면 인간은 어디에 자리 잡고 거주하며 생활할 수 없군요. 난 사물을 보는 독토 리의 철학적 깊이에 점점 더 신뢰가 가요. 내 옆에서 오랜 동안 같이 연구하며 나를 도와줘요. 어때요, 아예 이곳에서 정식으로 자리를 잡는 것이?"

그는 속으로 쾌재를 불렀다.

'성공했어. 쉬미트는 내 손아귀에 들어왔어.'

쉬미트의 비밀 연구에 훨씬 더 수월하게 접근할 수 있는 기회가 주어질 것이다. 그런데 정말 철학이 없으면 인간은 살 수 없을까? 그는 쉬미트의 말을 내심 비웃고 있었다. 쉬미트는 그가 구사하는 위장 철학에 속고 있을 뿐이다. 그러다가도 문득 의문이 들었다.

"아니 혹시 내가 속고 있는 거 아닐까?"

그는 남을 속이는 수단으로 철학을 활용하고 있지만 사실 철학은 남을 속이는 수단이 될 때조차 진리를 말하는 것은 아닐까. 남을 속이는 행위를 하고 있지만 사실 진리를 전달하는 메신저 역할을 하면서 그러한 진리에 의해 자신이 남을 속이는 행위를 하고 있다고 속고 있는 것은 아닐까. 이상하고 괴상한 철학적 아포리아에 내맡겨지는 자신을 발견하곤 그는 다시 쓴웃음을 지었다.

'하기야 20대를 거의 매일 쓸데없는 철학 문제에만 골몰하다보니 쉽게 수정되지 않는 악습이 재발했군. ……. 어쨌든 난 이제 쉬미트를 사로잡았어. 나의 속임수에 사로잡혔는지 아니면 진리에 사로잡혔는지 모르지만 …….'

14

프라하

| 시적 사색의 도시 |

그는 전화벨 소리에 잠을 깼다.

"이 박사?" 남 부장 목소리였다.

"어때, 연구 상황이?"

남 부장은 의외의 말을 했지만 그는 금방 그것이 쉬미트에게 접근 중인 공작이 어떠냐는 질문임을 알아차렸다.

"잘 진행되고 있습니다. 아주 잘. 쉬미트 교수의 신뢰가 더 두터워진 것 같아요."

"좋아, 하지만 자만하지 말고 치밀하게 하라고. 그리고 내 조카 좀 찾아가서 조언 좀 해줘. 뭐, 카프카가 좋다고 체코 프라하로 최근 유학 간 녀석인데 간지 얼마 안 되어서 그런지 유학 생활에 적응을 잘 못하는 것 같아. 공부는 좀 하는데 녀석이 빠진 데가 많아서. 셔츠 단추도 항상 제대로 잠그고 다니질 않아서 내가 야단치곤 했지. 좋은

235

이야기 많이 해줘. 자주 연락은 못할 거야."

  남 부장의 전화가 있은 후 그는 급히 프라하로 차를 몰았다. 뭔가
또 '조카'라는 작자를 통해 중요한 지령이 내려질 텐데. ……
  "참 여행 복도 많군. 지난주에는 시에나였는데 이번에는 또 프라하
라니. ……"
  그런데 프라하로 향하는 그의 마음은 접선의 긴장감보다는 여행
을 떠나는 자처럼 들떠 있었다. 시에나에서 돌아온 지 1주일도 채 지
나지 않았다.
  아직도 시에나 광장의 감동, 인간과 자연 그리고 도시가 절묘하게
서로를 드러내 보여주며 광장으로 모여드는 분위기에서 마치 이전과
는 다른 인간으로 탄생하는 듯한 감동. 그 여운이 아직도 가시지 않
았다. 도시, 도시는 그냥 인간이 사는 곳이 아니라 경이로운 인간의
작품으로 지어져 인간이 그 안에서 시적으로 거주하는 곳이었다. 독
일 시인 횔덜린 말대로, '인간은 대지에 시적으로 산다.'
  프라하! 프라하는 어떨까? 카프카를 탄생시키고 카프카를 위대한
문학가로 성장시킨 도시. 중세에서 현대에 이르기까지 최고의 건축
물이 잘 보존된 도시. 모든 사람이 방문해보고 싶은 최고의 도시 프
라하. 그러나 한편 2차세계대전 이후 1980년대 말까지 소련 공산주의
위성국가로 압제에 시달린 도시. 프라하는 굴곡의 역사를 갖고 있다.
  고통의 역사를 가진 이 도시를 체코의 또 다른 위대한 작가 밀란
쿤데라는 작품 어디에선가 한 번도 파괴된 적이 없는 굴욕의 도시라
고 야릇하게 묘사한 적이 있다. 이 도시 프라하를 그는 늘 가보고 싶

었다. 더구나 그가 시에나에서 발표하기 위해 집중적으로 탐독했던 『장소의 영혼 — 건축 현상학』이란 책에서 슐츠는 프라하를 로마와 함께 최고의 도시로 꼽으며 프라하란 도시의 풍경과 장소의 철학적 의미를, 그의 표현대로 '장소의 영혼'을 밝혀낸 바 있다.

프라하에 대한 이런저런 생각을 하는 동안 차는 프라하 시내에 도착했다. 8시간가량 쉬지 않고 운전했지만 전혀 피곤하지 않았다.

'이런 공작이라면 괜찮군.'

시내는 이미 어두워졌다. 아직 사회주의에서 벗어난 지 5~6년 정도밖에 되지 않아서 서구의 물을 덜 먹었는지 휘황찬란한 네온사인도 사방의 곳곳을 현란하게 비추는 관광 조명도 도를 넘지 않았다. 그는 프라하를 가로질러 흐르는 블타바 강의 다리 중 가장 유명한 까를교 근처의 한 호텔에 묵기로 했다. 어두워서 아직 분위기는 잘 모르지만 프라하의 가로등이 발그스레 달아오르며 연출해내는 어둠과 밝음의 엇갈림은 프라하란 도시의 공간을 매우 아늑하게 드러내고 있었다. 마치 어떤 신비한 힘이 포근하게 그를 아래를 향해 끌고 들어가는 듯한 분위기였다.

'그래서 그랬나?'

그는 언젠가 프라하 출신 예술가들이 프라하에 대해 쓴 글을 떠올렸다. '프라하는 여성적 도시이다. 그러나 파리와 같이 눈부신 미모가 아니라 자그마한 어머니 같은.' 또 노벨문학상 수상자인 프라하 출신의 작가 세이페르트Jaroslav Seifert는 다음과 같이 쓰고 있다. '우리는 여전히 이 도시에서 여성적 매혹, 미소 그리고 부드러움을 발견한다.'

그는 프라하라는 단어가 체코어에서 중성도 또 남성도 아닌 바로 여성 명사인 이유가 프라하라는 공간의 독특한 장소의 영혼 때문이 아닐까하고 생각해보았다. 이러한 프라하의 분위기는 바로 프라하에서 태어나 프라하를 결코 떠날 수 없었던 한 예술가에게 숨겨져 있던 진실처럼 고백된다. 카프카! 카프카는 절친한 친구에게 다음과 같은 편지를 보냈다. "그대와 나는 프라하를 떠날 수 없소. 이 조그마한 어머니는 〔우리를〕 끝없이 붙잡고 있소. 우리는 그저 내맡기는 수밖에……. 아니면 그것을 비세흐라드 성과 흐라드카니 궁전 양쪽에서 불태우든지. 오직 그럼으로써만 그곳을 떠날 수 있소."

그는 어떤 마력에 이끌리듯 가로등이 비추는 어둠과 밝음의 어슴푸레한 엇갈림과 함께 정처 없이 그러나 마치 스모키한 목소리에 실려 다니듯 프라하의 밤거리를 거닐었다. 떨어지는 달빛을 머금은 듯 발그스레 빛나는 프라하의 가로등은 다른 지역과는 달리 조명이 연속이지 않다. 오히려 옛 사랑의 그림자처럼 대지를 은은하게 감아 안는 아련한 불빛의 가로등에서 어둠과 밝음은 적절한 리듬으로 서로에게 스며들며 나타난나.

프라하는 정말 저항할 수 없는 매혹의 공간이었다. 아니 초현실적이라고 해야 할 것이다. 마치 야니첵의 음악 같다고나 할까. 카프카의 고백에서도 들려오듯 프라하에서 우리는 안으로 끌려들어 가는 느낌을 받는다. 프라하의 구시가지를 걷노라면 신비롭고 경이로우며 따듯하고 안락한 미로의 구조에서 아래로 귀환하는 듯한 기분에 빠진다. 이렇듯 프라하는 대지와 떨어질 수 없는 분위기를 갖고 있다.

시간은 벌써 12시를 향해 가고 있었다. 이제야 서서히 피곤이 밀려

왔다. 그는 호텔방에 들어와 샤워를 한 후 잠을 청했다. 그러나 문득
남 부장에게 보고를 하지 않았음을 깨달았다. 그는 급히 전화로 남

부장에게 묵고 있는 호텔과 방 번호를 알려주었다. 통화는 매우 간단
하게 끝났다. 이제 오늘은 과업은 더 이상 없다. 그는 잠시 자신이 스
파이라는 사실을 잊고 프라하란 도시에 찾아든 자유로운 여행객 같
은 착각에 빠지며 행복하게 잠들었다.

기분 좋게 잠들어서 그런지 기분 좋게 깨었다. 10월의 동유럽은 정말 우울하고 외로운 날씨가 계속된다. 그런데도 그는 상쾌한 기분으로 깨어났다. 커튼을 젖히니 정말 기적 같은 일이 펼쳐졌다. 청명한 해가 비치고 있는 것이다. 그리고 밝은 아침 햇살로 블타바 강 너머 경이로운 광경이 펼쳐졌다.

어젯밤 그가 거닌 프라하는 대지와 떨어질 수 없는 분위기를 갖고 있다. 그러나 그러한 분위기는 프라하의 한 면에 불과했다.

아!

그는 외마디 탄성을 지를 수밖에 없었다. 창문 밖으로 하늘을 향해 제각기 솟아오른 수많은 첨탑, 그리고 그러한 첨탑들은 연이어지며 수직적 움직임을 만들어내고 있었다. 그것은 프라하의 풍경이 함축하고 있는 또 다른 분위기였다. 모든 역사적 도시가 그렇듯 프라하도 전설과 함께 역사 속에서 탄생한다. 전설에 따르면 체크족의 지도자 크록Krok의 딸인 리부쉐Libuse 공주가 어느 날 환영을 보고 다음과 같은 예언을 했다고 한다.

'저기 거대한 성이 있다. 그 영광은 별을 찌른다.'

정말 그랬다. 이미 프라하란 도시의 탄생 전설에서 암시되듯 프라하의 풍경은 하늘과의 관계를 강하게 드러내고 있었다. 프라하의 거의 모든 건물은 대지의 품에 안겨 있지만 동시에 하늘을 향한 갈망을 때로는 짙게 때로는 희미하게 내보이고 있다. 그리하여 도시 전체로서 프라하는 대지와 하늘이 대조되면서 서로를 비추는 풍경에 의해 돋보인다. 프라하에서는 이렇듯 하늘과 땅 사이라는 풍경의 본래적

성격이 고스란히 드러나고 있었다.

이러한 사실 역시 프라하라는 지명 자체에 간직되어 있다. 프라하란 말은 체코어로 '문턱'에 어원을 두고 있는 것이다. 그런데 하이데거 말대로 문턱은 두 영역 사이를 가르며 동시에 이어주는 역할을 하는 것이다. 그는 이러한 사실을 상기하면서 프라하라는 이름에 풍경의 근원적 두 차원 즉 하늘과 땅 사이에서 하늘과 땅을 이어주는 장소성이 암시되고 있다고 생각했다. 사실 그러한 암시는 프라하를 방문할 때 이방인에게 바로 프라하에 도착했음을 알려주는 한 풍경에서 명징하게 현시된다.

　다른 어떤 장소에서도 볼 수 없는 프라하만의 풍경으로 홍보책자
나 웹사이트에 빈번히 등장하는 이 풍경은 무엇일까. 그것은 수평으
로 흐르는 블타바 강을 넘어 서서히 수직으로 상승하는 풍경이다. 그
러한 수직적 상승의 풍경은 블타바 강 건너에 위치한 성당, 성 비투
스라 불리는 성당의 첨탑에 이르러 절정에 이른다. 여기서 프라하의
하늘과 대지의 대조와 비춤 혹은 긴장과 조화가 마치 응결되듯 뚜
렷하게 현시된다. 프라하의 성 흐라드카니가 위치한 언덕은 가파르
게 위로 떠오르는데, 이러한 풍경은 마주선 편에서 수평으로 펼쳐지
며 군락을 형성하고 있는 구도시와 대조된다. 하지만 동시에 흐라드
카니 자체 또한 그것이 위치한 지역의 성격을 다시 수평으로 모으면
서 위로 성 비투스 성당의 첨탑이 수직으로 솟아오르며 대조를 이루
고 있다. 이러한 대조는 프라하의 장소성을 가장 응축적으로 보여주
는 최고의 풍경이다. 그리하여 T가 읽었던 『장소의 영혼』이란 책에
서 저자 슐츠는 이렇게 묻는다. "이 세상 어느 도시에 장소의 성격이
풍경에서부터 개별 건물에 이르기까지 모든 환경적 수준을 한 장면
에 구체화되는 경우가 또 있을까?"[29]

　한동안 창밖에 펼쳐지는 프라하의 풍경에 몸과 영혼을 빼앗기고
있던 그는 방문을 두드리는 소리에 자신으로 돌아왔다.
　문 앞에는 20대 후반으로 보이는 낯선 청년이 서 있었다.
　"처음 뵙겠습니다."

청년은 무엇인가를 예리하게 살피고 있었다. 청년의 눈초리에서 그가 평범한 유학생이 아님을 알아차릴 수 있었다. 그는 청년의 가슴을 유심히 바라보았다. "단추를 채우셔야겠군요"하며 그는 손가락으로 낯선 사내의 세 번째 와이셔츠 단추를 가리켰다.

"아참 또. 이것 때문에 저희 아저씨한테 늘 꾸중을 듣죠."

청년은 겸연쩍은 표정을 지으며 단추를 잠갔다. 서로의 확인이 끝났다. 남 부장의 메시지를 가져온 인물이 틀림없다.

"이번에 프라하로 유학온 이승무입니다. 여러 가지 문제에 대해 상의하고 싶은데 시간을 내주실 수 있는지요."

그는 '물론'이라고 말하며 들어오라고 했다. 그러나 이승무는 아침 식사를 안 했으면 밖에 나가 샌드위치라도 함께하면서 이야기하자고 제안했다. 그는 그의 제안을 따를 수밖에 없었다. 정보원들은 밀폐된 장소에서 이야기하는 것을 꺼린다. 그들이 신뢰할 수 있는 상황이란 아무 곳에도 없다. 그들은 항상 모든 곳에 함정이 숨어 있으며, 도청될 위험을 염두에 두고 있어야 한다. 때문에 그들은 걸으면서 이야기하는 것을 가장 선호한다.

그는 트렌치코트를 걸쳐 입고 이승무라고 불리는 청년을 따라 나섰다. 밖에는 조금 전과는 달리 부슬비가 내리고 있었다. 전형적인 10월의 날씨로 프라하는 돌아온 것이다.

이승무가 말을 꺼냈다.

"진척 상황은 어떻습니까?"

"쉬미트의 미트아르바이터로 일하게 되었으니 기회를 노려야죠."

"성공을 빕니다. 남 부장은 보안에 특별히 신경을 쓰는 것 같습니다. 노출되지 않게 치밀하게 행동하라고 말씀하셨습니다. 그리고 미국 CIA에서 우리 쪽 정보원으로 일하는 사람에게서 입수한 정보인데, RAF가 쉬미트 교수 주변에 맴돌고 있다는군요. 지금 독일과 미국이 바짝 긴장하고 있습니다. 그러니 각별히 조심하셔야 합니다."

RAF, 로테 아미 프락치온[적군파]. 그들은 1968년 학생운동 당시 태동한 좌파 도시 게릴라이다. 프랑스의 악시옹 디렉트[직접 행동]와 함께 매우 강한 조직을 가진 집단이다. 그러나 그들은 동구권의 몰락 이후 잠정적으로 지지 세력을 상당히 잃었고 현재 와해의 위험에 직면해 있다. 이들이 최후의 발악처럼 마지막 한 건을 준비하는 건가. 조금 상황이 복잡해지고 또 위험해질 것 같았다. 잘못하면 테러 조직과 목숨을 건 대결을 해야 할지도 모른다. 그는 긴장하기 시작했다.

이러한 생각에 잠겨있는 동안 그들은 빵집에 이르렀다. 그들은 커피와 샌드위치를 주문했다. 커피 향기는 늘 그대로였지만 커피로부터 아무것도 느낄 수 없었다.

다시 어둠이 왔다. 아까 이승무에게 전달받은 지령으로 다시 그는 팽팽한 긴장 상태로 돌아갔지만 아침 그리고 어제 저녁 프라하라는 장소의 영혼에 휩싸였던 자신의 영혼을 되찾고 싶었다. 아직 임무에 본격적으로 돌입하려면 며칠이 남아 있었다. 오늘 밤만 다시 여행객으로 일탈하기로 했다.

프라하의 매혹, 그 매혹을 밝혀낼 수 있는 또 다른 탁월한 장소가 있다면 그것은 까를교이다. 그는 까를교로 향했다.

까를교는 블타바 강을 경계로 나누어진 구시가지와 신시가지를 이

어주고 있었다. 그러한 이음에서 까를교는 단순히 두 지역을 기능적
으로 연결하는 것이 아니라 강물 주위로 자연 풍경과 도시 풍경을 모
으는 것 같았다. 슐츠는 까를교에 대해 다음과 같이 쓰고 있다.

이 다리는 이 세계의 중심이 되어 수많은 의미를 모으고 있다. 까를교
는 그것 자체로 힘을 지닌 하나의 예술품이다. 다리가 보여주는 부분
적 단절과 곡선의 움직임은 양쪽에서 거리를 모으며, 여기에 위치한
탑과 동상은 강을 가로지며 수평으로 놓인 일련의 아치와 대조되는

풍경을 형성한다.

다시 『장소의 영혼』이란 슐츠의 책에서 본 내용을 기억하며 까를교에서 작은 도심으로 향하는 다리 입구에 멈추어 서 그는 눈앞에 펼쳐지는 풍경을 받아들였다. 정녕 까를교에 서면 프라하란 도시의 여러 가지 조형적 건축물과 프라하란 자연의 생김새가 전체적으로 모여들며 말 그대로 하나의 둘러싼 세계로, 즉 환경Umwelt으로 체험되었다. 그리고 또한 까를교는 그저 다리라고만 불리기에는 너무나 많은 것을 차고도 넘치게 담고 있었다. 약간 굽은 상태로 양쪽 강변의 길을 모으는 까를교는 다른 한편으로 다리 위에 늘어선 성자들의 상과 양끝의 첨탑으로 인해 수평으로 흐르는 강물과 대조를 이루고 있다. 아울러 성자들의 상은 그곳을 건너는 자에게 죽을 운명으로서의 인간의 존재를 일깨워주며 잊고 있던 세계의 신성함을 불러온다. 이러한 까를교를 건너는 사람들은 다리를 그냥 건널 수 없다. 사색의 시간인 어둠이 내릴 때 이 다리를 거닐면 쇼펜하우어가 그랬던 것처럼 우리는 시를 읊을 수밖에 없다. 아니 보다 정확히 말하면, 다리라는 사물이 우리에게 시적으로 말을 걸어온다. 슐츠는 그에 귀 기울이며 다음과 같이 읊조린다.

남자와 여자는 어둠이 내려앉은 다리를 거닌다.
희미한 불빛 아래 성자들의 상을 지나 …….
잿빛 하늘을 떠도는 구름은
신비로운 교회 탑을 지난다.

난간에 기대어 해질녘 강물을 바라보는 남자.
세월이 굳어버린 돌에 그의 손을 살며시 올려놓는다.

이제 그는 슐츠가 왜 프라하란 도시의 매력을 시적 사색에 두는지
절감할 수 있었다. 특히 결코 자주 모습을 드러내지 않는 프라하의
태양은 이러한 사색의 유혹을 더욱 고조시켰다. 프라하의 태양은 아
주 드물게만 건물이 완전한 조형성을 드러내는 것을 허용한다. 대부
분 빛은 프라하의 하늘을 가리는 구름을 투과하면서 탑들을 희미한

안개 속으로 감추고, 이때 하늘도 숨겨진다. 그래서 슐츠는 이렇게 쓰고 있다. "프라하에서는 감추어진 것이, 안개처럼 모호한 것이 직접적으로 지각되는 것보다 더 실재적이다."

그러나 그도 내일은 프라하를 떠나야 한다.

여행객과 스파이. 일과 직업의 세계로부터 일탈해 자신을 포함한 모든 것을 어둠속의 음모로만 보며 세상 모든 곳에서 보이지 않는 적의 음모와 어둠의 싸움을 하는 스파이. 반대로 일상으로부터 풀려나와 자신을 포함한 모든 것을 일상의 구속으로부터 풀어내 자신으로 만나는 여행객. 프라하에서 두 극단의 삶을 오가던 그는 이제 다시 음침한 음모의 세계로 들어가야 한다. 그러나 그러한 세계로 들어가기 전에 프라하를 다시 한 번 보고 싶었다.

그는 차를 세웠다. 먼발치에서 프라하가 떠오르고 있었다. 그는 프라하를 바라보며 생각에 잠겼다. 인간이 자신이 사는 세계를 어떻게 이해하고 또 사는가에 따라 실질적으로 사는 집, 도시의 모습은 달라진다. 프라하의 풍화된 건물, 그러한 건물들은 역사의 나이테로 새겨진 여러 가지 흔적, 건축 스타일을 드러내고 있었다. 그리고 그러한 도시 안에 들어서는 사람들은 이 도시를 사랑하고 떠나면서 그리워한다.

그러나 이런 도시들이 얼마나 지속될 수 있을까. 현재처럼 소비에 의존한 경제가 거품을 일으키며 계속 급속하게 발전해나간다면 어떻게 될까. 특히 보드리야르가 예견한 대로 이 소비 경제를 지탱하는 정보통신 멀티미디어 산업이 기하급수적 속도로 발전한다면 결국 역사상 유례가 없는 소비의 제국을 출현시킬 것이다. 그리고 그러한 제국들은 세계화라는 전 세계적 규모의 소비시장을 만들어내면서 지구 곳곳에 소위 글로벌 매크로시티들을 식민지로 건설하게 될 것이다.

매크로시티. 과거의 기준으로는 상상조차 초월하는 인구가 한곳에 밀집된 고집적 도시. 이러한 도시를 멈포드Lewis Mumford라는 기술철학자는 이렇게 한마디로 정의했다. '매크로시티는 네크로시티[죽음의 도시]이다.' 실로 이러한 도시로 구성된 소비의 제국들의 세계는 엄청난 에너지를 소모하게 될 것이고, 그러한 에너지 소모를 감당할 수 없는 지구는 결국? 그러면 프라하도, 시에나도, 피라미드도 다 사라지는 건가? 많은 미래학자는 이 파국의 시점을 2050년경으로 예측하고 있다.

하지만 지구의 미래, 인류의 미래 그런 것은 그가 생각할 문제가 아니었다. 그의 본분은 스파이이고, 철학은 정보를 얻기 위한 위장 전술일 뿐이다.

'과거의 습성은 어쩔 수 없군.'

'대체 내가 뭘 위해 지구와 인류의 미래에 대해 철학적 성찰을 하며 걱정한단 말인가?'

많은 현대 철학자는 시대와 역사를 원대하게 굽어보며 시대를 디자인하는 거대 담론을 포기하지 않았던가. 특히 영미 분석철학을 전공하는 철학자들은 아예 본래의 철학적 문제를 다 사이비 문제라고 제거해버리고 수학 참고서에 나오는 문제 풀이 같은 것만 하고 있지 않은가.'

'직업 철학자들조차 그런데, 난 더 이상 철학자가 아냐. 난 철학자로 위장한 스파이일 뿐. 현재의 임무에 충실하면 그뿐. 그리고 이번

임무가 성공하면 정보기관의 핵심 요직을 맡게 되겠지.'

그는 안면에 퍼지는 야릇한 미소를 자각하며 마음을 다잡았다.

다음날 아침, 다름슈타트로 돌아가기 위한 준비를 하는데 연락책 이승무가 다급한 듯 그를 찾아왔다. 예상 밖의 방문이었다.

"웬일로 ……."

"잠깐 나가시죠."

그는 늘 그렇듯 이승무의 말에 따라 그와 함께 밖으로 나왔다.

"돌발 상황 발생입니다. K4 아시죠? 이탈했습니다."

"이탈? 배신이 아니고."

"네, 이탈입니다."

K4, 김마태. 그는 배신은 해도 이탈할 친구는 아니었다. 퍼듀에서 수학, 그중에서도 소수론으로 박사학위를 한 후 정보부에서 암호 전문가로 일하고 있었다.

김마태, K4와 그는 원래 수학과 철학은 한문적으로 한통속이었다는 농담을 주고받으며 비교적 친밀한 관계를 유지했었다. 그러나 그와 김마태는 성격과 생각, 나아가 세상을 바라보는 시각이 전혀 달랐다. 그에게 세상 모든 것은 수학과 논리로 구성되어 있었다. 모든 것에는 분명한 답과 분명한 이유가 있다고 확신하는 친구였다. 그래서 그는 K4를 라이프니츠처럼 어리석다고 가끔씩 놀려댔다.

충족이유율을 주장한 라이프니츠. 데카르트에 이어 해석기하학과 미적분 수학의 탄생과 발전에 결정적 역할을 한 철학자. 그는 세상의 모든 것을 무한히 분할하면 이유가 밝혀진다고 주장했다. 다만 유한한 인간에게는 이 무한 분할이라는 것이 불가능하기 때문에 인식 불능의 영역이 존재한다는 것이다. 라이프니츠는 수학적 계산이 불가능한 곡선도 그러한 생각에 따라 무한 미분해 결국 점들의 운동으로 포착한 다음 점들의 운동, 즉 변화율을 곡선에 직선을 그어 접점이 위치하는 위치에서 직선의 기울기를 파악함으로써 계산해낼 수 있다고 생각했다.

K4도 그랬다. 그는 모든 사건을 미세하게 분석해 사건이 진행되는 방정식을 세우려고 했다. 그의 머릿속에는 숫자와 숫자의 관계만이 존재할 뿐이었다. 또 모든 것은 결국 임의의 x로 형식화되어 보편적 법칙에 종속된다고 생각하고 있었다. 인간과 동물도 암석도 다 임의의 x로 치환되면 모든 것에 통용되는 형식적 관계식이 발견된다는 식의 어찌 보면 무차별적인 생각으로 삶을 사는 자였다. 그렇기에 그에게는 인간다움, 감성, 감정, 감동 같은 것은 별로 찾아보기 힘들었다. 그는 늘, 마치 진공 처리로 먼지 하나 없이 모든 세균이 완전 박멸된 소독실에 놓인 플라스틱 재질로 만들어진 기계 같다고나 할까. 아니면 오스트리아 소설가 무질의 『특성 없는 남자*Der Mann ohne Eigenschaften*』의 주인공 같다고 해야 할까. 아무튼 비사교적이고 좀 밥 맛 없는 그런 사람이었다. 물론 숫자와 관련된 암호해독과 암호체계 구축에서는 천재적이었다.

그런데 의외로 아주 드물지만 어처구니없다고 할 정도로 정신적 공황 상태에 빠지는 모습을 보여준 적이 있다. K4는 고백했다. 사실 여러 번 그런 적이 있었다고. 특히 사람들과 같이 있을 때도 사람의 행동의 규칙을 발견하려 하고 그에 따라 행동의 미래를 예측하려는 생각으로 가득 차 대화에 집중 못하고, 그러다가 갑자기 생각이 이리저리 튀고 혼돈에 빠지며 극단적 불안감에 휩싸인다는 것이다. 그런데 그에게 이런 문제가 있다는 것은 그를 제외하고는 정보부의 아무도 몰랐다.

그러던 어느 날 김마태는 남 부장과 면담 후 암호해독팀으로부터 소속이 변경되었다. 그리고 약 6개월간 각종 기초 체력 단련과 무술 훈련을 받은 후 새로운 보직에 임명되었다. K4라는 새 암호명과 함께. K4의 새 임무는 국제 무기밀거래에 관한 정보 수집 및 공작이었다. 그리고 국제 무기밀거래 조직이 자금세탁을 위해 카지노를 주로 이용하고 있고 또 그렇게 세탁된 거액의 자금은 다시 국제투자은행의 투기자금으로 활용되고 있었기 때문에 남 부장이 K4를 그러한 작전에 배치한 것은 현명한 인사 조치였다. 무기밀매, 카지노, 국제투기 자금 커넥션을 따라 움직이며 작전을 수행하는 데는 고도의 수학적 지식의 응용이 필수적이기 때문이다.

K4는 카지노와 은행을 오가며 때로는 돈 많은 카드플레이어로, 때로는 국제 사모펀드매니저로 신분을 위장하고 성공적으로 암약 중이었다. 그리고 언젠가 K4는 그에게 말했다. 수학과 기호 그리고 암호만의 세계를 떠나 인간들과 접촉하면서 지식을 갖가지 방식으로 활용해 임무를 수행하니까 그러한 공황 증세가 없어졌고, 한편으로는 긴장되지만 생기가 있다고. 그에게 기만당하는 인간들 모습이 짜릿한 쾌감을 준다고.

물론 그렇다고 해서 K4가 전혀 다른 사람이 된 것은 아니었다. 여전히 감정은 메말라 있고 늘 계산적으로 행동하는 냉혈성을 유지하고 있었다. 또 확률에 통달한 수학자답게 카지노와 국제 금융계의 작동 논리를 훤히 꿰뚫고 임무를 철저하게 수행했다. 그런 그가 이탈하다니 ……. 배신했다면 이해가 가는데, 그에게 훨씬 이득이 나는 것이 무엇인지를 철저히 계산해서 그쪽으로 옮겨탔다면 충분히 납득이 가는데 ……. 그냥 임무에서 이탈하고 ……. 행방불명이 되었다가 세계 곳곳의 카지노에 나타났다 사라진다니.

그런데 그에 관한 그러한 정보만 추적하던 정보부에 최근 그가 라스베이거스 근처에서 국제 무기밀거래 마피아에게 납치되었다는 사실이 포착되었다.

"빨리 라스베이거스로 가셔야겠습니다. K4의 입을 막아야 합니다. 엄청난 정보와 또 그가 착복한 막대한 공작금, 그리고 우리 작전 계획이 다른 데로 넘어가지 않도록 조치도 취해야 합니다."

"어떤 조치?"

"규정대로 해야죠. 흔적 없이."

"그리고 여기 필요한 여권과 비자가 있습니다."

이승무는 사라졌다.

그도 차에 올라타고 독일 국경을 향해 전속력으로 차를 몰았다.

그는 쉬미트를 만나 미국에 있는 이모가 사경을 헤매고 있어 급히 미국을 다녀와야겠다고 이해를 구했다. 연구원은 늘 업무가 있는 것이 아니기 때문에 비교적 자유롭다. 쉬미트는 유감이라는 의례적인 표정을 지으며 1주일간의 휴가를 허락했다.

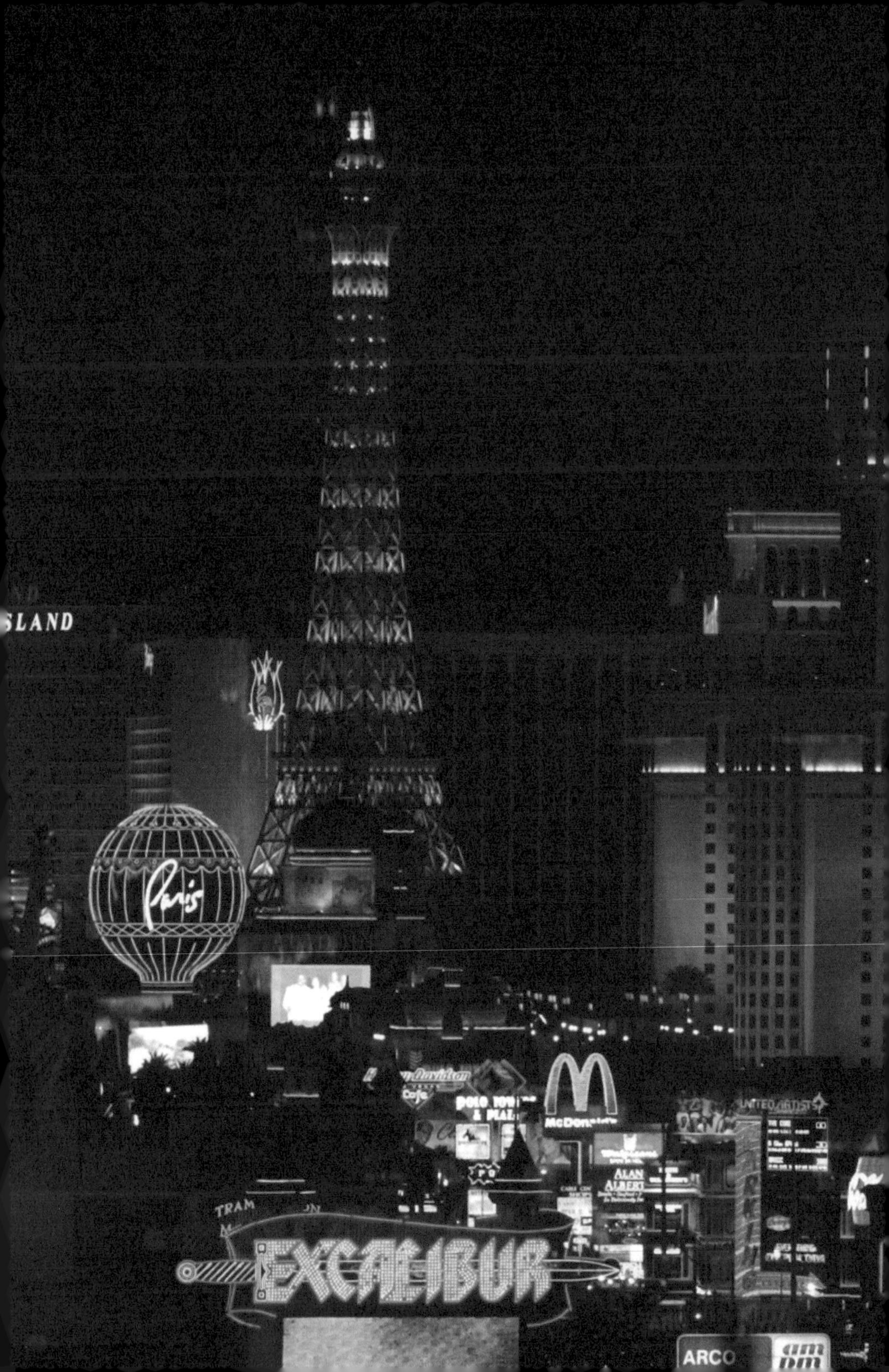
SLAND
Paris
McDonald's
ALAN
ALBERT
TRAM
EXCALIBUR
ARCO

15

라스베이거스
| 탕자 또는 성자 |

LA 공항은 어수선했다. 입국심사대를 통과한 후 간단한 짐을 찾아 공항 밖으로 나왔다. 그때 어떤 사나이가 다가왔다.

"잘 오셨습니다. 밖에 차가 대기하고 있습니다."

그는 사나이를 따라 밖으로 나왔다. 검은색 머스탱이 대기하고 있었다. 사나이는 그를 운전하는 딴 사나이에게 인계하고 사라졌다. 운전석에 있던 사나이는 차문을 열고 밖으로 나오더니 운전석에 앉으라는 제스처를 보였다. 그는 운전석에 앉았고, 사나이가 조수석으로 들어왔다.

"미국에서는 머스탱이 괜찮아요. 비교적 흔해 별로 튀지 않고, 유럽 차에 비해 싼 티가 나지만 그게 매력이고 속도도 좋습니다. 라스베이거스로 지금 바로 출발하시죠. 그런데 라스베이거스는 와보신 적이 있나요?"

미국 출장은 여러 번 왔지만 라스베이거스는 처음이었다.

"상관없습니다. 라스베이거스는 오래 산 사람이나 처음 온 사람이나 다 똑같죠. 그냥 평면에 선을 그어 만든 사막의 도시이고 거기에는 오리지널이 없어요. 온통 가짜 건물이 즐비한 곳이니까요."

그리고 사나이는 가방을 하나 건네며 말을 이었다.

"작전 계획과 필요 장비입니다."

그는 가방을 열었다. 안에는 일종의 연막탄, 신경마비탄, 자동 권총. 적외선 망원경, 그리고 독침이 들어 있었다.

"아시겠죠. 작전 시나리오를 ……."

장비가 정렬된 순서를 보자 K4 구출 계획의 시나리오가 눈에 보이듯 그려졌다.

"알겠습니다. 그런데, 이건 뭐죠?"

"아, 그거요. 그건 최신 장비입니다. 스탠퍼드 근처에 있는 제록스파크 연구소에서 극비리에 개발된 것인데 ……. 유비쿼터스컴퓨팅 실행 기기입니다. 최근 급속히 사용자가 늘고 있는, 인터넷과 연결되는 소형 모바일 컴퓨터, 아직 뭐라고 이름은 부쳐지지 않은 모양인데 탭이라고 하는 것 같습니다. 안에 K4가 억류되어 있는 곳에 이르는 지도, 지형, 그리고 그곳의 내부 구조에 관한 정보가 다 저장되어 있습니다. GPS수신이 가능하답니다. 그것을 이용해 그곳에 침투해 임무를 완수하세요."

"어떻게 내부 지도까지 ……."

"미국 NIS 한국 지부와 협력하고 있습니다. 미국 CIA가 관심을 많이 갖고 있어요. 사실 이 사건은 미국 내 납치 사건이기 때문에 FBI

관할이지만 ……. 극비리에 처리해야 하기 때문에 CIA가 동원되었고, FBI는 법적 절차에 따라야 하지만 CIA는 그런 것 없이 무법천지에서 움직이는 암흑 조직이기 때문에 ……. 그리고 독침의 의미는 당연히 아시겠죠?"

그는 그냥 슬쩍 웃었다. 이 세상에서 이런 독침을 쓰는 나라는 하나 밖에 없다. K4 구출 작전 결과가 흔적을 남겨 FBI가 사건에 착수한다 해도 이 독침 때문에 수사에 혼선을 일으킬 것이다. 국제 무기 밀거래와 독침의 연결 …….

"작전이 성공하면 멤피스에 있는 안전가옥으로 K4를 압송하세요."

"그 다음은?"

"당신 임무는 거기까지입니다."

그는 더 이상 묻지 않았다.

그는 검은색 머스탱을 몰고 라스베이거스로 향했다. 뜨거운 열기로 아무것도 살지 못할 것 같은 사막 데스밸리를 통과해 한없이 직선으로 뻗은 고속도로를 총알같이 달렸다.

"사람이 살 곳이 아니군. 정말 죽음의 계곡이군." 그러나 어느덧 어둠이 내린 죽음의 계곡을 지나자 칠흑 같은 어둠 속에서 상상을 초월하는 현란함으로 정신을 잃게 만드는 환영이 떠오르고 있었다. 그것은 빛의 제국이었다.

옛날, 친구 영민의 인생행로를 바꾸게 했던 곳. 그런 영민은 그에게 엄청난 열등감을 안겨주며 인생행로를 바꾸게 했다. 그곳, 그 라스베이거스에 이제 그가 왔다. 그는 몇 년 전 영민과 함께 나누던 대화 내용을 기억했고 그 기억은 지혜에 대한 추억을 동반하지 않을 수 없었다. 하지만 지혜를 떠올리기 싫었다. 지혜를 사랑했던 그와 지금 라스베이거스에 있는 그는 너무나 큰 차이가 있었다.

그는 그냥 라스베이거스를 거닐었다. 어느덧 그에게는 습관이 되어버렸다. 공작을 위해 출장 온 도시를 적어도 하루는 시간을 내 자유롭게 거니는 것이, 마치 진짜 여행객처럼.

라스베이거스는 미국이 자랑하는 관광지다웠다. 수천 개의 객실을 운영하는 대형 호텔이 호화로움을 뽐내며 늘어서 있고 또 호텔 안과 밖에는 카지노가 즐비하다. 그래서 라스베이거스에 와 남북을 관통하는 거리를 걷다 보면 어느새 카지노로 빨려들어 갈 듯했다. 라스베이거스에 머물면 누구나 도박을 하고 싶고 또 도박을 하지 않을 수 없을 것이다. 그곳은 한마디로 도박이 거주자의 삶과 의무인 도시이다. 그리고 밤이 오면 호텔과 카지노에는 짜릿한 관능을 발산하는 쇼걸과 바니걸들이 곳곳을 활보하며 금욕주의자조차 매혹하고 유혹한다. 이렇게 여기저기서 한탕 대박의 꿈이 넘처니고 희열의 웃음과 무희의 스트립댄스가 끊이지 않는 라스베이거스. 그래서 라스베이거스는 욕망이 넘쳐나고 욕망이 또 다른 욕망을 꿈꾸는 곳이다.

그곳은 또 어둠을 허락하지 않는 듯했다. 거기에는 쾌락과 환락이 있어야 할 뿐이다. 때문에 그곳은 밤에도 현란한 네온사인에 의해 밝혀지며 어둠과 고요함을 탕진한다. 또 역사상 존재한 모든 위대한 건물을 홍보하는 관광포스터가 무작위로 잘려져 콜라주된 듯 어디서 이미 보았고 어디서 본 듯한 역사적 건물이 곳곳에서 시선을 현혹한다. 어떤 곳으로 눈을 돌리면 로마에 있어야 할 건물이, 또 어떤 곳으로 눈을 돌리면 파리에서 본 것이 틀림없는 철제 탑이 환영처럼 떠 있

다. 다른 곳으로 눈을 돌리면 이집트에 있어야 할 피라미드와 스핑크스가 한층 더 스펙터클하게 다가온다. 그러나 그렇게 시선이 머무는 곳에는 여지없이 네온사인이 섬광으로 번쩍이며 그곳이 호텔임을 눈부시게 알린다.

스프링마운트 로드에 서면 이름도 위대한 시저스 팰러스 호텔이 시선을 사로잡는다. 이 호텔은 1996년에 고대 로마를 테마로 해 라스베이거스 스트릿에 처음으로 리조트처럼 지어진 호텔이다. 시저의 동상이 카리스마를 포기하고 벨 보이처럼 방문객을 맞이하는 이 호텔에는 콜로세움과 흡사한 외양의 카지노가 있다. 이 카지노는 검투사보다 더 단말마적인 흥분을 약속하는 듯 방문객을 끌어들인다.

이제 카지노를 나와 대각선 방향으로 눈을 돌리면 세련된 파리지앵들이 기다리고 있는 듯 라스베이거스 파리 호텔이 에펠탑과 함께 사람들을 부른다.

파리 호텔은 이름 그대로 프랑스 파리를 그대로 모방한 호텔이다. 에펠탑과 개선문, 그리고 오페라 하우스, 루브르 박물관 등 파리를 상징하는 상징물들이 한곳에 모여 있다. 거기서 다시 대각선 아래 방향으로 내려가자 룩소란 이름의 호텔의 신비한 모습이 나타난다.

36층의 높이에 이르며 4,000개의 객실을 운영하는 이 호텔은 검은 색 피라미드 형태로 지어져 더욱 더 위압적으로 다가왔다. 그리고 발레파킹 입구에는 10층 건물 높이의 스핑크스가 모조품임을 적나라하게 과시하고 있다. 그러나 거대한 규모는 통상 모조품에 대해 갖는 경멸의 시선을 순식간에 잠재우며 그를 경악과 경이로움에 빠뜨렸다.

　그는 시에나에서의 이집트 피라미드 관련 발표를 상기해보았다. "피라미드, 하늘과 땅이 만나 인간에게 영원성이라는 풍경의 의미를 안겨다준 사막의 산, 벤벤 동산." 그러한 피라미드를 이렇게 테마파크의 거대한 장식물로 전락시키다니. 그는 룩소 호텔을 건축과 풍경 그리고 인간의 삶에 무지한 건축가의 야만이라고 생각했다.

　뿐만 아니다. 시저스 팰러스 위쪽 대각선 방향으로는 베네치아의 낭만을 상기시키는 베네치안 호텔이 보였다. 이 호텔은 베네치아의

산 마르코 광장에 위치한 건물들을 이전시켜 놀이터의 기구인양 재배치했다. 호텔 안으로 들어가면 베네치아처럼 만들어진 인공 운하가 있고, 이 운하를 따라 곤돌라가 다닌다. 이 호텔 역시 35층의 높이를 자랑하며, 3,000개가 넘는 객실을 운영하는 대규모 호텔이다.[30]

이렇게 라스베이거스는 이집트, 로마, 베네치아, 그리고 파리처럼 우리가 가보고 싶은 모든 장소를 역사의 흐름을 잘라낸 후 한곳으로 강제 이주시킨 듯했다. 그런 식으로 고대, 중세, 근대라는 역사가 그러한 스토리가 탄생한 장소를 마멸당한 채 어지러이 뒤섞여 있었다. 그러한 어지러움 속에서 라스베이거스는 환영과 스펙터클, 향락을 오락가락하고 있었다.

그랬다. 그에게 머스탱을 인도한 사나이가 말했듯 이곳에는 오리지널이 없었다. 사나이는 그때 말했다. 라스베이거스에서는 처음 온 사람이나 오랜 산 사람이나 똑같다고. 유럽과 이집트를 모조한 가짜 도시, 아니 시뮬라크럼(모사 이미지). 여기에는 원래부터 사는 진정한 거주자가 없다. 이곳은 정착이 불가능한 곳이다. 정착자도 막상 진정으로 정착한 것이 아니라 가짜 속에서 삶을 사는 모조품일 뿐이다.

그는 이런 생각을 하며 가장 최근에 개장한 베네치안 호텔로 갔다. 이제는 여행객으로서의 삶을 중지시켜야 했다. 오늘은 거기서 묵고 내일 밤 K4가 납치된 집으로 잠입할 것이다.

다음날 저녁, 어둠이 깔리기 시작하자 그는 머스탱에 올라탔다. 그리고 LA 공항에서 전달받은 탭이란 손바닥 크기의 네모난 기기를 켰다. 이 기기는 GPS 신호를 수신하며 화면에 계속 방향을 표시했다.

그는 방향 표시에 따라 운전을 했다. 얼마 후 라스베이거스 외곽에 위치한 어떤 장소에 도달했다. 매우 편리한 장비였다. 얼마 지나면 많은 사람이 이 기기를 이용해 운전할지도 모르겠다고 생각했다. 특히 거기가 어디인지 알 필요가 없었다. 다만 기기가 현 위치로 인도했고 그곳은 작전이 수행되는 곳이다. 그 이상 그곳에 대해 알 필요가 없었다. 기기도 거기에 대해서는 어떤 정보도 표시해주지 않았다.

사방은 캄캄했다. 그는 적외선 망원경으로 주변을 살폈다. 전방에는 제법 큰 규모의 저택이 자리 잡고 있었다. 미국의 여느 저택처럼 담장이 낮았기에 정원이 밖에서도 훤히 들여다보였다. 그러나 정원에는 5명 정도로 추정되는 경호원이 기관총을 들고 경비를 서고 있는 장면이 망원경에 포착되었다.

그는 속으로 중얼거렸다.

'대체 미국은 웃기는 나라군. 저런 무기로 무장한 범죄 집단이 버젓이 존재하다니 ……. 미국의 사회적 성숙도는 특히 유럽에 비해 상당히 후진적이야. 극심한 빈부격차, 전미총기협회의 엄청난 로비로 무기소지 규제 강화 시도가 번번이 실패하는 나라. 열악한 의료보험제도와 사회보장제도. 그래서 범죄율과 살인율이 거의 세계 최고인 나라. 이런 나라가 세계를 주도하다니 …….'

하지만 지금은 그런 걸 생각할 때가 아니다. 그는 저택 가까이 잠입해 들어갔다. 그리고 등 뒤에 맨 배낭에서 연막탄을 꺼냈다. 이 연막탄은 보통 연막탄과는 다르다. 마치 한때 우리나라에서 지랄탄이라 불렸던 것처럼 방향을 종잡을 수 없이 이리저리 헤집고 다니다가 어느 위치에서 멈추면 괴상하고 우스꽝스러운 소리를 냈다. 그는 권총에 연막탄을 장착하고는 정원을 향해 발사했다. 잠시 뒤 연막탄은 정원에서 피식하는 폭발음을 내더니 무지갯빛 연기를 피워내며 정신 없는 개구리처럼 이리저리 마구 튀었다. 경호원들은 사격 자세를 취하며 연막탄이 튀는 방향으로 우왕좌왕 뛰어다녔다. 그러다가 연막탄이 한곳에 멈추어 괴상하고 우스꽝스런 소리를 내자 총을 내려놓고 연막탄을 바라보며 낄낄 대기 시작했다.

연막탄은 일종의 심리 탄이었다. 사람들은 어처구니없이 웃기는 장면을 보면 긴장을 풀고 방심하는 심리적 습성을 갖고 있다. 그들도 예외는 아니었다. 신기한 장면을 보는 부시맨처럼 연막탄 주위에 모여 낄낄거릴 뿐이었다. 그는 이어 신경마비 탄을 장착해 경호원들이 모여 있는 곳으로 발사했다. 잠시 후 경호원들이 맥없이 픽픽 쓰러졌다. 한 명도 예외 없이 ……

그는 재빨리 정원을 지나 현관문을 파괴하고 집안으로 들어갔다. 사전에 입수한 정보에 따르면 K4는 긴 복도를 지나 4번째 방에 감금되어 있었다. 그는 그 방향으로 빠르게 접근해 들어갔다. 이층으로 오르는 계단을 넘어서면 그 방이다. 그가 계단을 넘어서려는 순간 오른편 이층에서 바람을 가르는 소리가 나며 누군가가 날아들었다. 바람소리를 듣는 순간 그는 거의 동물적인 반사 신경으로 잽싸게 옆으로 몸을 비꼈다. 발차기로 날아오는 괴한의 공격. 그는 공격을 간신히 피했으나 정체불명의 공격이 보통 수준을 넘는다는 것을 몸으로 직감했다.

괴한은 다시 자세를 바로 잡고 그를 향해 재차 공격을 시도했다. 괴한은 옛 소련 KGB 요원들의 무술인 코루슈와 같은 동작으로 공격해왔다. 그는 순간적으로 이 조직의 보스가 구소련 KGB 출신임을 기억해냈다. 서양 격투기로는 무적의 수준을 보여주는 것이 KGB 요원들이다. 서양 격투기는 권투처럼 발보다는 손을 우선시한다. 손은 인체 기관 중 가장 민첩하다. 민첩함과 주먹의 펀치력이 제대로만 결부되면 상당한 파괴력을 갖는다. 그 사나이가 그랬다. 그에게 계속 파고들어 오며 날리는 주먹의 세기는 엄청났다. 그는 괴한의 공격을 손으로 막아내며 또 그자만큼 민첩하게 반격을 시도했지만 이런 근접 타격전으로는 불리할 것 같았다.

손은 확실히 괴한이 그보다 잘 쓰는 것 같았다. 그는 정보부에서 선무도와 날섬이라는 우리 고유 무술을 변형해 개발한 새로운 특공 무술로 맞서기로 했다. 선무도는 가공할만한 파괴력을 갖는 권법과 발차기, 게다가 근육만의 도약력으로는 불가능 비상력으로 다른 무술 고단자들을 공포에 떨게 하는 불교 무예이다. 또 날섬은 무예의 순 우리말로, 1950년대 말 어떤 도인이 우리나라의 전통 사상과 전통 무예를 융화시켜 창시한 무예이다. 날섬의 공격 동작은 매우 아름답기도 하면서 예리하고 치명적이다. 우리 정보부는 사실상 인격 수양의 예술에 가까운 두 무예를 절묘하게 조합해 엄청난 살상력을 가진 살인 무술로 둔갑시켰다. 그리고 그는 이 무술에 매료되어 정보부에 처음 발을 들여놓은 이후 지금까지 거의 매일 고강도의 수련을 했다. 그는 한국에 있을 때도 이 특공 무술에 관한 한 최강자라는 평을 듣기도 했다. 물론 젊은 요원들이 약간 과장하기는 했지만……

그동안 괴한은 계속해서 주먹을 날리며 공격을 퍼부었다. 근접 타격으로는 승산이 없다고 판단한 그는 공격을 막아내다가 갑자기 뒤로 점프를 하며 그로부터 멀어졌다. 그와 코루슈를 구사하는 괴한 사이에는 2미터 가량 거리가 생겼다. 주먹이나 그냥 발차기 정도로는 공격이 불가능한 거리이다. 괴한은 그러한 거리를 어떻게 좁혀야 할지 순간 고민하는 듯했다. 잠시 그들은 이제 최후의 일격으로 상대방의 목을 겨누는 검투사처럼 매서운 눈으로 서로를 노려보고 있었다. 순간 그는 옆의 벽을 향해 몸을 날려 눈 깜짝할 사이에 두 걸음 정도 벽을 타고 비상했다, 그리고는 몸을 회전시켜 돌려차기로 측면 방향에서 그의 얼굴을 향해 발을 날렸다. 이미 그가 오른쪽 벽으로 몸을 날려 타고 오를 때 괴한의 몸은 그의 공격 방향에 혼동을 일으킨 모양이다. 일순 괴한의 방어 자세가 흐트러졌다. 이는 괴한의 치명적 약점이 되었다. 불과 1/10초도 안 되는 순간이었지만 괴한은 그냥 서 있는 마네킹 상태가 되어 그의 발차기에 얼굴을 정지된 표적으로 노출시키는 결과를 초래했다. 이 순간을 놓치지 않고 그는 날섬의 예리함과 선무도의 무시무시한 파괴력이 조합된 발차기로 그의 얼굴을 정확하게 타격했다. 제법 큰 '퍽'하는 소리와 함께 괴한은 정신을 잃고 나가 떨어졌다. 그는 착지한 후 재빨리 주머니에서 독침을 꺼냈다. 그리고 망설임 없이 독침을 목에 찔러 넣었다. 순간 괴한의 몸이 축 늘어지는 것을 느꼈다.

그는 이제 4번째 방으로 뛰어들었다. K4가 굵은 테이프로 몸을 결박당한 채 의자에 앉아 있었다. K4는 놀라는 표정을 지었으나 그는 개의치 않고 능숙한 솜씨로 결박을 풀었다. 그리고는 K4를 이끌고 그의 머스탱에 올라타자마자 시동을 걸고 쏜살같이 달리기 시작했다. 멤피스를 향해 …….

한 시간 정도 달린 후 아무런 추격도 없음을 확인하고 그는 안도했다. 사실 신경마비가스에 중독된 경호원들이 깨어나려면 아직도 10시간은 더 있어야 할 것이다.

그는 옆의 K4를 바라보며 비로소 말을 걸었다.

"왜 그런 거야?"

K4는 답변하지 않았다. 대신 물었다

"날 어떻게 하려고?"

"난 너를 멤피스에 있는 안가에 넘기면 돼. 그러면 아마 너는 거기서 헬리콥터로 뉴올리언스로 압송되겠지."

"뉴올리언스로?"

"뉴올리언스에는 우리나라 해운회사의 컨테이너선들이 많이 들어오니까. 거기서 화물로 위장되어 한국으로 보내지겠지."

"Dead or alive?"

"그건 네가 하기 나름이지."

잠시 침묵이 흘렀다. 그들은 한때 정보부에서 비교적 가까운 사이였지만 지금은 마치 현상금 사냥꾼과 현상금 사냥꾼에 잡힌 범죄자 같았다.

그가 다시 물었다. 알 필요는 없었지만 정말 알고 싶었다.

"왜 그랬어?"

K4는 잠시 무엇인가 회상하는 듯하더니 체념 섞인 한숨을 몰아쉬었다.

"숫자, 공식, 논리 규칙, 이것이 내가 살아온 삶이야. 나는 세상은 다 그렇게 잘 짜여진 격자라고 생각하고 거기에 맞추어 살아왔어. 다른 것은 생각하지도 않고. 나는 시키는 대로 암호를 풀고 답을 찾고 그렇게 능력을 인정받으면 승진하고 보너스 받고 ……. 그 외는 아무것도 생각하지 않았지. 그런 일이 옳은 일인지, 과연 내가 하는 일이 다른 사람에게 어떤 결과를 가져오는지 등은 전혀 생각하지 않았어. 그러다 가끔 정신적으로 이상한 상태에 빠지고 또 그것이 들통날까봐 불안해하고 ……. 하지만 나의 이런 상태가 외부에 알려지면 안 되기에 어떤 치료도 받지 않고, 누구에게도 이야기하지 않았지.

그것은 자발적 자폐증을 가져왔고 어느 순간부터 내 자신이 물체처럼, 화석처럼 아무 느낌이 없는 것 같이 느껴지고 그저 계산만 하는 기계처럼 느껴졌어. 나는 인간이면서 인간의 삶의 방식이 아닌 방식으로 내 삶을 격자화했던 거야. 그래서 어느 날 남 부장을 찾아갔지. 보직을 변경해달라고 ……. 남 부장은 아무 말 없이 나를 바라보다 말했지. 돈거래와 관련된 작전에 투입되어 보겠냐고 ……. 카지노, 돈세탁, 국제 투기꾼이 관련된 사건인데 나처럼 수학적 전문성을 가진 공작원이 필요하다고. 그게 시작이야."

"그런데?"

"잘 진행되었지. 카지노 도박은 투기지만 확률 게임이고 국제투기도 마찬가지고 ……. 그리고 나는 진짜 도박꾼이나 투기꾼이 아니라 풍족한 공작금으로 하는 척만 하면 되고 ……. 재미있었어. 가끔 위험한 순간도 있었지만 ……. 늘 라스베이거스, 마카오, 모나코 등으로 날아다니면서 ……. 정말 화려하고 쾌락이 넘치는 작전이었지."

"그러다 어느샌가 난 국제투기에 눈을 떴어. 1972년 이후 금 태환이 포기된 이후 또 금융시장에 디지털 네트워크가 구축되면서 금융

자본이 디지털 가상공간으로 이동하고 있었지. 이 시기에 처음으로 세계적 통신사 로이터에 의해 세계의 각 주식시장의 정보가 실시간으로 제공되는 주식시장의 네트워크화가 이루어지기 시작했거든. 또 나스닥이 출현해 금융산업의 활동이 디지털 공간으로 빨려 들어가고 있었지. 사실 요즈음 거의 모든 거래는 이 디지털 공간에서 이루어져.

그런데 문제는 이 디지털 공간이 위험 그 자체를 특징으로 하는 공간이라는 거야. 왜냐하면 디지털 공간은 광속으로 연결되어 시간의 지체가 없는, 그래서 거리가 없어지는 공간이 되기 때문이야. 이렇게 시간의 지체가 사라지고 거리라는 개념이 없어지면 그러한 공간은 모순율이 통용되지 않는 공간이 되어 모순, 즉 극단적 차이가 혼재하는 매우 불안정한 공간성을 보여. 이러한 공간에서 금융자본은 불안정에 대비하기 위해 위험을 울타리 치는, 즉 헤지하는 금융상품을 파생시키고 이렇게 파생된 금융상품들은 디지털 공간에서 순환되어 디지털 금융시장의 불안정성을 더욱 증폭시키고 …….

20세기 후반에 나타난 세계화는 이렇게 디지털 금융산업에 의해 견인되는 독특한 성격을 지니고 있어. 그리고 그처럼 독특한 특성의 핵심은 그러한 과정이 위험을 기하급수적으로 증식시키는 과정이라는 거야. 파생상품들은 리스크를 기하급수적으로 증폭시키지만 바로 그 때문에 거의 도박에 가까운 수익률을 터트릴 수 있지. 나는 이제 막 등장한 이 파생상품의 리스크를 고차원 수학을 동원해 계산해 투기상품으로 만들면 엄청난 돈을 벌 수 있다는 걸 알았지. 특히 금융시장을 복잡계로 보고 그것을 시뮬레이션하면, 리스크를 측정해 곳곳에 분산시켜 감추면서 엄청난 수익을 낼 수 있는 금융공학이 가능해지거든. 그래서 국제투기꾼들이 운용하는 사모펀드에 이러한 사실을 흘리며 비밀리에 자문하고 투자도 하면서 엄청난 돈을 챙겼지. 상상 못할 규모의 돈이 내게 모이기 시작했어, 돈은 좋더구먼.

한편으로 현대 경제는 이제 위험을 증폭시켜 위험을 가공해 금융 상품화하는 위험 기반 경제로 성격이 바뀐다고 나름대로 진단하며 나의 타락을 위로했지. 경제는 더 이상 사람들의 삶을 보살피기 위한 살림살이가 아니니까. 세계경제는 이제 거의 카지노 같은 상태에 돌입하며 사실상 걷잡을 수 없는 위험의 함정으로 빠지고 있으니까 말이야. 윤리고 뭐고 없이 엄청난 탐욕이 위험을 확대재생산하며 천문학적 숫자의 이익을 갈취하는 ……. 언젠가 세계경제는 금융산업과 파생상품 때문에 파국을 맞을 것이라고 예측도 하면서 ……. 모든 것이 타락하는데 내가 타락하는 것은 당연한 보편 법칙에 따른 것이라고 나 자신을 정당화하면서."

K4는 마치 경제학, 아니 금융공학이라는 새로운 학문을 창시해 강의하듯 이야기를 펼쳐나가다 멈추었다.

"위험 기반 경제risk based economy?"

처음 들어보는 말이었다. 그즈음은 지식기반 경제knowledge based economy라는 말이 막 대두되며 각국 정부의 이목을 집중시키던 때였다. 그런데 K4는 지금 출현 중인 경제는 금융공학적 지식을 기반으로 한 경제로 이 경제를 '위험 기반 경제'라고 불렀다. 그리고 이 '위험 기반 경제'는 언젠가 혁명 같은 외부 원인이 아니라 내부 요인으로 인해 스스로 파국에 처할 것이라고 예측했다.

K4에 따르면 디지털 공간은 그 자체가 불안정하고 위험한 공간이기 때문에 그러한 공간에서 일어나는 금융경제 활동에서 위험을 대비하는 파생상품의 역할이 기하급수적으로 증가한다. 그런데 이 파생상품이 위험을 대비해 안전성을 제고하는 존재자가 아니라 위험이 없으면 존재할 수 없는, 즉 위험이 자원이 되어 가공되는 상품으로 존재 방식을 탈바꿈한다. K4는 1980년은 파생상품의 존재 양상에 변화가 일어난 기점이라고 했다. 그때부터 위험은 방지되고 제거되어야 하는 것이 아니라 금융시장의 확장 심화를 위한 자원으로 끊임없이 발굴되고 확대 공급되어, 그것을 헤지하는 파생상품으로 설계 가공되어야 하는 것이 되었다.

　실물 경제에서는 마치 석유가 혈액인 것처럼, 그리하여 석유가 지속적으로 증산 공급되어야 하는 것처럼 디지털 금융시장에서는 미래의 리스크가 자원이며 이 자원이 계속 확대 공급되어야 금융산업이 발전할 수 있다. 그리고 이제는 금융시장이 발전해야 실물 경제 수요도 확대되어 원자재를 발굴 가공함으로써 뒤를 따라 발전할 수 있는 것이다.

　"비슷한 예측을 이미 보드리야르도 했는데 ……. 현대 경제는 혁명 같은 외적 요인에 의한 외파가 아니라 내적 요인에 의해 내파될 것이라고."

　하지만 K4와는 조금 다른 이유에서 보드리야르는 현대 경제의 내파를 예언했었다. 보드리야르에 따르면 20세기 이후의 경제는 경제적 가치를 기호에서 발견하고 기호가치의 생산, 유통, 소비로 운영된다. 그런데 기호들은 어느 순간부터 자체가 무한 증식됨으로써 소위 가상 이미지와 같이 그 자체 실재와 관련이 없지만 실재보다 더 실재적인 시뮬라크럼의 세계를 출현시킨다.

'하이퍼리얼리티의 내파.'

그는 속으로 보드리야르가 예측하는 미래를 한마디로 압축해보았다. 보드리야르는 시뮬라크럼이 무한 팽창하며 현실보다 더 현실 같은 이미지의 세계를 창출하는 것을 하이퍼리얼티(과잉실재)라고 부른다. 그런데 시뮬라크럼의 생산 소비로 이루어지는 하이퍼리얼리티에서는 등가교환의 법칙 같은 자본주의 경제의 기본적인 합리적 법칙이 증발한다. 때문에 보드리야르는 기호의 생산과 소비를 통해 운영되는 현대경제는 스스로 붕괴한다고 예언하는 것이다.

그러나 K4는 디지털 공간에서 금융공학이 중추를 이루는 21세기 경제는 위험 가치를 기반으로 하는 위험 기반 경제로, 그러한 위험이 어느 순간 급팽창해 파국에 이를 것이라고 한다. 리스크의 증산을 통한 경제성장 방식이 지속된다면 그것은 언젠가 엄청나게 증폭된 위험으로 마치 쓰나미의 두 번째 파도처럼 치명적인 재난으로 현실화될 것이기 때문에 …….

'보드리야르보다 K4의 예언이 더 맞을지 몰라.'

그는 K4를 슬쩍 곁눈질하며 생각했다.

보드리야르가 분석하는 현대 경제는 20세기 후반의 TV매체 같은 미디어에 기반한 경제 상황이었다. 그러나 K4는 디지털 공간으로 이주하며 21세기를 향해 가는 경제를 직접 그 안에서 활동하며 체험한 결과에 근거해 현대 경제의 미래에 대해 밀고하고 있었다.

그가 K4와 보드리야르를 대비시키며 K4의 이야기를 되새기고 있는 동안 K4의 긴 한숨소리가 들렸다. 그리고는 잠시 침묵이 흘렀다. 침묵을 깨며 K4는 다시 이야기를 꺼냈다.

"아무튼 그렇게 엄청난 돈을 벌며 정말 멋있게, 실제로는 작전이었지만 사업을 핑계로 전 세계를 누비고 있었는데 ……. 그런데 말이야 ……. 그런데 ……. 어느 날 처로부터 소식, 아니 통고가 날아왔어. 날 떠나겠다고. 그녀는 오래전부터 나에게 엄청 불만이 많았지. 난 남자도, 인간도 아니라고 ……. 그러다 해외 임무에 투입된 후부터 그녀와 나는 거의 별거 상태나 마찬가지였어. 결국 그녀는 나와 이혼을 했고 ……."

갑자기 K4가 분노한 듯 목소리를 높였으나 목소리는 허탈한 듯 다시 수그러들었다.

"날 닮아 방에 갇혀 공부만 하고 모든 것을 엄마에 의지하던 내 딸, 내가 사랑하던 유일한 사람인 내 딸은 엄마 아빠의 이혼에 충격을 받고 ……. 자살을 했고 ……."

K4는 한동안 말을 잇지 못했다.

"그 후였어. 내가 완전히 무너졌다고 할까. 임무 수행은커녕 술과 도박, 여자에 완전히 숭녹되어 하루하루를 보내고 그러다 어떤 창녀에게, 아마 러시아 출신 창녀였던 것 같아, 취한 상태에서 아니 자포자기한 상태에서 내 신분을 미친 듯이 자랑하고 ……. 무기밀매 조직 관련 정보를 주절거리고, 내가 얼마나 많은 돈을 갖고 있는지, 공작금을 포함해서 말이야 ……. 마카오였어.

그런데 그녀가 라스베이거스로 가자는 거야. 그래서 왔어. 라스베이거스에서 그냥 있는 것 다 탕진해버리고 죽으려고 ……. 그러다 여기서 이렇게 러시아 마피아에게 납치되어 감금되었고 ……. 내가 아는 것을 모두 털어놓으라고 매일 협박과 고문을 당했지 ……. 특히 국제무기밀매 조직과 자금의 흐름에 대해 한국 정보기관이 어느 정도 알고 있는지 ……. 앞으로 작전 계획은 무엇인지를."

"얼마나 털어놓았지?"

"상당히 ……. 살 수 없겠지?"

그는 답변하지 않았다. 적막이 흐르는 가운데 그들의 차는 시커먼 어둠으로 빛이라고는 전혀 없는 사막을 달리고 있을 뿐이다. 그런데 그렇기에 사막의 밤하늘에서는 별들이 더욱 명징하게 빛나고 있었다. 정말 하늘에 무한수의 보석을 뿌려놓은 듯 아름답고 신기했다. 사막의 밤하늘, 그것은 천국 같았다.

한두 시간쯤 흘렀을까. K4가 적막을 깨며 말했다.

"혹시 〈C'est la vie〉라는 노래 알아?"

그는 고개를 끄덕였다.

"여기 내려줘."

"여기 사막 한가운데, 이 밤에, 이 죽음의 땅에?"

"언젠가 자네가 말했지. 원래 수학, 그것은 이 지상의 삶을 계산하기 위한 도구가 아니었다고. 기하학은 지상에 적용되는 것이 아니라 질서정연한 별들의 움직임을 설명하는 천문학에 적용되었다고. 그렇게 수학은 사실 옛사람들이 하늘을 바라보며 질서에 감탄하고, 그에 따라 자신의 운명을 점치는 천문, 즉 하늘에서 바라보는 인생의 길이었다고. 수는 비밀을 갖고 있는 것으로 수에 관한 학문은 계산하는 기술이 아니라 비밀을 밝히는 수비학^{數秘學}이었다고. 나도 오늘 저 고대인들처럼 사막에서 하늘을 바라보며 사막의 밤하늘에 보석처럼 빛나는 별을 보면서 …… 내 삶의 마지막 극단을 향해 갈 거야. 어차피 라스베이거스에 올 때부터 라스베이거스를 떠나려 했어 ……. 죽음을 향해 ……. 아니 사막의 밤하늘, 저 천국을 향해."

그는 어쩔 수 없었다. 그가 K4에게 베풀 수 있는 마지막 관용은 그것뿐일 것이다. 이제 K4가 어디로 갈 수 있겠는가. K4가 거주할 곳은 이 지상 어디에도 없다. 그는 어디인지도 모르는 사막 한가운데 K4를 내려주었다. 작별을 서글퍼한다면 불러달라던 〈C'est la vie〉, 그 노래가 사라져가는 K4의 발자국을 따라 울려 퍼지는 듯했다.

Have your leaves all turned to brown

Will you scatter them around you

C'est la vie

당신의 잎사귀들은 모두 갈색으로 변해버렸지요.

그 잎사귀들을 당신 주위에 흩뿌리겠어요?

그것이 인생이지요.

멤피스의 저먼 타운 끝자락에 위치한 거대 저택. 숲이 울창하게 우거진 이곳에 거의 2에이커에 달하는 정원을 가진 집이 있다. 대한민국 정보부 미국 중부 작전처이다.

"어떻게 된 거죠. 작전이 성공했고 동행 중이라고 보고받았는데 ……."

"중간에 차에서 뛰어내려 스스로 목숨을 끊었습니다."

"처리는?"

"흔적 없이 완벽히 했습니다."

"당신이 직접 해명하세요. 밖에 대기하고 있는 헬리콥터를 타고 뉴올리언스로 가세요."

그는 이미 이륙 준비로 굉음을 울리고 있는 헬리콥터에 올라탔다. 헬기는 멤피스 상공으로 상승하다가 남쪽으로 기수를 틀어 하늘을 가르며 뉴올리언스를 향해 날아갔다. 두 시간 정도 지나자 뉴올리언스의 프렌치 쿼터라는 지역이 아래 보이고, 그 너머 항구가 나타났다. 항구를 지나자 만 한가운데 닻을 내리고 있는 5만 톤급 규모의 벌크선이 눈에 보였다. 우리나라 H해운 마크가 선명했다. 배의 갑판에 헬리콥터가 착륙했다. 그는 미리 나와 있던 사람의 인도를 받아 선장실로 향했다. 안락의자에 친숙한 모습의 중년신사가 앉아 있었다. 남 부장이었다.

"다시 보고해봐."

남 부상은 돌아앉은 채 예의 낮은 목소리로 그에게 명령했다.

그는 있었던 일을 그대로 이야기했다. 다만 K4를 내려준 것은 이야기하지 않았다.

"흔적은?"

"불가능합니다. 사막 한가운데로 도저히 사람이 접근할 수 없는 지역입니다."

그제야 남 부장은 회전의자를 돌려 그를 바라보았다.

"안 되었군. 심리 재활 치료와 뉴로트레이닝을 통해 재기의 기회를 주려 했는데 ······."

그 말을 듣는 순간 그는 K4의 선택이 옳았다고 생각했다. 재기의 기회, 뉴로트레이닝. 그것은 사실상 재기가 아니라 거의 생존 가능성이 희박한 작전에 소모품으로 투입된다는 것이나 마찬가지였다. 특히 그즈음 시험적으로 도입된 뉴로트레이닝은 급속한 발전을 보이는 첨단 뇌과학과 신경물리학을 응용한 새로운 훈련 방식으로 좀 더 검증을 거쳐야 했다. 이 훈련은 요원들의 두뇌의 뉴런들에 신경화학 물질을 투여하고 뇌파 조작 등을 가해 한 인간을 완전한 인간병기로 개조하는 훈련이다. 이 훈련을 받고 나면 죽음에의 불안, 욕망 등을 불러일으키는 것으로 밝혀진 인간의 감성신경계가 마비되고 논리적 추론력, 수학적 계산 능력. 시청각 인지 능력 담당 두뇌 부위 뉴런이 엄청나게 증강되어 어떤 위기 상황에서도 공포 없이 계획대로 임무를 수행하는 살인 기계로 탄생한다고 한다. 하지만 현재까지 시험 결과로는 이 훈련을 받은 자들이 의외로 아무것에도 열정을 보이지 않는 무기력증에 빠지기도 하고 또 자기라는 의식이 실종되어 전혀 인지 능력을 발휘하지 못하는 경우도 있다고 한다.

　물론 이런 실패 사례들이 뉴로트레이닝이란 프로젝트를 좌절시키지는 못했다. 오히려 인지 능력, 논리적 추리력, 공격 성향 등을 강화하는 신경물질을 개발하는 연구가 더욱 맹렬히 추진되었다. 그리고 최근에는 미세한 차원에서 뉴런을 자극하고 조작하는 뇌공학적 기술이 뉴로트레이닝에 동원되고 있다는 말도 들렸다.

　현대의 신경물리학은 뇌의 작용을 혈액에서 극미 물질 세계로 환원해 전기 현상으로 파악한다. 이에 따르면 우리 뇌는 약 100억 개의 신경세포로 이뤄진 복잡한 회로다. 말초신경으로부터 감지된 외부 자극은 신경의 전기적 흐름을 따라 뇌로 전달되고, 뇌는 이 신호를 인지 판단해 반응하게 된다. 이때 발생하는 자기장의 크기는 지구 자기장의 약 1억분의 1크기로 극히 작지만 초전도체를 이용한 스퀴드 squid 센서라는 것을 이용하면 측정이 가능한데, 이 센싱 기술을 응용하면 뉴런의 조작이 극미 차원에서부터 공학적으로 가능해진다는 것이다. 뉴로트레이닝은 이렇게 최첨단 이론과 기술을 통해 요원들을 인간의 감정에 휘둘리지 않는 완벽한 살인기계로 개조해내는 훈련이다.

남 부장이 K4의 재기 운운하는 것으로 보아서는 최첨단 이론과 기술을 훈련에 적용하는 데 상당한 진전이 있었던 것 같다.

'그러나 과연 그렇게 되면 K4는? ……'

어쩌면 K4는 사막에 홀로 내버려짐으로써 비로소 자신이 되었는지 모른다. K4는 유난히도 선명하게 별이 빛나는 사막에서 어떤 별빛을 향해, 별빛을 따라 사막으로 사라졌다. K4는 누구도 대신해줄 수 없는 결단을 스스로 행함으로써 자신의 삶을 자신의 것으로 인수하고, 그리고 삶의 궁극을 향해 샀던 것이다. 그럼으로써 삶의 절대 불가능성, 죽음에 도달했는지 모르지만 그는 자신을 잃고 기계화된 소모품으로 전락하는 비참함은 피한 것이다. 핑크Eugen Fink라는 철학자는 말했다. "존재에서 자신의 존재가 문제가 되는 동물만이 죽고, 노동하고, 투쟁하고, 사랑하고, 놀 수 있다."

이러한 생각을 하는 동안 잠시 침묵을 지키던 남 부장이 말을 이었다.

"일단 그간 K4가 입수한 정보와 우리 공작 계획이 저쪽으로 완전히 넘어가는 것은 막았으니 그것으로 만족해야지. 하지만 자네 임무가 완전히 성공한 것은 아냐. 명심해. 유럽에서는 완벽해야 해. 알았나! 그러면 여길 떠나 임지로 가도록!"

　　남 부장이 얼음장 같은 목소리로 명령했다.

　　K4는 라스베이거스를 떠났다. 사막의 밤하늘에 보석처럼 흩뿌려진 별을 향해 사라진 K4, 그는 과연 성자가 되었을까 아니면 어린왕자가 되었을까? 무엇이 되었는지 모르지만 K4는 결코 라스베이거스에 돌아오지 않을 것이다. 그도 다시는 돌아오지 않을 것이다.

16

벤과 K4
| 황무지를 떠나며 |

이곳에 온지 상당한 시간이 흘렀다. 벌써 한해를 지나 1997년 5월이 되었다. 모든 일이 순조롭게 진행 중이다. 특히 지난해 가을 방문한 두 도시 시에나와 프라하에서의 경험. 그것은 일시적 체류에 불과했지만 두 도시의 '장소의 영혼'이 몸속으로 스며들었는지 삶이 좀 달라진 것 같았다. 물론 우연이었다. 두 도시를 방문하게 된 것은. 시에나는 학회일로, 프라하는 지령을 받기 위해. 하지만 두 도시에서 체류하면서 그는 공간, 도시, 인간의 삶의 관계를 몸으로 깨달을 수 있는 행운을 얻었다. 그리고 그러한 방향으로 부쩍 관심을 갖고 연구를 지속해 쉬미트로부터 완전한 신뢰를 얻게 되었다. 그러한 행운이 그가 스파이라는 삶을 사는 데도 행운이 될지는 모르겠지만.

늘 마음이 편한 것만은 아니었다. 가끔씩 불현듯 김마태, K4의 모습이 떠오르며 라스베이거스에 있던 일 때문에 기분이 좋지 않았다.

그런데 그즈음 우연인지 〈라스베이거스를 떠나며〉라는 영화가 흥행 중이었다.

K4는 죽었다. 장렬한 전사는 아니었지만 ……. 어쨌든 K4는 사라졌고 그도 그를 지워야 했다. 그에 대한 기억은 임무 수행에 걸림돌이 될 뿐이다. 그렇게 그는 K4를 지우려 했지만 기억을 지우는 작업은 라스베이거스가 자꾸 연상되는 방식으로 진행되었다. 그래서인지 그는 〈라스베이거스를 떠나며〉라는 영화를 보지 않을 수 없었다.

그러나 기억의 조작인가. 영화를 본 후 K4에 대한 기억의 자리를 서서히 영화 주인공 벤이 차지하기 시작했다. 라스베이거스로 와서 결국 라스베이거스를 영원히 떠난 벤. 라스베이거스에 와서 역시 네바다사막으로 사라진 K4. 둘 사이에는 신기하도록 비슷한 운명의 공통점이 있었다. 그러나 사실 라스베이거스에서는 K4가 벤보다 더 비참했다. 벤은 그래도 진정한 창녀 세라에게서 인간과 인간이 만나는 사랑을 발견했다. 그러나 K4는 창녀와 함께 라스베이거스에 왔지만 그 창녀는 진정한 창녀가 아니었다. 그렇지만 라스베이거스를 떠날 때는 아마 K4가 더 숭고했는지 모른다. K4는 고대인들처럼 사막에서 별을 향한 구도자로 떠났던 것이다.

벤, K4, 라스베이거스. 거기에는 비밀스런 관련성이 있을 것 같았다. 무엇이 결국 K4를 라스베이거스로 불러 벤처럼 영원히 라스베이거스를 떠나게 한 걸까. 대체 라스베이거스에 묻혀 있는 '장소의 영혼'이 무엇이기에 그곳에서 K4나 벤 같은 영혼이 나타나는 걸까. 그는 이 비밀을 풀기 위해 라스베이거스라는 도시에 관심을 갖고 라스베이거스를 장소의 영혼이라는 관점에서, 건축 현상학의 관점에서 해석하는 작업에 착수했다.

　그러나 사실 그것은 사막의 구도자로 사라진 K4에 대한 자신만의
속죄이며 K4에게 헌정하는 연구였다. 어떤 면에서 그도 K4를 죽인 공
범이기 때문이다. 물론 K4의 죽음은 영원히 비밀에 부쳐야 했다. 때
문에 K4에 헌정되는 이 속죄의 세레모니는 〈라스베이거스를 떠나며
〉라는 영화의 존재론적 의미를 장소의 현상학을 통해 밝혀내는 우회
로를 선택할 수밖에 없었다.

　어쨌든 최근에는 쉬미트와 사적인 모임도 자주 갖게 되었다. 어젯
밤에도 그의 집에서 자유로운 분위기의 콜로키엄이 있었다. 그곳에
서 그는 공간의 현상학적 관점에서 프라하와 라스베이거스 두 도시
를 비교하며 분석했다. 특히 최근 개봉해 흥행 중인 〈라스베이거스를
떠나며〉라는 영화를 라스베이거스라는 도시의 공간 현상학적 의미를
통해 해석하며 현대라는 시대의 존재론적 운명을 노출시킨 그의 발
표는 쉬미트를 상당히 기쁘게 했다.

　프라하. 그곳은 그리움의 도시였다. 그에게만 그런 것이 아니라 도
시의 본질적 공간성이 그리움이었다.

　프라하의 길과 광장, 그리고 광장을 둘러싸고 있는 집들은 프라하
의 풍경에 함축되어 있는 하늘과 땅의 긴장된 조화라는 주제를 때로
는 완만하게 때로는 격렬하게 변주하고 있다. 그러나 프라하의 도시
풍경을 이루는 건축물들의 매력은 이렇게 프라하의 풍경이 간직하고
있는 하늘과 땅의 긴장된 관계를 호흡하고 있는 데만 있는 것은 아니

다. 다른 지역에 기원을 둔 여러 시대의 다양한 유럽 건축 양식도 프라하에 오면 그러한 풍경을 머금으며 다시 탄생한다.

이처럼 프라하라는 도시의 배경을 이루는 풍경과 거기 지어진 건축물들이 서로 호흡하며 그러한 호흡의 숨결 속에서 도시의 아우라가 피어오른다. 프라하에는 로마네스크 양식 건물이 있는가 하면 그 옆에 고딕 양식 건물이 있고 또 얼마 가면 바로크와 로코코 양식 건물이 나타나며, 뒤를 돌아보면 아르누보, 유겐트스틸, 큐비즘 양식 건축이 버티고 있다.

물론 이 모든 건축 양식은 프라하에서 탄생한 것은 아니다. 그렇지만 외국에서 수입된 건축 양식들은 앞에서 살펴 본 바와 같이 프라하의 대지에 안겨 지역의 풍경을 머금으며 하늘을 향해 솟아오르고 있다. 그리하여 프라하에서 고전적 건축은 낭만적인 것이 되고, 낭만적인 건축은 고전적인 성격을 흡수해 대지에 일종의 초현실적 인간성을 부여했다. 이렇게 프라하에는 다양한 지역과 시대에 탄생한 건축 양식이 모여 그곳 풍경의 중재 아래 그곳의 풍경을 머금으며 서로 조율되어 있다. 따라서 도시의 건축물은 풍경이 연주하는 멜로디로 울려 퍼지고, 이 멜로디는 사람들을 매료시킨다. 때문에 사람들은 그리움에 빠진 프라하의 연인이 되는 것이다.

그는 이렇게 프라하의 공간성을 그리움으로 밝혀낸 반면 라스베이거스의 공간성을 욕망과 허무의 도시로 규정했다. 그리고 이 욕망과 허무의 도시를 무대로 한 〈라스베이거스를 떠나며〉라는 영화를 라스베이거스의 공간성과 연결시켜 보면 영화는 에로영화가 아니라 라스베이거스를 통해 하이데거처럼 현대 문명의 존재론적 운명을 드러내는 예술영화로 승화된다.

물론 이 영화에는 창녀와 알코올 중독자가 등장해 관객을 적절히 흥분시키는 성애 장면을 노출시킨다. 그리고 그들의 퇴폐적 행각이 일어나는 곳은 바로 향락의 도시 라스베이거스이다.

하지만 이 영화는 촬영 기법에서 단순 오락영화의 고정 문법을 조금씩 벗어난다. 다른 대중영화와는 달리 이 영화는 몽타주나 인과적 시퀀스가 상당히 절제되어 있다. 차분한 미장센과 롱테이크 기법에 의해 가끔씩 적절히 파편화되며 시적 이미지로 흩어진다. 그러면서 쇼트와 쇼트는 때로는 완전히 일상으로부터 미끄러지는 퇴폐처럼, 때로는 폐부를 스미며 일상의 깊은 곳을 더듬는 시원의 소리처럼, 영화에 흐르는 스팅의 목소리와 재즈 선율을 따라 끊어질 듯 이어지며 연결된다.

한편 화면은 때때로 초점을 잃은 듯 모호해지며 명확한 지시의 영역을 떠난다. 그럴 때면 카메라는 현실의 명확한 재현이라는 도구적 기능을 포기한 채 자유롭게 움직이며 아스라한 이미지의 세계를 드러낸다. 대사도 긴 산문적 형태보다는 짧게 읊조려지며, 독특한 화면 이미지는 스팅의 짙고도 허무한 목소리에 미끄러지듯 실려 다닌다. 그러면서 이 영화는 현대인이 겪는 위반적, 일탈적, 탈출적 사랑 이야기를 펼쳐낸다. 특히 카메라가 주인공들과 함께 라스베이거스를 자유롭게 때로는 흐릿한 초점으로 방황하면서 ······.

그런데 왜 하필이면 라스베이거스인가? 그리고 왜 이 환락의 도시에서 죽음인가? 그리고 왜 죽음 앞에서 창녀와의 위반적 사랑인가?

이 영화는 바로 라스베이거스를 비추기 때문에, 스스로 죽음으로 앞서 가는 인간을 따라가기 때문에, 또 사랑하는 사람을 죽음으로 방치하는 창녀의 비정상적 사랑 때문에 하이데거를 관객으로 할 수 있다.

아니 라스베이거스를 비추는 이 영화는 상당 부분을 하이데거 철학으로 다시 촬영할 수 있다. 영화가 표피로 드러내는 포르노성에도 불구하고 ……. 그가 이 영화를 보면서 의문을 품은 것은 바로 이 부분이었다.

라스베이거스는 미국이 자랑하는 관광지이다. 수천 개의 객실을 운영하는 대형 호텔이 호화로움을 뽐내며 늘어서 있고, 호텔 안과 밖에는 카지노가 즐비하다. 라스베이거스에 머물면 누구나 도박을 하고 싶고 또 도박을 하지 않을 수 없을 만큼, 도박이 거주자의 삶과 의무인 도시이다. 밤이 오면 호텔과 카지노에는 짜릿한 관능을 발산하는 쇼걸과 바니걸들이 곳곳을 활보하며 금욕주의자조차 매혹하고 유혹하는 곳. 여기저기서 한탕 대박의 꿈이 넘쳐나고 희열의 웃음과 무희의 스트립댄스가 끊이지 않는 라스베이거스. 그래서 라스베이거스는 욕망이 넘쳐나고 욕망이 또 다른 욕망을 꿈꾸는 곳이라 했던가.

또 역사상 존재했던 모든 위대한 건물들을 홍보하는 관광포스터가 무작위로 잘려져 콜라주된 듯, 어디서 이미 보았고 어디서 본 듯한 역사적 건물들이 곳곳에서 우리의 시선을 현혹한다. 로마에 있어야 할 건물이, 파리에서 본 것이 틀림없는 철제 탑이 환영처럼 떠 있고 이집트에 있어야 할 피라미드와 스핑크스는 더욱 더 스펙터클하게 다가온다. 그러나 여지없이 네온사인이 섬광으로 번쩍이며 그곳이 호텔임을 눈부시게 알린다. 이렇게 라스베이거스는 이집트, 로마, 베네치아, 그리고 파리처럼 우리가 가보고 싶은 모든 장소를 역사의 흐름을 잠식해버리고 동시에 한곳으로 강제 이주시킨 듯하다. 또 고대 중세, 근대라는 역사의 스토리가 그 스토리가 탄생한 장소를 마멸시키고 어지럽게 뒤섞인 듯하다. 그러나 이 어지러움 속에서 라스베이거스는 환영과 스펙터클 그리고 향락을 오락가락한다.

그러나 라스베이거스는 원래 향락과 스펙터클이 신기루처럼 피어오르는 환영의 도시가 아니었다. 네바다사막 한가운데 있는 그곳은 아무것도 존재하지 않던 황무지Wüste 그 자체였다. 바로 이 라스베이거스에, 본래 그곳이 고향이 아닌 모든 것이 현대 기술에 의해 총동원령이 내려진 듯 집결되어 있다. 이제는 라스베이거스를 장식하는 모든 모조품의 장식성은 순수 예술에 대해 오히려 성서 같은 위력을 발하고 있다. 널리 알려진 포스트모더니즘 건축의 기수 로버트 벤츄리 Robert Charles Venturi는 '라스베이거스에서 배우기Learning from Las Vegas'라고 소리친다.

하지만 라스베이거스는 그러한 존재의 역설이 정점에 이른 도시이다. 그곳은 고향 상실의 시대에 바로 그러한 고향 상실이 극단화된 인공의 도시이다. 모든 것을 황폐화시킨 현대가 원래부터 황무지였던 그곳. 눈을 마비시키는 현란함으로 본래의 황폐함을 덮어버린 곳, 그곳이 라스베이거스이다. 마치 현대에 의해 도처에서 진행된 존재의 황폐화를 은폐하려는 듯. 어쩌면 현대는 라스베이거스를 통해 황폐함이란 황무지의 자기성마저 황폐화시켜 아름답게 가공할 수 있는 능력을 과시하려는지도 모른다.

그래서 라스베이거스는 고향 상실이 극단화된 곳, 본래 아무것도 존재할 수 없는 황무지마저 고향을 상실한 비극적 네온의 도시라 해도 지나친 과장은 아닐 것이다. 좀 더 노골적으로 표현하면, 그곳은 자연적인 황무지마저 남겨놓지 않고 본래의 자기성을 총체적으로 황폐화시키는 저 참을 수 없는 황폐화의 현장이다. 그러나 거대한 황폐화는 본래의 황무지를 현란하게 황폐화시킴으로써 다른 곳이 황폐화된 사실을 감추어버린다.

오히려 사람들은 휴가를 맞이할 때, 그리하여 회사의 조직원으로, 더 나아가 산업 사회의 부속품으로서의 존재가 잠시 정지할 때, 그리하여 자신의 존재를 되돌아볼 수 있는 휴식 시간이 주어질 때 마치 그곳이 존재의 고향인양 라스베이거스에 모여든다. 저마다 자기성을 빼앗긴 거대한 황폐화란 상처의 시대에 그곳에서 위안을 얻으려는 듯. 아무것도 존재하지 않았던 저 황무지에 현대 기술을 총동원한 그곳은 고향 상실 시대의 존재자들이 구원과 안식을 찾는 휴양의 도시이다.

라스베이거스는 그 자체가 바로 하이데거가 어디선가 말한 대로 오늘날 삶이 비추어지는 스크린이다. 하이데거는 말한다. "노동에 의해 쫓기고 이윤과 성과 추구로 부화뇌동해 오락산업과 휴양산업의 유혹에 시달리는 것이 오늘날 산다는 것이다."[31] 현대인들은 부속품으로 존재하면서 탈취당한 자신의 존재와 보금자리를 황무지 위에 세워진 가공의 도시 라스베이거스에서 찾기를 원하며, 휴가가 오면, 즉 주문이 잠시 정지되면 그곳으로 향한다. 마치 순례를 떠나듯.

〈라스베이거스를 떠나며〉의 주인공 벤. 그도 같은 꿈을 품고 이 라스베이거스에 온다. 그러나 그에게는 보다 처참한 상처가 있다. 아니 그에게는 상처가 조금 일찍 찾아왔다. 제법 촉망받던 할리우드의 시나리오 작가인 그는 어느 날부터 용도를 상실한 인간으로 퇴출당하며 폐기처분 당한다. 그는 어디에도 부속될 수 없는, 또 주문되지 않는 존재자로서 존재성을 상실한 백수가 된 것이다. 그리고 그것은 결국 가정마저 파탄시켰다. 그런 그가 바로 위안을 받기 위해 향하는 곳은 모든 사람이 위안을 욕망하는 라스베이거스이다. 하지만 그곳은 상실된 자신의 존재를 찾을 수 있는 존재자의 보금자리가 아니라 고향 상실의 존재자들이 뜬구름처럼 모였다가 흩어지는 고향 상실의 극단이다.

그곳에서는 아무것도 존재의 뿌리를 내릴 수 없다. 그곳은 곧 죽음인 것이다. 때문에 라스베이거스에 온 사람은 라스베이거스를 떠날 수밖에 없다. 사실 벤은 알았다. 그도 라스베이거스에 오면 라스베이거스를 떠날 수밖에 없음을. 거대 부품 체계로 존재하는 현대 세계에서 자신이 구원받을 수 있는 곳은 어디에노 없음을. 그는 폐기물 처리장으로 보내져야 하지만 죽음을 현란한 빛으로 위장한 그곳에서 자기 존재의 끝으로 가고 싶었던 것이다. 그는 이미 라스베이거스로 향할 때 죽음을 향해 앞서 달려가기 시작한 것이다. 그리고 그

것을 더욱 재촉하기 위해 술을 마신다.

그러나 벤은 여기서 자신으로 돌아온다. 존재의 자기성을 탈취하는 부속품의 세계로부터 버림받는다는 것은, 그것으로부터 일탈된다는 것은 한편으로는 퇴출이며 폐기처분이지만 다른 한편으로는 전면적 부속의 세계에서 상실당한 자신으로 귀환할 수 있는 기회이다. 벤은 거대한 부품 체계에서 '기능적 연관 관계로 결속되어 있던 관계망Gestell'으로부터 버림받았고 스스로 폭음을 통해 퇴출을 재촉한다. 그것은 죽음으로 가는 길이지만 그런 그에게 비로소 자신의 본래적 존재로 돌아올 수 있는 기회가 가끔씩 희미하게 열린다.

그렇게 됨으로써 그에게는 다른 인간과 함께 부품 체계의 주문에 의해 부속되는 관계가 아니라 다른 인간들과 서로를 배려Fürsorge할 수 있는 관계로, 즉 사랑의 미로로 들어설 수 있는 기회도 열리게 된다. 그리고 실제로 어느 날 그러한 기회가 물결처럼 다가온다.

모든 것이 자신의 존재를 잃어버리고 부속품으로 총동원되어 존재의 빛을 잃어버린 창백한 죽음의 도시. 그래서 더없이 창백한 죽음의 모습을 현란한 인공 빛 화장 아래 감추고 있는 라스베이거스. 그곳에 또 하나의 존재자가 짙은 화장을 한 채 나타난다. 세라. 자신의 몸 이외에는 아무것도 거대 주문 체계 안에 제공할 수 없는 여자. 결국 그녀는 몸이 끊임없이 주문되는 상황에 자신을 내맡기며 라스베이거스에 온다. 하지만 그녀도 라스베이거스를 떠날 수밖에 없을 것이다.

주문과 부품 체계로부터의 완전한 일탈을 꿈꾸는 벤. 그리고 부품 체계의 주문 관계에 자기 몸마저 내맡긴 콜걸 세라. 그들은 그곳 현란한 고향 상실의 도시, 화려한 죽음의 도시에서 만난다. 이 라스베이거스에서 세라는 자신의 고유한 이름이 없다. 단지 주문되는 여자일 뿐. 때문에 주문자에 따라 아무렇게나 불려도 좋은 비어 있는 존재자일 뿐. 그런 세라에게 벤은 이름을 불러준다. 그러자 세라는 벤에게 다가와 천사가 된다. 벤이 세라의 눈을 들여다 볼 때 스팅은 〈천사의 눈 Angel Eyes〉을 노래한다. 그리고 둘은 비어 있는 존재를 서로 채워주며 다가간다.

서로에게 "My one and only Love"로 스며들며 둘은 저 척박한 네 바다사막에서 서로의 입술을 따뜻하고 부드럽게 느낀다. 마치 〈4월의 숨결April Breeze〉처럼 ……. 스팅은 읊조린다.

"그대를 생각할 때마다 내 가슴은 노래한다네. 새 봄의 날갯짓에 불어오는 4월의 숨결처럼 . ……. 따듯하고 부드럽게 느껴지는 당신의 입술 ……."

하지만 그들의 사랑은 이상하게 전개된다. 온종일 술을 퍼마시는 벤. 그래서 하루하루 죽음으로 다가가는 벤. 사랑하는 사람이 죽음을 향해 갈 때 구원하기 위해 노력해야 하는 것이 사랑의 법칙. 하지만 세라는 그렇게 하지 않는다. 폭음으로 존재의 끝을 더욱 더 앞당기는 벤을 세라는 적극적으로 제지하지 않는다.

벤은 말한다.

"You can never ask me stop drinking, do you understand?"

세라는 답한다.

"I do, I really do."

세라, 그녀는 벤의 존재를 배려Fürsorge하지 않는 것일까? 벤이 세라의 눈에서 천사를 보았음에도? 그녀는 천사가 아니라 요부처럼 그녀의 몸을 갈구하는 벤의 욕망만 사랑하는 것일까? 그래서 사랑하는 사람이 죽음을 향해 갈 때 구해야 한다는 정상적인 사랑의 법칙을 배반하는 것일까? 창녀들이 흔히 정상적인 체위를 위반하듯? 그녀의 무심? 알코올 중독자를 죽음을 향해 가도록 방치하는, 정상적 사랑의 법칙을 위반하는 일종의 비정상 체위? 세라, 창녀 또는 요부?

벤은 세라에게 그녀를 주문하는 다른 고객과는 다른 의미를 지닌다. 죽음으로 달려가기 위해 라스베이거스에서 끊임없이 술을 마시는 벤. 그녀는 결국 벤의 결정을 장악하지 않는다. 이 황폐화의 시대에 어디에서도 존재를 구원할 수 없음을 안다는 듯이 말이다. 그래서 그녀는 보이지 않는 애원이 담겨 있는 벤의 말에 내맡기듯 답하는 것이다. "I do, I really do"라고

결국 벤은 죽는다. 희열의 도시 라스베이거스에서. 그리고 벤은 라스베이거스를 떠난다. 스팅의 노래처럼 라스베이거스는 "It's a lonesome old town"이었던 것이다. 아니, 오늘날 우리가 사는 세계는 모래바람만 스치고 지나가는 황량한 lonesome old town인지도 모른다. 원래 라스베이거스처럼 ……. 현란한 빛의 조명 속의 라스베이거스, 아니 우리 시대는 세계의 밤Weltnacht, 존재의 어둠 속으로 침몰하고 있는지 모른다.

흥행가도를 달리는 대중영화를 철학과 결부시키고 더군다나 라스베이거스라는 도시를 현상학적으로 분석하며 펼친 논의는 그날 밤 참석자들의 흥미를 촉발시켰다. 그는 라스베이거스에 대한 결론을 다음과 같이 정리했다.

"어둠이 내린 지구를 인공위성에서 찍은 사진을 보면 가장 밝게 빛나는 지역이 라스베이거스입니다. 그러나 이렇게 밝게 빛나는 라스베이거스는 사실 이 현대라는 시대가 어떻게 자연과 인간을 자원화해 에너지로 소비하는지를 적나라하게 보여주는 쇼케이스지요. 현란한 빛의 제국 라스베이거스는 사실 가장 암울한 미래의 도시입니다."

모든 참석자가 그에게 호의를 보인 것은 아니다. 때로는 그의 입장에 동조하며 때로는 현대 문명에 대해 지나치게 비판적이라는 힐난을 퍼부으며 어쨌든 거의 모든 참석자가 적극적으로 논의에 참여해 열띤 논쟁을 벌였다. 쉬미트는 도시와 풍경의 현상학이라는 독자적인 연구 영역을 개척한다고 칭찬하며 그에 대해 한층 더 높은 기대와 신뢰를 표했다. 그는 만족했다. 그러한 만족 속에서 K4에 대한 속죄가 이루어졌다. 그 후 그에게서 K4는 완전히 망각되었다.

17

함부르크의 별빛
| 몸의 유혹 |

어젯밤 활발한 토론으로 고조된 기분에 평소 주량보다 많은 와인을 마셨다. 와인 기운이 조금 남아 있기는 했지만 그는 침대에서 매우 가볍게 몸을 일으켰다.

커피와 빵을 준비하고 있는 동안 전화벨이 울렸다.

"일찍 일어나셨구먼." 남 부장이었다.

"어떻게 되어가나, 연구는?"

"성공적입니다."

"수고했군. 그럼 좀 쉬어야겠군. 작전에 들어간 지 꽤 되었지. 어때 며칠 휴가라도 다녀오는 것이?"

남 부장의 제안은 썩 유쾌한 것은 아니었다. 사실 휴가를 베푼다는 것은 휴가가 끝나면 곧 위험한 일이 시작된다는 암시에 다름 아니기 때문이다.

"제가 휴가를 가면 ……. 차질이 …….."

그는 남 부장에게 휴가가 호의적인 선물이 아님을 실토하게 하고 싶었다. 그러나 남 부장 역시 고수답게 답변했다.

"1주일 정도야. 그건 걱정 말고 실종되지나 마. 특히 여자랑 말이야. 핸드폰 휴대하는 것 잊지 말고."

극단의 임무에 임하기 전에는 어떤 타락도 괜찮다는 암시. 그런 식으로 그를 독려하는 남 부상의 마시막 말은 기분 나쁘지 않았다. 그는 오디오로 다가갔다. 그리고 빌라로보스의 기타 연주곡을 틀었다.

정말 오랜만이었다. 휴가. 일이 정지되는 시간. 일의 세계로부터, 존재하는 모든 것을 부품화하는 현대 세계로부터 일탈될 수 있는 권리와 기회. 그런데 어디로 일탈하지? 벤처럼 라스베이거스로? 홀로 아니면 누군가와 함께? 갑자기 외로움이 밀려들었다. 그리고 외로움과 함께 그리움도 점차 커져갔다. 그 그리움에 누군가 찾아오기 시작했다.

그는 커피를 마시며 음악을 듣다가 뭔가 결심한 듯 전화를 들었다.

"안녕하십니까? 질산더 디자인실, 프라우 호프만입니다."

"안녕하십니까? 한국 출신의 디자이너 숙영과 통화하고 싶은데요."

"잠시 기다리세요." 독일 여자의 엄숙한 목소리 다음에 부드럽고 깨끗한 숙영의 목소리가 들려왔다.

"숙영."

숙영은 금방 그의 목소리를 알아차렸다

"어머, 선생님. 아니 ……. 독토 리, 아니 명철 씨 웬일이세요?"

"음악 좀 들려주려고." 그는 전화를 스피커에 갖다 댔다.

"빌라로보스군요. 우리는 쇼팽의 왈츠를 듣고 있어요. 그리고 뒤라스의 〈연인〉의 한 장면을 생각하고 있었죠. 그런 분위기의 작품을 하나 만들어볼까 하고."

전화에서는 쇼팽의 왈츠가 이른 아침의 상쾌함을 전해주듯 흘러나왔다.

"나, 한 이틀간 함부르크에 가려고 하는데 ……. 나를 초대해주지 않겠어."

"단순한 방문이라면 사양하겠어요."

"……."

"그러나 제 애인으로 오신다면 고려해보죠."

그날 오후 그는 함부르크행 기차에 몸을 실었다. 자동차로 갈까도 생각해보았으나 운전할 때 오는 긴장감이 오늘은 싫었다. 그는 편하고 싶었고, 함부르크에서 차를 렌트하는 것이 낫겠다고 생각했다. 그는 유학 시절에도 별로 승객이 없는 독일 기차의 청결한 분위기에서 창밖으로 보이는 라인 강의 풍경을 무척 좋아했다.

그리고 경춘선의 기차를 좋아했던 이유도 마찬가지였다. 그는 기차 안에서 춘천을 그려보았다. 그가 사랑한 한국의 유일한 도시 춘천. 그곳은 시적 감상과 사색의 잔잔함이 있는 곳이었다. 해질녘 의암호 호반의 푸르름과 호수 주위를 둘러싼 초록의 산, 그리고 푸른 호반을 부분적으로 물들이는 석양이 이루어내는 빛깔의 향연은 저기 보이는 것이 산, 호수, 태양 등의 대상임을 의식할 수 없게 만드는 몰아의 황홀경이었다. 그것은 지혜가 말한 대로 대상을 잃어버리고 색채가 가진 마력적인 힘을 드러내는 데 몰두했던 모네의 그림을 연상케 하는 것이었다. 그리고 그곳에서 그도 항상 같이 채색됨을 느꼈다. 그러나 그는 그곳을 떠나버렸다. 인간 아니 남자는 예술과 철학만으로는 살 수 없는 것일까?

이러한 생각에 잠겨 있는 동안 기차는 함부르크역에 도착했다. 때 늦은 오후 9시였다. 기차에서 내려 서서히 역문 쪽으로 향했다. 저쪽 먼발치에서 숙영이 나타났다. 그는 숙영을 향해 손을 흔들었다. 숙영은 아직 많은 사람들 사이에서 그를 발견하지 못했다. 그러나 잠시 후 그의 손짓을 보고 반가운 표정으로 달려왔다. 숙영의 표정은 밝았다. 그녀의 옷차림에는 지적이고 절제된 자극이 은은하게 배어 있었다. 그녀는 그의 팔을 양손으로 끼며 자연스럽게 웨이브진 머리를 그의 어깨에 가볍게 갖다 댔다. 그들은 그런 상태로 천천히 걸었다. 잠시 후 그녀로부터 비올라 같은 음색의 목소리가 들려왔다.

"기다렸어요."

"언제부터?"

"4년 전부터요. 절 찾아와 주시기를 ……."

"고독했었나?"

"그렇지는 않았어요. 직업상 만나는 남자도 많고 또 프랑스인 남자 친구도 있었고 ……."

그녀는 뭔가를 잠시 생각하는 듯했다. 마치 그와 아픈 기억이 있었던 것처럼. 그리고는 계속 말을 이었다.

"그러나 항상 조금은 깊어 보이는 그런 분위기의 남자가 그리웠어요. 요즈음은 모든 것을 너무 쉽게 노출시키잖아요. ……"

숙영은 그 말과 함께 차문을 열었다.

"호수가 보이는 곳에서 식사를 해요. 와인과 장미와 함께."

식당에는 사람이 없었다. 이미 저녁시간이 지나버린 지 오래다.

둘은 핑크빛 장미로 장식된 테이블에 한 병의 와인과 서로의 얼굴을 때로는 밝게 때로는 신비스럽게 비추는 촛불을 사이에 두고 앉았다. 그리고 옆의 커다란 유리창을 통해 함부르크 시내의 호수 알스터제의 물결이 가로등 불빛에 가끔씩 보석처럼 빛나고 있었다.

"함부르크는 이렇게 조용한가?"

"파리보다는요. 그러나 파리만큼 화려해요. 그래서 난 함부르크가 좋아요. 파리는 너무 관광객이 많고 어수선해요. 여기에는 많은 것이 있어요. 호수와 운하와 숲과 그리고 환락가도."

그는 그곳에서 간단한 식사와 함께 붉은 포도주를 마셨다. 잔 속에 담긴 와인은 루비처럼 빛나고, 그러한 빛깔과 함께 와인이 입안을 적실 때 포도를 영글게 한 저 하늘의 찬란한 햇빛과 땅의 샘물 그리고 포도나무를 가꾼 인간의 손길이 혀끝에 와 닿는 것 같았다. 이상하게도 배고픔이 그다지 느껴지지 않았다. 세상의 모든 욕망은 그에

게서 이미 멀어진 모양이다. 모든 것이 아름답게만 보일 뿐이었다. 그
리고 그녀의 아름다움과 식당 안에 흐르는 음악만이 가슴에 이슬처
럼 맺혔다.

Ein Land verloren dort im Meer

Alleine die Insel meiner Träume

Ein Eiland berührt von keiner fremden Hand

Ein Eiland mein Freiland

Die Insel bist du.

저 바다에서 사라진 땅, 그곳

내가 꿈꾸는 섬

누구의 손도 닿지 않은 작은 섬

작은 섬, 저 자유의 땅

그 섬이 바로 그대인 것을…….

　나나 무스쿠리가 부르는 〈Meine Insel[나의 섬]〉은 마치 그들을 노래하는 듯했다.

　"오늘은 압생트absente를 한 잔 마시고 싶군. 20세기 초 파리가 아름다웠던 시절Belle Epoque 모네, 드가, 로트렉 그리고 고호가 그랬던 것처럼……."

　"환각에 빠지시고 싶은 모양이죠, 그 악마의 식물이 만들어내는 투명하지만 한없이 독한 초록색 알코올에 도취되어……."

그는 압생트를 한 잔 시켰다.

영롱한 빛을 내는 앙증맞게 생긴 작은 크리스털 잔 안에서 초록색 압생트가 마법으로 피어오르며 찰랑이고 있었다. 그는 무엇에 홀린 영혼처럼 그 초록색 액체의 마술적 향연을 바라보았다. 그러다가 결단을 내린 듯 70도나 되는 그 악마의 술을 단숨에 들이마셨다. 그녀와 함께 환각에 사로잡히고 싶은 듯 ……. 야릇한 흥분이 온몸으로 초록색 액체와 함께 퍼져나갔다. 절제해야 할 것 같았다. 찬 공기를 호흡해야만 했다.

숙영과 그는 식당에서 나와 천천히 시가지를 거닐었다. 알스터제의 찬 공기가 그를 감쌌다.

"여기가 내가 좋아하는 장소예요."

숙영은 시내를 흐르는 수로를 뒤로 하고 가로등 아래 놓여 있는 조그만 벤치에 앉았다. 파란빛을 머금은 채 하얗게 빛나는 가로등 불빛 아래 숙영의 모습은 찬란했다. 그는 벤치에 한 발을 올려놓았다. 그리고 하늘을 바라보았다.

　"아름답군. 옅게 피어오르는 물안개도 또 유난히 선명하게 보이는 별빛도 그리고 ……. 모든 것이 오늘의 분위기를 위해서 연출된 것 같은 느낌이야."

　"저도 오늘은 구름을 떠가는 기분이에요."

　"저 별빛을 가슴속에 묻고 누군가의 촉촉이 젖은 머리카락을 어루만지며 사랑하고 싶군. ……. 오랜만이야, 이런 느낌."

　"언제 또 이런 느낌을 가진 적이 있으신 모양이죠?"

　숙영은 맑고 부드러운 음성으로 그를 올려다보며 말했다. 그와 숙영의 시선이 잠시 부딪혔다. 그는 숙영의 맑은 눈에 별빛이 담겨 있는 것을 보았다.

　"옛날에 있었지."

　"왜 그 느낌을 계속 유지하지 않으셨어요."

　"그건 불가능해. 일생에 한 번이라도 이런 느낌을 갖는다는 것은 행운이지. 그리고 이런 느낌을 가져다준 여자와 결혼한다는 것은 불행이야. 그런 느낌은 자신이 꾸며놓은 가장 예술적인 신화로 간직되어야 해."

　"여전히 혼자이신 이유가 그것 때문인가요?"

　"꼭 그것만은 아니지만 ……." 그는 말끝을 흐렸다.

　"아무튼 그러길 잘했어. 나는 그런 느낌이 나에게 다시 찾아오리라고는 생각지 못했어. 그러나 오늘은 숙영의 찬란한 모습에서 ······.
그리고 ······."

숙영은 일어서서 가운데 손가락을 가볍게 그의 입에 갖다 대며 말을 막았다.

"절 너무 감동시키지 마세요." 그리고 잠시 후 그는 그에 와 닿는 숙영의 체리빛 입술을 느낄 수 있었다. 키스의 달콤함 속에서 숙영의 허리가 벨벳처럼 부드러운 감촉과 함께 그의 품안으로 감아 들어왔다. 그와 숙영 사이에 첫눈이 내리듯 잔잔히 사랑이 쌓이기 시작했고 그의 영혼은 떨리고 있었다. 그것은 별빛과 체리빛과 하얀 눈빛이 눈부시게 부서지는 황홀 속으로 알비노니의 아디지오의 선율을 타고 천천히 그러나 환희를 향해 떠나는 여행이었다.

그날 깊은 밤 숙영은 그의 곁에서 잠들었다. 가볍게 숨을 몰아쉬며 ······.

아직도 그는 환상적인 어젯밤에서 깨어나지 못하고 베개를 뒤척이고 있었다. 그러나 얼마 후 옆자리의 허전함 때문에 고개를 들었다. 침대에는 혼자 남겨져 있었다. 그는 침대에서 몸을 일으켜 주변을 두리번거렸으나 숙영은 보이지 않았다. 대신 식탁 위에 숙영이 준비해 놓은 것으로 보이는 커피와 빵이 산뜻한 색깔의 냅킨과 함께 놓여 있었다. 그는 식탁으로 다가갔다. 그녀의 정성과 감각에 다시 한 번 감탄하며 커피를 한 모금 한 모금 마셨다. 그는 자신 속에 아직 사랑의 영역만은 음모와 공작이 비집고 들어오지 않은 것이 기뻤다. 아마 그녀의 순수함 속에서 사랑만은 지켜지리라.

어젯밤 샤워를 하고 촉촉이 젖은 머리를 헝클어뜨린 그녀의 벗은 모습은 싱그럽고 청순했다. 아무것도 걸치지 않은 인간의 모습은 원래 그렇게 순결한 것인가. 그 모습은 마치 이른 아침 나무 사이로 비치는 햇살을 받으며 숲에서 나타난 어린 사슴 같았다. 그러나 그녀를 안을 때는 매끄러운 피부에서 전혀 다른 느낌이 그의 몸속으로 파고들어왔다. 마치 뱀에 물린 여인이라는 조각상을 애무하는 듯한. ……

그것은 지나가버린 순간이지만 여전히 몸 어딘가에 남아 그를 떨리게 만들고 있었다. 그러나 그것은 그가 그녀에게서 그러한 느낌을 일방적으로 전해 받았기 때문만은 아닐 것이다. 그녀를 안을 때 그는 빨라지는 숨결에서 그녀의 환희를 자신의 것처럼 느낄 수 있었다. 마치 그 자신이 그녀 안에 있는 듯 ……

그것이 그를 아직까지도 빠져나올 수 없는 황홀의 계곡으로 떨어뜨린 것이다. "사랑하는 사람은 사랑 속에서 자신을 잃어버리는 것이 아니라 특별히 고양된 방식으로 사랑받는 사람 안에 자신으로 산다." 그는 사랑에 대해 후설이 미출간 유고에서 비밀스럽게 말했던 구절을 떠올렸다. 후설에 의하면 사랑이란 단순한 가슴 떨리는 감정적 느낌이나 상대방을 경탄하며 자신을 상실함을 의미하는 것이 아니다. 후설은 사랑이란 타자 속에서 자신을 느낌, 즉 타자 속에서 자신으로 삶을 의미한다고 적었다. 진정 이렇게 사랑은 자신을 타자 속에 이전시켜 그 안에서 사는 것이기 때문에 진정으로 사랑하는 사람들은 상대방의 고통과 기쁨을 자신의 아픔이나 기쁨처럼 느끼는 것일 것이다.

후설은 이러한 사랑의 이해를 이미 원초적 단계의 사랑의 공동체, 즉 성 관계에서 구체적으로 드러내려 했었다. 성 관계에서 한 행위자의 욕구의 충족은 욕구가 단순히 성행위를 함으로써 충족되는 것이 아니라 각 행위 당사자가 상대방의 기쁨을 자기 것으로 느낄 수 있을 때 절정에 오르는 것이며 이 절정은 공동의 기쁨이라는 사실을 후설은 지적한다. 식욕과 같은 본능에서는 충족 대상에 행위자가 자신을 이전시키지 않고도 본능이 충족된다. 하지만 최초의 사랑으로 이해되는 성행위에서 행위의 대상은 단지 대상이 아니라, 행위 주체가 행위 객체에서 자신으로 삶으로써 기쁨을 느낄 수 있을 때 충족되는 것이다.

정녕 어젯밤 그는 숙영의 마음속으로 들어가 그녀의 기쁨을 느끼려 했고, 실제로 그녀의 기쁨을 자신의 것으로 느낄 수 있었기에 둘간에 환상적 절정이 가능했던 것 같다. 자기를 나누어 타인에게서 자신으로서 사는 것, 그것이 바로 몸과 몸의 사랑부터 정신과 정신의 사랑까지를 감싸고 있는 사랑의 본질이다. 사랑은 상대방과 자기를 나눌 수 있는 사람들 사이에서만 펼쳐지는 것이다. 절정의 성감대는 공감대인 것이다. 그는 어젯밤 숙영과 함께 이르렀던 환희를 주제화하며 오랜만에 철학적 사색을 즐기고 있었다. 그리고 「후설에게서의 사랑의 공동체」란 논문을 발표하는 광경을 떠올리며 슬며시 웃기도 했다. "아직도 나에게 그렇게 섬세한 철학적 사색의 정열이 남아 있다니 ……." 그러다가 그의 철학적 사색은 더욱 깊어졌다. 그런데 성과 에로스에 대해서는 후설보다는 메를로 퐁티의 현상학이 훨씬 더 적나라하게 밝혀내고 있는 것이 아닐까

18

남프랑스
| 몸의 기적 |

이런 생각에 잠겨 있을 때 문을 여는 소리가 들렸다.

숙영이었다. 잠든 시간만 그에게 부재했던 그녀. 물리적으로 얼마 되지 않은 시간임에도 그리움이 사무친 것 같았다. 그녀는 어제와 다름없이 단정하고 단아하게 정돈된 차림으로 앞에 서 있었지만 어딘가 은밀하게 퇴폐적인 분위기가 새어나오고 있었다. 그는 다시 그녀를 강렬하면서도 포근하게 안았다.

"우리 떠나요. 휴가를 신청했어요."

"어디로?"

"남프랑스로."

모든 사람이 한 번은 가보고 싶어 하는 지상의 이상향.

'그래 가야 한다. 나와 깊은 사랑을 나눌 수 있는 여자와 그곳으로 망명할 것이다. 단 며칠만이라도 ······.'

그는 오래전부터 남프랑스를 여행해보고 싶었다. 그래서 남프랑스에 대한 인문지리학 서적을 탐독했었다. 잠시 그때 그의 마음에 깊이 각인되었던 내용을 기억해냈다.

코트 다주르와 프로방스로 대표되는 남프랑스는 라스베이거스처럼 모든 것이 휘황찬란하게 장식되어 있는 곳은 아니다. 또 디즈니랜드처럼 온갖 최신 놀이기구가 유혹하는 곳도 아니다. 그럼에도 이 지역은 사람들이 가장 동경하는 관광지이다. 사람들이 그곳에 가고 싶어 하는 이유는 무엇일까?

남프랑스가 세계인의 주목을 받기 시작한 것은 19세기 말과 20세기 초엽 상황과 깊은 관계가 있다. 이 시기는 근대가 완성됨과 동시에 근대의 역사가 다른 방향을 모색하던 역사적 전환기였다. 그리고 그러한 전환의 모습은 예술에서 처음으로 드러났다.

특히 미술은 이러한 새로운 방향 모색이 가장 눈에 띄게 드러나는 영역이었다. 그런데 그때 수많은 화가와 예술가가 바로 남프랑스에 매료되었고, 그래서 그곳으로 향했다. 그들은 새로운 시대를 향한 창작력을 이곳 남프랑스에서 길어내기 위해 그곳에 모여들어 거주했다. 그들의 창작력은 이곳을 예술적으로 작품화하는 것으로 시작되었다. 고호는 아를에서, 세잔은 엑상프로방스에서, 피카소는 앙티브에서, 또 마티스는 방스에서……

화가들뿐만이 아니었다. 시인과 소설가도 이곳이 아니면 영감을 얻을 수 없는 듯 이곳을 떠나지 않거나 이곳으로 돌아오거나 이곳을 그리워했다. 프로방스에서 태양의 제국을 노래한 미스트랄이 있는가 하면, 이제는 더 이상 쓸모없는 시설에 불과한 퐁비에유의 풍차 방앗간을 손 하나 대지 않고 예술작품으로 탈바꿈시킨 알퐁스 도데가 있었다. 그리고 현대인들이 잃어버린 마을과 고향의 본질을 바로 프로방스에서 일깨워준 르네 샤르도. 역사를 장식하게 되는 위대한 예술가들뿐만 아니라 이름도 없이 거리를 헤매던 화가와 시인들이 바로 이 남프랑스에 삶의 절정을 뚜렷하게 각인하고 사라졌다. 그리고 그렇게 예술적으로 각인된 남프랑스는 다시 그들의 과거를 예술적 분위기로 발효시킬 수 있었다.

그뿐만 아니다. 곳곳에 남아 있는 중세의 폐허는 삶의 비장미를, 또 중세 도시에 바탕을 둔 도시의 미로는 삶의 신비를, 바로 도시의 품안에서 그곳에 사는 사람들과 함께 펼쳐냈다. 이러한 분위기는 첨단 소재의 고층 건물로 구축되어 어떤 세월의 풍화 작용도 또 어떤 허물어짐도 허용하지 않는 현대 도시는 결코 모방할 수 없는 어떤 것이다. 레보와 생 아그네 같은 도시는 중세의 모습이 세월이 남긴 폐허를 흘러가는 시간의 작품으로 보존하듯 허물어진 채로 남아 있다.

또 아비뇽과 님은 현대가 결코 중세를 압도하지 않고 절묘하게 중세의 도시 구조 속으로 숨어들어 화해를 이루고 있다. 이들 도시의 미로를 따라 거닐면 곳곳에 숨어 있는 상점과 식당들조차 우리를 아늑하게 끌어들인다. 거대 도시에서 현란한 광고판과 상업주의의 공격에 허우적거리며 겪던 기만당한 듯한 기분, 그러한 불쾌감은 이 남프랑스 도시에서는 사라진다. 이 도시에서 미로를 따라 늘어선 상점을 기웃거리며 걸으면서 사람들은 쇼핑을 목적으로 한다기보다는 어떤 미스터리를 향해 산책을 하기 때문이다.

그날 그와 숙영은 니스행 비행기를 탔다. 내일이 없는 커플들의 도피 행각처럼 아무 계획도 없이, 우발적으로 아니 충동적으로.

한 시간 반 정도의 비행 끝에 그들은 니스 공항에 도착했다. 그는 자동차를 렌트했다. 그리고 무작정 차를 몰았다. 바로 해안과 연결되는 도로를 따라 정처 없이 운전을 했다. 북유럽과는 전혀 다른 이국적인 풍경, 파란 하늘을 머금어 더욱 파란 바다, 야자수 그리고 아직 5월임에도 찬란하고 한낮에는 뜨겁기까지 한 태양. 정말 카뮈 말대로 너무나 위대해 똑바로 처다볼 수 없는 태양이었다.

그리고 그러한 태양 아래 포도와 올리브를 키우는 저 풍요로운 프로방스 땅을 선홍색 매혹과 고혹으로 뒤덮으며 물들이는 아마폴라가 피어오르고 있었다. 양귀비 꽃, 아름답지만 위험한 꽃. 영화 〈Once upon a time in America〉에서 흐르며 그의 마음을 흔들었던 〈아마폴라〉란 제목의 음악.

만개한 아마폴라는 그렇게 때로는 치명적인 색채로 때로는 추억의 음악으로 변환되어 시각과 청각을 매료시키며 프로방스의 평원 속으로 그들을 표류시키고 있었다. 그는 방향을 잃었다. 아니 방향을 정하기 싫었다. 그냥 평원 속으로, 선홍색으로 일렁이는 아마폴라의 바다로 영원히, 영원히 그녀와 함께 침몰하고 싶었다.

"어디로 가지?"

그의 물음에 숙영이 어깨에 살며시 기대며 그의 귀에 속삭였다.

"우선 엑상프로방스로 가요. 그리고 거기서 다시 니스로 돌아와 에즈에 머물러요. 니체가 그랬던 것처럼."

숙영은 감미롭게 속삭였지만 그것은 명령이었다.

그 명령에 따라 그들은 엑상프로방스에서 하루를 지냈다. 도시에 처음 들어섰을 때 그들은 절묘하게 구부러져 서로 맞닿으며 시가에 녹색의 그늘을 만들어내고 있는 마로니에의 환영을 받았다. 마로니에 때문에 승화된 도시. 거기서 마로니에는 단순한 식물이 아니다. 이 마로니에가 있었기에 엑상프로방스는 사람들이 사는 도시가 되었다. 그리고 예술이 되었다. 아마도 그래서 20세기의 최고 화가 세잔이 그곳에서 세기의 화가로 성장할 수 있었을 것이다.

세잔의 고향, 생 빅투아르 산.

숙영은 말했다.

"이곳에 오니 세잔이 왜 그토록 생 빅투아르 산에 매료되었는지 알
수 있을 것 같아요."

정말 그랬다. 남프랑스 풍경의 성격을 결정하는 것으로 말 그대로
우뚝 서 이 지역에 정말 독특하게 솟아 있는 생 빅투아르 산. 이 산은
풍경에 모습과 성격을 부여하는 것이 바로 하늘과 땅이 만나는 산임
을 증명하듯 남프랑스 풍경에 결정적인 위치에 자리하고 있었다.

엑상프로방스의 화가 세잔이 바로 이를 증언한다. 그는 자연을 관
찰자 입장에서 그리는 원근법을 거부하고 풍경이 자신 속에서 생각
하고 결국 풍경이 풍경을 그리는 상황으로 돌아가려 했다. 생 빅투아
르 산이 이루어내는 풍경은 그를 사로잡아 무려 90여점의 풍경화가

그를 거쳐 탄생했다. 사실 생 빅투아르 산은 남프랑스 풍경의 절정이라 할 만큼 높지는 않다.

이 산은 대략 1천 미터로, 과거 인간에게 결코 오를 수 없는 무한한 영역으로 공포감을 불러일으켰던 세계적 고산의 기준에서 보면 비교적 낮은 편이다. 물론 이 산의 높이도 인간의 접근을 쉽게 허용하는 편은 아니지만 인간에게는 수용 가능한 높이다. 그러나 다른 한편 생 빅투아르는 육중한 느낌을 주는 석회암과 대리석으로 이루어져 있는 바위산이다. 더구나 이 석회암과 대리석은 이 산의 육중함에 적나라한 표현력을 부여한다. 하얗게 빛나는 생 빅투아르에 하늘로부터 떨어지는 태양빛이 부딪치면 산은 빛의 변화에 따라 달라지는 명암 대비와 광채로 변신을 거듭하며 주변을 압도한다. 나아가 석회암 바위들이 이루어내는 표면의 거친 질감은 격렬하게 움틀거리는 신

비한 대지의 힘을 뿜어내는 듯하다.

하지만 어둠이 내리면 이 생 빅투아르 산은 변신한다. 숙영은 어둠 속에서 산을 바라보며 이렇게 말했다.

'태양이 저물고 달빛이 내리면 생 빅투아르는 연약한 사랑에 스스로를 길들이는 야수가 된다고. 그리하여 고요함으로 젖어들며 달빛의 은은함을 어슴푸레 반사한다'고.

오스트리아 소설가 한트케Peter Hnadke는 이 산을 그리스 신들이 신탁 통치했던 델포이와 비교하며 묻는다. "세계의 중심은 델포이 같은 곳이 아니라 한 위대한 예술가가 일한 이곳이 아닌가!" 그리고 이 산에 대한 인상을 다음과 같이 옮기고 있다.

산은 벌거벗고 거의 단색이고 색깔이라기보다는 차라리 눈부신 광채이다. 우리는 가끔 구름의 윤곽을 높은 산으로 혼동한다. 여기서는 완전히 반대로, 찬란한 산은 첫눈에 하늘로부터 솟아난 것 같다. 세월 이전의 흰 시간에, 나란히 벌어지는 바위의 측면과 산 뿌리에 수평으로 파고드는 단층들의 응결되는 듯한 운동이 그러한 효과를 가져온다. 산은 하늘에서 주위의 대기와 거의 같은 색깔이 흘러내린 것 같은 인상을 주고, 또 우주 공간의 작은 덩어리로 여기에 눌어 붙어 있다는 인상을 준다.[32]

엑상프로방스 그리고 생 빅투아르 산이 선사하는 감동. 숙영과 그는 다른 세계로 들어가고 있었다. 그곳은 틀림없이 이 지구를 채우고 있는 지질학적 땅에 불과했지만 숙영과 함께 이곳의 땅과 하늘을 생 빅투아르 산을 통해 맞이할 때 그는 정녕 완전히 다른 세계로 망명온 것 같았다.

그날 밤 그들은 망명의 여정이 기쁨으로 탈진시킨 몸을 서로에게 충전하듯 그렇게 밀착되어 잠들었다. 그리고 다음날 엑상프로방스에 하루밖에 머물 수 없음을 아쉬워하며 숙영의 감미롭지만 저항할 수 없는 명령에 따라 니스를 거쳐 에즈로 향했다.

니스에서 모나코로 향하는 해안도로를 15분 정도 달리자 좌측으로 에즈라는 이정표가 나타났다. 그리고 이정표를 따라가니 상당히 경사진 좁은 도로가 나타났다. 해발 427m의 험준한 암벽에 자리한 작은 마을 에즈. 에즈를 향하는 이 도로는 마치 굽이굽이 하늘을 향하는 것 같았다.

숙영은 커브를 돌 때마다 나타나는 경이로운 풍경에 가끔씩 환성을 지르며 즐거운 듯 노래를 읊조렸다.

"sabor a mi." 로라 피지Laura Figgy가 스페인어로 불렀던 노래.

숙영은 마드리드에서도 1년간 근무한 적이 있다고 했다. 그때 배웠다는 노래 〈sabor a mi〉.

그녀는 다시 스페인어로 노래를 이어갔다.

tanto tiempo disfrutamos de este amor

nuestras al mas se acercaron tanto asi

그렇게 오랜 동안 우리가 이 사랑을 나누었기에

우리의 영혼이 그토록 가까워졌고 …….

숙영은 운전하는 그의 모습을 그윽한 눈으로 바라보았다.

그녀의 눈길을 느낀 순간 그는 늘 불러보고 싶었던 노래의 한 소절을 자신도 모르는 사이에 흥얼거렸다.

The very thoughts of you makes my heart sing

Like an April breeze on the wings of spring ······.

My one and only love ······.

당신을 생각할 때면 내 가슴은 노래한다네.

새 봄의 날갯짓에 불어오는 4월의 바람처럼

오직 하나뿐인 내 사랑 ······.

〈라스베이거스를 떠나며〉에서 벤과 세라를 축복하며 스팅이 부르던 노래 〈My one and only love〉.

어느덧 그들은 에즈에 도착했다. 물리적 높이는 해발 427미터지만 훨씬 더 하늘에 가깝게 느껴지는 곳.

한때 니체가 체류하며 『차라투스트라는 이렇게 말했다』라는 대표작을 집필하기 위한 영감을 얻은 곳. 나약하고 관념적인 철학을, 형해화된 논리 놀이를 하는 창백한 철학을 노예만큼 그리고 기생충만큼이나 경멸했던 니체. 힘에의 의지와 삶의 충일, 몸을 춤추게 하는 건강하고 명랑한 예술을 피와 살로 쓰며 찬미했던 니체.

니체가 왜 이곳 에즈에서 영감을 얻었는지 굳이 설명이 필요 없을 것 같았다. 그의 눈과 몸이 이미 니체와 같은 것을 보고 느끼고 있었기 때문이다. 절벽 위에 있는 이 마을은 위대한 지중해의 태양과 가까이 있고 또 눈앞으로 탁 트인 지중해가 아득히 굽어보인다. 그런데 지중해, 그 지중해는 바다지만 비교적 평온을 유지하며 물의 원초적 성격을 간직하고 있다.

모든 존재하는 것의 생명을 적시듯 생명의 생명성을 키워가는 물의 이미지는 지중해가 이곳 풍경을 더욱 생명력 있게 만드는 결정적 요인이다. 또 형언이 불가능할 정도로 청명한 코발트빛으로 이 지역의 풍경을 물들이는 지중해는 이 지역 풍경에 명징성을 부여한다. 물론 지중해도 바다이기 때문이 인간이 알 수 있는 한계의 범위를 넘어서지만 그래서 때로는 불안과 공포의 장엄함을 풍경 속에 담고 있다. 하지만 지중해는 또 비교적 호수 같은 바다라는 점에서 지역의 풍경의 평온함과 명징함을 상승시킨다.

특히 이 에즈에서 드러나는 지중해의 광활한 트임, 그리고 그와 함께 바다에 떨어져 내리는 태양빛은 수면에 푸른 광휘로 퍼져나가고 그러한 광휘가 반사되며 다시 빛과 함께 무한 반복적으로 상승할 때 풍경에 존재하는 모든 것은 모든 잠재력이 디오니소스적 엑스타시에 이르는 것처럼 고조된다. 남프랑스의 풍경은 특히 상트로페에서 니스를 거쳐 모나코에 이르는 풍경을 보는 사람을 흥분시키며, 존재하는 모든 것이 절정에 이르는 듯한 관능성을 발한다. 때문에 이곳에는 우리 몸도 그렇게 감응한다.

이런 에즈에서 숙영과 함께 나날을 지낸다는 것은 몸에 기적 같은 새로운 신화가 새겨지는 사건이었다. 그날 밤, 저 위대한 지중해의 태양을 품은 달빛이 바다 물결에 머금어지던 밤, 그는 숙영과 또 깊고도 격렬한 야생의 밤을 가졌다. 이곳의 달빛, 그 관능성 때문인지 숙영은 티치아노가 그린 아프로디테로 변신한 것 같았다. 그는 숙영의 몸 곳곳을 사랑하지 않을 수 없었다.

잘려진 우라노스의 성기가 지중해에 던져져 거품으로 변해 태어난 아프로디테. 그 아프로디테 같은 숙영의 몸은 그냥 몸이 아니었다. 그들이 나눈 사랑은 그냥 성기가 결합한 사건이 아니었다. 그녀와 그는 서로의 몸, 각 부위에 탐닉하고 아니 한없이 질료적으로 탐미했다. 물고, 빨고, 점액질 액체로 서로의 몸을 채색하며 또 핥고 …….

그들의 입술, 젖꼭지, 클리토리스, 페니스 등 몸의 각 기관이 전혀 다른 존재로 변신했기 때문이다. 그것들은 더 이상 생리 기관이나 생식 기관이 아니었다. 아니 원래 몸은 생리 기관이나 생식 기관이 아니었는지도 모른다.

언젠가 읽었던 소설 『잉글리쉬 페이션트English Patient』. 그 소설에서 허락받지 못하는 사랑을 하는 남자와 여자. 소설 어느 곳에선가 남자는 비행기 추락으로 심한 부상을 입은 여주인공의 죽어가는 몸을 양손으로 떠받친 채 이렇게 말한다.

"우리 영혼이 서로에게 스며들어 유영하던 우리 몸."

정말 그랬다. 우리 몸은 ……. 논리로는 도저히 추론해낼 수 없는 존재의 진리, 시적 언어만이 밝혀낼 수 있는 존재의 심급.

숙영과 살로 한 짙은 사랑이 끝난 후 그는 숙영에게 속삭였다. 혹시 고즈보로Boby Goldsboro란 가수의 〈Summer the first time〉이라는 노래를 아느냐고.

숙영은 가볍게 고개를 저었다.

그는 한 소절을 불렀다.

It was ……. The last day of June

The sun was a demon.

I was seventeen, she was thirty one.

I knew nothing about love, she knew everything.

And she said

'But stay with me until the sun has gone away,

And I will chase the boy in you away.'

6월의 마지막 날이었지.

태양은 악마였고.

나는 17살, 그녀는 31살이었지,

난 사랑에 대해 아무것도 몰랐고, 그녀는 모든 것을 알았지.

그리고 그녀는 말했지

'태양이 질 때까지 내 곁에 머물러.

그러면 네 안에 있는 소년을

쫓아버릴 거야'라고.

"그랬어, 지중해의 태양은
악마 같았고. 나는 아무것도
모르는 17세, 그녀는 사랑의
모든 것을 아는 31살. 그녀는
내 안의 소년을 쫓아 보내고
날 짐승으로 만들었지 ……."

숙영이 가냘픈 숨소리를 내
며 약간 도발적인 눈빛으로
반발했다.

"하지만 ……. 하지만 …….
당신은 이미 seventeen이 아
니었어요. 나의 유혹에 빠지
기 훨씬 이전에 이미 스파르

타 전사의 몸을 지닌 짐승 아니 사티로스로 변신해 있었어요. 나를 능욕하는 ……."

"아니 그녀가 아주 치명적인 님프였어. 님프를 쫓아다니는 사티로스를 오히려 희롱하고 성적인 노예로 만들어버린 ……. 어떤 신화에서도 존재한 적이 없는 님프 ……. 〈티파니에서 아침을〉에서의 오드리 헵번. 마치 그녀가 나신이 어슴푸레 드러나는 나이트가운을 살며시 들추고 노래 대신 노출시켜서는 안 되는 금기의 그곳을 나에게 보여주면서 사이렌으로 변신한 것 같기에 …… 난 노예가 될 수밖에 없었지. 그녀의 몸, 그 욕망의 살에 완전히 굴복한 …….”

그녀는 더 이상 이의를 제기하지 않았다.

세상에서 가장 평화로운 자세로 누워 가까이 서로를 바라보며 달콤한 논쟁을 하던 그들. 이제 논쟁은 끝났고 그들은 다시 클림트의 그림 〈키스〉처럼 그렇게 한 치의 빈틈없이 밀착하기 시작했다.

사실 그것은 서로에게 몸을 바치는 희생제였다. 그리고 희생제가 절정에 이르자 삶의 시간은 미래로부터 분리되어 병속에 가두어졌다. 그들의 실존적 시간은 이제 순간에 영원으로 머물며 짙은 농도로 숙성되고 있었다. 마치 〈Time in a bottle〉이란 노래가사처럼.

If I could save time in a bottle

The first thing that I'd like to do

Is to save every day

Till Eternity passes away

Just to spend them with you

…….

물리적으로는 한 시간쯤 시간이 흐른 후였을 것이다. 순간에 영원을 가두던 저 마법의 병이 물리적 소음에 의해 깨지고 만 것은. 숙영의 핸드폰 소리가 울린 것이다. 숙영은 전화를 받아들고 발신자를 확

인했다. 그리고 미안하다는 듯 표정을 지으며 그의 곁을 떠났다. 잠시 후 그의 곁으로 돌아온 그녀는 귀에 가까이 다가와 말했다.

"가야 해요."

"아직 며칠 남았는데 ……."

"하지만, 어쩔 수 없어요."

그는 더 이상 말을 하지 않았다. 대신 숙영을 또 한 번 부서지게 끌어안았다. 다시 격렬하게 키스가 이루어지고 ……. 그녀의 속옷을 가볍게 끌어내리며 거칠게 애무하기 시작했다.

숙영이 그를 부드럽게 밀치며 말했다.

"안 돼요. 더 이상은 ……. 가야 해요."

그는 더 이상 말은 하지 않았다. 그러나 그는 무엇을 더 말해달라는 듯 그녀의 눈을 간절하게 들여다보았다. 사실 그것은 무언의 애원이었다.

그녀의 말이 이어졌다.

"이제 만나지 못할지도 몰라요. 아주 오랫동안 ……."

순간 그녀의 눈에는 보일 듯 말 듯 눈물이 비쳤고.

그리고 작별인사 대신 마지막 한마디 프랑스어를 남겼다. 이슬에 젖은 목소리로 긴 여운을 남기며.

"Je suis malade ……."

"Je suis malade ……."

……. ……. …….

그는 이유를 묻지 않았다. 사실 그도 앞으로 주어질 지령에 따라서는 그녀를 영영 만나지 못할지도 모른다. 운명의 바람이 삶을 어디로 인도할지 알 수 없기에 ……

　그녀는 그렇게 떠났다. 그 후 갑자기 모든 것이 휘발해버리는 것 같았다. 시간이 병 속에 가두어지며 모든 것이 순간에 영원으로 머물러 차고도 넘치게 충만했던 주위 세계는 그녀가 떠나자 갑자기 텅 비어가기 시작했다. 존재하는 것은 없었다.

　모든 것은 이제 존재했던 기억으로만 의미가 있었다. 그렇게 황량하게 지금 그의 가슴은 비어버렸다. 오직 지난 밤 숙영과 함께했던, 때로는 동물보다 더 동물적이고 때로는 폭력적이기까지 했던 격렬한 성애, 그러나 때로는 희생적이었다고 할 만큼 노예적인 성애의 기억만이 다시 현재로 침투해 들어오며 텅 빈 가슴을 채우기 시작했다.

　그의 몸, 숙영의 몸. 그렇게 함께 어우러졌던 그들의 몸. 숙영과의 밤이 간절한 기억으로 떠오르자 그는 몸이 그러한 순간 그야말로 전혀 다른 몸이 되었음을 비로소 의식했다.

　"대체 몸이 왜 그랬지? 그건 우리가 아는 몸이 아니었어. 현대 과학이 주장하는 몸이 아니었어. 정말 우리 몸은 그저 고깃덩어리가 아냐. 세포들이 생화학적 작용이나 하는 그런 몸이 아니었어."

　그러자 그의 생각은 자연스럽게 메를로 퐁티로 옮아갔다.

　모리스 메를로 퐁티. 후설의 직접적인 제자는 아니지만 후설의 현상학을 창의적으로 계승해 프랑스에 소개한 철학자. 그는 그전의 철학자들이 철학적 문제가 아니라고 여겼던 몸의 문제를 철학적으로 성찰했다.

　수많은 생물학적 · 생리학적 실험 결과와 사례를 철학적으로 재해석하며 그는 인간의 몸은 단순한 세포의 집합의 생리적 작용이 아니라 살로 된 영혼이라고 설파했다. 몸은 이미 존재하는 세계 안에 위치하는 물체가 아니며 스스로 생각하고 표현하며 몸이 몸담는 세계를 적극적으로 만들어간다. 이것이 그의 철학의 출발점이다. 이렇게 몸을 철학적으로 성찰하는 그의 현상학은 성 문제를 본격적으로 다룬 거의 최초의 위대한 철학이 되었다. 왜냐하면 몸은 중성적 물체가 아니라 성기를 갖고 남자와 여자로 갈라지며 또 이 남자와 여자는 바로 그러한 성기로 서로 결합하며 사랑하기 때문에 ……

살아 움직이는 몸은 둔중하고 무의미한 단백질덩어리가 아니다. 특히 몸에서 나타나는 현상은 몸이 살로 된 영혼과 다름이 없는 한 몸에서 일어나는 모든 현상은 단순한 생리 현상이 아니라 무엇인가 말하는 질료적 표현 현상이다.

그는 다시 한 번 메를로 퐁티가 밝혀내고 있는 몸의 비밀을 되뇌었다. 우리 의식이 몸에 명령을 내리고 몸이 그것을 수행함으로써 체험이 이루어지는 것이 아니라 육화된 영혼으로 살아가는 몸을 통해 이미 몸 자체에서 상징과 의미가 살과 함께 살로서 표현된다. 몸은 그 자체로 어떤 의미가 살아나는 표현 활동으로 살아가는 것이다. 찡그림, 웃음, 걸음걸이 등은 몸 안에 있는 마음이 의도하는 바의 지시에 따라 표정 짓고 웃고 하는 것이 아니라 마음이 의도하기 전에 그 자체 고통 혹은 기쁨이 생생하게 의미화되는 과정이다.

우리의 몸짓, 표정, 걸음걸이는 우리 의식이 의도하기 전에 이미 항상 의미로 젖어 있는 몸의 미학이다. 아무런 의미 없는 몸짓, 표정은 없다. 이렇게 몸은 몸으로 살아가는 한 항상 의미에 젖을 수밖에 없는 표현적 존재이다. 때문에 메를로 퐁티는 말했다. '우리 몸은 물체적인 것이 아니라 의미를 창조하며 살아가는 "예술품" 같은 존재'라고.

몸은 예술품이라는 선언. 사실 그는 메를로 퐁티의 그러한 표현을 처음 들었을 때 비웃었었다. 폼 잡기 좋아하는 프랑스 철학자의 비과학적인 장식적 형언이라고 ……. 하지만 이제는 몸의 진리가 물체가 아니라 예술품이라는 사실을 몸으로 알고 있다. 그리고 생각했다.

예술작품으로서의 몸, 몸이 진정 예술작품이라면 이러한 몸의 진리는 특히 몸과 몸이 예민하게 서로 만져지며 섞여질 때 뚜렷하게 나타날 것이다. 몸과 몸이 만나는 것, 즉 성관계는 단순한 '말초적 자동운동'이 아닐 것이다. 몸과 몸이 한 치의 틈도 없이 밀착되는 성애의 경우 몸과 몸이 주고받는 것은 생리적 자극과 반응이 아니라 살로 된 영혼이 주고받는 의미 작용이며 예술적 탐미 작용일 것이다. 성적 행위에서 몸의 각 부위는 기관^{organ} 혹은 수단^{apparat}이 아니라 그 자체로 의미가 차고도 넘치는 살로 살아나는 작품이다.

그는 어젯밤 숙영과 살로 나누었던 사랑의 순간을 돌이켜보면서 이제 그러한 사실을 선명하게 의식적으로 다시 체험했다. 성애에서 우리의 입술은 밥을 먹기 위한 기관이 아니며 페니스나 아날도 배설 기관이 아니다. 성애에서 그것들은, 어떤 실용적 혹은 생존의 목적을 실현하기 위한 관점에서는 도저히 이해될 수 없는 변태적(?) 상황 속에서 의미로 살아난다. 실용적 목적에 조준되어 있는 일상 속에서는 금지되어야 할 행위가 몸 구석구석에서 일어나는 것이다. 성애의 순

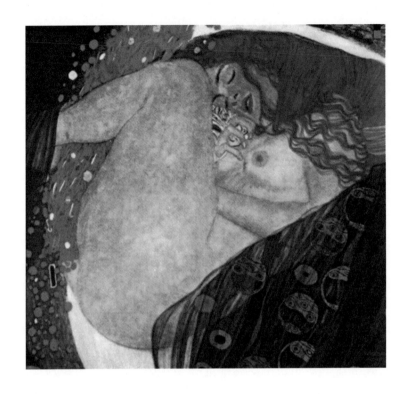

간 손과 발은 단순히 외부 자극에 반사적으로 반응하는 생리적 기관이나 정신의 의도를 수행하는 신체의 말단적 도구에 불과한 것이 아니다. 그것은 모든 지향적 표현 활동의 근원인 몸의 지향적 움직임을 선도적으로 표현하며 세계를 채색하는 살아 있는 붓질이다.

때문에 어떤 연인들은 고백한다. 여자는 남자의 발에서 그를 사랑하고 남자는 발을 애무하는 그녀의 손에서 사랑한다고. 아니 좀 더 적나라한 예를 들면, 키스할 때 우리는 마치 입술에서 사랑이란 의미를 빠는 듯 몰입한다. 또 펠라티오를 하는 여인은 남자의 성기를 입이라는 기관을 통해 먹는 행위를 하는 것이 아니다. 거기서 페니스는 배설 기관으로서의 도구성을 벗어나 사랑의 의미를 노골적으로 발하는 살로 된 작품인양 여성의 입 속에서 탐미된다. 반대의 경우도 마찬가지이다. 여인의 그곳을 애무하는 남자의 혀끝 움직임^{cunninglingus}은 생리학적 미각 행위가 아니다. 그것은 여인의 그곳이 예술작품으로 체험되는 탐미적 행위로, 그를 통해 사랑의 의미가 육화되는 지향적 행위이다. 때문에 그때 여인의 음부도 사랑의 의미로 젖어들고 그때 의미가 육화되어 애액으로 흘러내리는 것이다.

그들도 그랬다. 숙영과 그는 입술, 가슴, 음부, 페니스 등에서 사랑하고 그렇게 거기 애액으로 묻어 있는 의미를 핥고, 만지며, 삽입했다. 그리고 그렇게 몸에서 표현되는 사랑과 몸에 새겨지는 사랑을 하루가 지난 이제 그는 정신적으로 반추하며 의식화된 추억으로 간직하고 있는 것이다.

한동안 그는 지난 밤 숙영의 몸과 함께했던 성애를 추억하며 그때 그와 숙영이 몸짓과 행동으로 서로의 몸에 스며들며 이르렀던 몰입의 드라마가 몸에서 다시 재생되고 있음에 전율했다. 마치 이미 오래 전 서로에게 호흡을 맞춘 댄서들처럼 율동하며 넘실대는 그와 숙영의 몸이 드라마를 펼쳐낸 것. 그것이 어제 지중해의 파도와 에즈의 하늘에서 내리는 관능의 풍경에 휩싸여 그와 숙영이 함께 살과 분비물로 이루어낸 질료적 사랑이었다.

그러면서 동시에 이 놀라운 몸의 기적을 자랑하고 싶었다. 철학으로 각색해 ……. 후설의 현상학과 메를로 퐁티의 현상학을 비교하며 성적 환희에 대해 논의하는 강의로 각색해. 그는 사람들 앞에서 '성애의 현상학'이란 제목으로 강의하는 자신의 모습을 떠올리기도 했다.

의식을 중심으로 철학을 했던 후설, 반면 몸으로부터 철학적 문제에
접근했던 메를로 퐁티.

우리 체험을 돌이켜보면 성애가 시작될 때 그것은 의식적 작업이며,
따라서 후설의 현상학이 밝혀낸 성애의 모습이 수긍될 수 있을 것이
다. 그러나 어느 지점에 이르면 일종의 변신^{Metamorphose}이 일어나듯 의
식은 사라지며 성애는 이제 전적으로 몸의 사건이 된다. 의식이 사라
진다고 몸이 단순히 생리적 작용만 하는 것이 아니다. 성애는 몸의 드
라마가 되는 것이다. 성애에 참여하고 있는 몸들은 따로 쓰여진 대본
이 아니라 몸 스스로 대본을 쓰듯 몸짓과 신음 그리고 행위로 대사를
나눈다. 이 순간 메를로 퐁티의 현상학이 빛을 발한다. 이렇게 보면
후설과 메를로 퐁티는 적어도 성애 문제에서 경쟁자가 아니라 후설은
성애의 길이 열리는 과정을, 메를로 퐁티는 본격적인 성애의 과정을
밝혀내는 데 더 적합하다고 할 수 있을 것이다.

대충 이런 내용이 될 것이다.
'이런 내용으로만 하면 너무 이론적이겠지. 구체적인 예를 들어주
면 더 좋을 텐데 ……. 하지만 내 사생활을 적나라하게 노출시킬 수
도 없고 …….'
그러다 그는 언젠가 읽었던 프랑스의 여류 미술평론가 카트린 밀
레가 자신의 성적 체험을 기록한 수기를 기억해냈다.
밀레는 자신의 책에서 다음과 같이 술회한다.

클로드의 음경은 잘생기고 곧고 균형이 잘 잡혀 있었다. ……. 그와 섹스를 할 때면 나는 음경 때문에 몸이 뻣뻣해지고 막혀버리는 듯한 느낌을 받았다. 그러다가 앙드레가 내 얼굴 높이에서 바지 지퍼를 내렸을 때, 나는 클로드의 것보다 더 작고 더 다루기 쉬운 물건을 발견하고 놀라움을 느꼈다. 게다가 그의 물건은 클로드의 것과는 달리 포경이 제거되어 있지 않았다. 손이 닿기가 무섭게 귀두가 벗겨지는 음경을 보면 반질반질한 돌덩이를 본 듯 그 모습에 흥분이 인다. 또 손이 움직이는 대로 왔다 갔다 하는 그 표피, 비눗물 표면에 생긴 커다란 비눗방울 같은 귀두를 노출시키는 그 표피는 한결 섬세한 쾌감을 불러일으키고, 그 부드러운 탄력은 상대방의 몸의 구멍까지 파동으로 퍼져나간다. 랭고의 음경은 클로드의 그것과 비슷했고, 소심한 그 남자의 성기는 앙드레의 그것과 비슷한 편이었고, 그 대학생의 음경은 내가 나중에 다시 경험하게 될 부류, 즉 특별히 크지는 않지만 살갗이 단단해서 즉시 손에 꽉 차는 느낌을 주는 그런 성기에 속했다.[33]

이러한 경험은 카트린 밀레에게 다음과 같이 체화되는 고백의 기회를 선사해주었다. "그들을 통해 내가 배운 것은 각각의 성기가 나에게서 저마다 다른 몸짓, 다른 행동을 요구한다는 것이었다. ……. 그런가 하면 각각의 몸이 갖는 체질적 구조도 저마다 다른 체위를 만들어내는 듯했다."

몸이 이렇게 에로틱한 지향 활동으로 살아가는 한 성행위를 하는 몸은 다 같은 몸이 아니라 각기 나름의 독특한 의미에 젖게 된다. 인간의 성행위는 보편적 개념이나 도식으로는 파악될 수 없는 살로 살아나는 의미와 표현의 상호 신체적 탐미 행위이며 소통 행위이기 때문이다. 성행위에 참여하는 사람들은 파트너의 몸과 몸의 각 신체 부위가 발산하는 독특한 의미 표현에 따라 각각 다르게 자신의 성적 지향성을 몸짓과 행동으로 응답하는 것이다.

'과연 이런 강의를 학생이나 일반 대중 앞에서 할 수 있을까?'

그는 한편 자신의 강의가 학생이나 일반인들 앞에서 공개적으로, 그것도 육성으로 하기에는 지나치게 선정적이지 않을까 의문을 품기도 하면서, 또 한때 가졌던 철학자의 꿈을 포기한 자신에 대해 연민을 갖기도 하면서, 그러나 그러한 좌절의 트라우마를 떠올릴 때면 철학자의 꿈을 포기한 것은 현명한 선택이었다고 스스로 위로했다.

그러나 숙영과의 나날들에 대한 기억 그리고 철학적 사색을 왔다 갔다 하던 공상은 가냘프게 울리는 핸드폰 소리에 더 이상 지속될 수 없었다.

"죄송합니다. 급한 일로 상의드릴 일이 있어 내일 제가 다름슈타트로 가겠습니다."

지난번 프라하에서 접선한 이승무였다. 그에게도 무엇인가 다급한 일이 벌어질 모양이다.

"알았습니다. 가능한 한 빨리 그쪽으로 가도록 하죠."

이제 그도 떠나야 한다. 숙영과 함께 몸의 기적을 일으킨 그곳을. 신화의 땅, 아프로디테의 바다를 떠나 임무를 수행하기 위해 다시 어둠의 하데스 땅으로 들어가야 한다. 그 하데스의 땅에서는 숙영을 만나서는 안 될 것이다. 그런 땅에는 숙영이 거주할 수 없으며 거주해서도 안 될 것이다.

이제는 영영 숙영을 만날 수 없을 것이라는 생각이, 아니 만나서는 안 된다는 생각이 결심으로 다가왔다. 그러나 그러한 결심과 함께 이상한 느낌이 엄습해왔다. 숙영이 떠나면서 아주 오랫동안 볼 수 없을 것 같다며 남겼던 마지막 말이 가슴에 전율을 일으키며 다시 찾아왔기 때문이다.

"Je suis malade〔내가 아파요〕."

라라 파비안Lala Fabian이라는 프랑스 샹송가수가 처연하게, 아니 처절하게 부르던 노래 ……

"Je suis malade."

왜 그 노래가 뇌리를 떠나지 않으며 가슴을 때리는지 …….

19

위기의 전주

"갑자기 급박한 상황이 생겼습니다."

프라하에서 다름슈타트로 그를 찾아온 이승무는 서서히 걷다가 공원의 산책로를 굴러다니는 돌멩이 하나를 허리를 구부려 집어 들며 말했다.

"전에 말씀드렸죠. CIA의 우리 정보망을 통해 RAF가 쉬미트에 접근 중이라는 첩보가 입수되었다고. 그들이 쉬미트의 납치를 계획하고 있다는군요."

"그래요? 그러나 그 정보는 신뢰할만한가요?"

"우리 쪽에서 상당한 공작금을 투입해 CIA 안에 구축한 비밀 정보망입니다."

대체 이 세상은 음모와 음모의 교환만 있는 걸까. 미국은 우리 우방이라고 어렸을 때부터 귀가 따갑도록 들어왔는데 '세상에는 아마 우정이란 관계는 존재하지 않는 모양'이라고 그는 혼자 생각했다.

"믿어야겠군요. 그런데 D데이는?"

"그것까지는 모릅니다. 그러나 먼 것 같지는 않다고 합니다. 쉬미트에게 좀 더 밀착하시기 바랍니다."

그는 고개를 끄덕였다. 그러나 이승무의 말은 아직 끝나지 않았다.

"그가 납치되기 전에 무언가를 알아내야 하니까요. 그 후에 일어날 사건은 우리와 관계가 없어요."

그는 약간 의아한 표정으로 이승무를 바라봤다.

그는 그의 표정에 담긴 의미를 눈치 챘는지 냉랭한 얼굴로 덧붙였다.

"쉬미트의 납치를 막는 것이 우리의 공작 목표가 아니라는 것은 알고 계시겠죠. 납치 사건에 잘못 개입되었다가 독일에서 우리가 공작 중이었다는 사실이 알려지면 외교적으로 곤란한 문제가 일어날 것입니다. 이미 부장님이 강조하신 걸로 알고 있는데요. 만일 그가 납치되기 전에 무언가를 알아낼 수 있다면 우리와 쉬미트의 관계는 끝나는 겁니다. 아시겠습니까? 그리고 오늘부터 권총 휴대를 허락하신답니다."

그는 연구실에 밤늦게까지 머물렀다. 그가 배정받은 연구실은 쉬미트의 연구실 가까이에 위치해 있었기 때문에 쉬미트와 자주 접촉할 수 있었고 관찰에도 용이했다. 쉬미트 주변에서 아직 이렇다 할 변화는 감지되지 않았다. 새로운 인물의 등장도 또 예기치 못한 사건도 없었다. 단지 그의 연구실 맞은편에 있는 복사기가 고장 나 그것을 수리하러 두 명의 기술자가 왔다 갔을 뿐이다. 복사기는 그가 이곳에

온 이후로도 벌써 두 번이나 고장이 났고, 그의 기억으로는 그때마다 온 수리 팀도 같았기 때문에 별로 의심할 필요가 없는 것 같았다. 그동안 그는 쉬미트가 감추고 있다는 새로운 에너지 산출방식에 대한 정보를 캐내기 위해 조심스럽게 접근해 들어갔다.

그는 쉬미트의 연구실에 들어갈 때마다 연구실을 몇 개의 부분으로 나누어 각 부분에 자연스럽게 시선을 고정시킨 후 차례로 세심하게 살펴보았다. 벽의 세면은 책꽂이가 꽉 들어서 있고, 책상 바로 뒷벽에는 카스퍼 다비드 프리드리히 그림 〈달빛 아래 바다풍경〉이 걸려 있었다.

그리고 책상 옆 귀퉁이에 견고해 보이는 캐비닛이 있었다. 쉬미트는 거기에 중요한 논문이나 연구 초안 등의 디스켓과 손으로 쓴 메모 같은 것을 보관하는 것 같았다. 그는 그 캐비닛 안 어디엔가 쉬미트의 새로운 에너지 산출방식에 관한 논문이 있지 않을까 생각해보았다. 대학의 연구실은 귀중한 것을 보관하기에는 허술하기 짝이 없는 곳이다. 그러나 쉬미트는 집에 있는 시간보다 연구실에 있는 시간이 훨씬 더 많고 또 의외로 허술한 곳에 은밀한 장소를 만들어두고 귀중한 것을 보관하지 않을까하는 생각도 들었다. 혹시 프리드리히 그림 뒤에 비밀금고 같은 것이 ……. 그러나 그림 뒤의 비밀금고는 더 이상 은밀한 곳이 아니다. 그렇다면 책꽂이 뒤가 더 의심해볼 만했다. 그러나 삼면을 빼곡히 채우고 있는 책꽂이로 가려진 벽 어딘가에 금고가 있다면 그렇게 많은 책을 다 끄집어내고 금고를 발견해내는 일은 침입자에게 용이한 일이 아니다.

오늘도 그는 쉬미트와 마주 앉아 잠시 이야기를 나누는 동안 책꽂

이 어딘가에서 이상한 점을 발견하려고 애를 썼다. 그러나 그러한 방식으로는 희망이 없었다. 그는 할 수 없이 방법을 바꾸기로 했다.

"저 그림이, 뭐랄까 …… 처음에는 좀 공포스럽기도 하고 그러다가 어떤 신비감이 일기도 하고. 그러나 보면 볼수록 어떤 경외감, 자연에 대한 경외감 같은 것을 불러일으키네요. 그런데 누구 그림이죠?"

쉬미트가 그림 쪽으로 시선을 돌리며 말했다.

"카스퍼 다비드 프리드리히라는 독일 낭만주의 화가의 그림입니다. 셸링의 자연철학에서 영향을 받은 ……. 그의 그림은 자연에 대한 사색으로 자연의 초월적 숭고미를 표현하려는 작품이죠. 셸링이 우리 인간의 자아를 탄생시키는 근원적 자아이며 그 자체 끊임없는 무의식적 창조 활동이라 불렀던 자연 말이죠."

쉬미트는 약간 감동에 젖어드는 듯한 표정을 지으며 설명해주었다.

"난 프리드리히의 그림을 볼 때마다 말러Gustav Mahler의 교향곡을 듣는 듯한 깊이에 감동해요. 아시죠, 말러. 뮌헨대학에서 철학을 공부하다가 음악가가 된 후기 낭만주의의 대가. ……"

쉬미트는 눈을 지그시 감으며 말을 이었다.

그는 다시 한번 그림을 바라보았다. 그의 머릿속에는 쉬미트를 어떤 식으로든 기만해서 논문이 있는 곳에 관한 정보를 빼내려는 생각으로 꽉 차 있었지만 그림을 보는 순간 그도 다시 경이로운 감동에 빠지는 듯했다. 그러나 이내 정신을 차리고 화제를 돌렸다.

"한국에서 볼 수 없던 책이 많군요. 우리나라에서 서양 철학을 연구하는 사람의 가장 큰 문제는 새로운 책을 구하기 힘든 것이죠. 책을 좀 봐도 되겠습니까?"

쉬미트는 흔쾌히 허락했으나 뭔가 석연치 않은 표정이었다. 그는 책꽂이로 다가가 이쪽, 저쪽의 책꽂이로 왔다 갔다 하며 책을 보며 쉬미트의 표정을 살폈다. 쉬미트의 얼굴은 조금 긴장된 듯 보였다. 그러던 중 그는 비교적 가지런히 정돈된 책꽂이의 오른쪽 귀퉁이에 꽂혀 있는 책이 약간 튀어나와 있는 것을 보았다. 그리고 그 책을 꺼내는 척하면서 쉬미트의 얼굴을 살폈다. 쉬미트는 초초한 듯 의자를 돌리고 그를 유심히 바라보고 있었다. 적어도 그곳에 뭔가가 있을 것 같다는 확신이 들었다. 그리고는 자연스럽게 시선을 위쪽 편으로 옮겨 셸링의 자연철학에 관한 책을 하나 꺼내 들었다.

"교수님은 셸링에 대해서도 관심이 많으신 모양이죠? 저 그림도 사실상 셸링의 예술철학이고. ……"

쉬미트는 물음엔 즉각 대답하지 않고 물었다.

"책 구경은 다하셨습니까?"

그는 고개를 끄넉이며 자연철학에 관한 셸링의 책을 꽂아두고 자리로 돌아왔다. 쉬미트는 그제야 셸링 이야기를 꺼냈다.

"셸링은 안타까운 철학자예요. 너무 일찍 빛을 발해 너무 일찍 식어버렸죠. 사실 헤겔은 셸링으로부터 배운 것이 많았지요. 튀빙겐 신학교 시절 헤겔은 그보다 연하인 셸링을 늘 존경했다고 하죠. 그러나 지금 헤겔 이름을 기억하는 사람은 많아도 셸링을 기억하는 사람은 드물죠. 셸링은 정열적이기도 했어요. 친구였던 당시의 문호 슐레겔의 부인과 사랑의 곡예를 벌여 베를린 대학 교수를 그만두고 뷔르츠부르크 대학으로 도피하기도 했죠."

쉬미트는 철학 이야기가 나오자 다시 막힘없이 이야기를 털어놓기 시작했다.

"최근 들어 셸링에 대한 관심이 증가하고 있답니다. 그는 근대 서구를 지배해온 자연 이해와는 다른 자연 개념을 주장했죠. 바로 이것 때문에 근대 과학이 절대적으로 인정되던 최근까지 그가 제대로 평가되지 못했지만 ……. 그는 인간이 자율적이고 주체적인 것은 바로 그의 존재를 가능하게 한 자연이 자율적이고 주체적으로 존재하기 때문이라는 주장을 펼쳤죠. 그는 그래서 자연을 '근원적 주체'라고 부르죠. 매우 획기적인 생각이죠.

그것은 인간 중심주의나 유물론적 자연주의 어느 편에도 속하지 않으며, 두 입장의 한계를 극복할 수 있는 생각입니다. 인간 중심주의는 인간의 자율성, 특히 인간의 인식의 능동성을 자연과의 단절 안에서 편협하게 파악한 나머지 인간만을 자율적 주체로 보고 자연을 기계적 운동만 하는 죽은 물질의 영역으로 격하시켰죠. 그리하여 결국 자연은 단지 자원의 저장소이며 부단한 이용의 대상으로 인간의 지배 아래 두는 것이 정당한 것으로 간주되지요. 유물론적 자연주의는 인간을 자연으로부터 분리해내지는 않았지만 그들에게서 자연은 역시 필연적 법칙의 영역이고, 따라서 자연적 존재로서 인간의 자율성도 인정되지 않게 되죠. 여기서 인간이 실종됩니다. 그러나 셸링은 인간의 주체성을 확보하며 또 인간 존재는 결국 자연 안의 존재라는 사실을 시야에서 잃지 않았습니다.

셸링에 의하면 자연은 스스로에 의해 이루어지는 것이며, 인간의 인식은 자연의 잠재력이 산출해낸 자연의 탁월한 존재 현상으로 결국 자연의 자기인식 과정입니다. 따라서 셸링에 의하면 진정한 의미의 자연과학은 자연이 스스로를 인식하는 자연의 자기인식 활동이죠. 이러한 셸링의 자연과학 개념은 요즈음의 자기 반성적 우주라는 개념과 매우 유사합니다."

그는 쉬미트 이야기를 열심히 듣는 표정을 지어보였다. 그리고 쉬미트 이야기를 에너지 산출에 관한 어떤 실마리가 얻어질 수 있는 주제로 유도하기 위해 단계적인 질문 공세를 펴나가기 시작했다.

"그러나 독일관념론의 표현 방식이 이미 심각하게 왜곡당했고, 그리하여 독일관념론이 주장하는 모든 주장은 철학자의 몽상적 사변에 불과하다는 편견이 퍼져 있는 상황에서 셸링의 자연철학이 과연 현대인들을 설득할 수 있을까요?"

쉬미트는 마치 질문을 예상하고 있었다는 듯 다시 빠른 속도로 답변을 쏟아놓기 시작했다.

"참 좋은 질문입니다. 저도 관념론 이외에 존재를 주체적 관점에서 즉 스스로의 관점에서 이해하는 다른 현대적인 표현 수단은 없을까 하는 것에 대해 오래전부터 고민해왔습니다. 다행히도 기존 생물학의 선입견에 구속되지 않은 생물 현상 연구에 의해 최근 주체성은 인간에게서는 물론 인간 이전의 존재자 즉 유기체에게서도 찾아볼 수 있다는 사실이 구체화되고 있습니다."

"현대 생물학이 가진 선입견은 무엇입니까?"

"기존의 생물학은 생명 현상에 대해 다음과 같은 선입견을 갖고 있습니다. 현대 생물학에서는 물질의 상호 전환 및 그에 수반하는 에너지 출입의 총체적 결과가 바로 생명 현상이라고 해석합니다. 따라서 생명체 내에서 일어나는 수많은 물질의 상호전환 과정과 그에 따르는 에너지의 출입 관계를 면밀히 분석하는 것이 생명 현상의 신비를 푸는 관건이 될 것이라고 생각하지요. 이와 같은 생각의 밑바닥에 깔린 중요한 가정 중의 하나는, 비록 생명체에서 일어나는 물질의 상호전환 과정과 에너지의 출입 과정이라 할지라도 그것은 예외 없이 자연의 무생물계에서 물질의 전환 과정을 지배하는 물리화학적 법칙성을 따른다고 하는 거지요. 따라서 미지의 여러 생명 현상도 이러한 물리화학적 방법론으로 미구에 설명될 수 있으리라고 현대 생물학은 기대하고 있습니다.

이와 같은 기존의 생물학적 선입견에 구속되지 않고 생물 현상 자체를 주제화시키려는 시도는 철학자인 플레스너[Helmuth Plessner], 정통 생물학자인 마투라나[Humberto Maturana]34와 로트[Gerhard Roth], 그리고 생물학자이며 동시에 정신병리학자인 블랑켄부르그[Wolfgang Blankenburg] 등에 의해 이루어지고 있습니다. 그들은 물론 모두 동일한 이론을 내세우는 것은 아니지만 생명 현상에서의 자율적 활동성을 확인하는 데서는 상당한 입장의 접근을 보이고 있습니다. 즉 생명체는 단지 반응하고 적응하는 존재자로 자신에 독립적인 환경에 의해 선택되며, 그리하여 환경이 가진 원리에 스스로를 종속시킴으로써 존재하는 것이 아니라 스스로에 의해 자신의 존재를 이루어가는 주체적 존재 방식을 갖고 있다는 것입니다. 이러한 생각을 플레스너는 '중심성[Positionalität]'이라는 개념을, 마투라나와 로트는 '자율생성[Autopoiesis]'이란 표현을, 블랑켄부르크는 바로 '주체' 개념을 사용해 밝히려 합니다."

그는 상당히 오랜 동안 계속되는 쉬미트의 이야기를 놓치지 않고 열심히 들었다. 사실 현대 유전공학에서는 생명체를 단지 화학 물질적 작용으로만 보고 있지 않은가. 생명 현상에 대해 만일 보다 선입견 없이 접근한다면 다른 결과를 얻을 수 있다는 생각은 매우 설득력이 있었다. 그러나 그는 쉬미트 이야기에 빠져 있을 수만은 없음을 의식했다. 그의 과제는 새로운 자연관이 아니라 쉬미트로부터 새로운 에너지 산출방식에 관한 정보를 얻어내는 것이다.

"교수님은 주체적 자연 개념, 즉 자연을 스스로의 관점에서 파악하는 입장을 희망적으로 보십니까?"

"그렇게까지 단언할 수는 없으나 새로운 출발을 가능하게 하는 것으로 평가하고 있습니다. 왜냐하면 이런 자연 개념에서 인간은 자연을 단지 이용 대상으로만 보는 것이 아니라 인간 자신을 포함하는 포괄적 주체로 이해함으로써 자연의 소외가 극복될 수 있으니까요."

이제 대화는 그가 원하던 곳에 거의 다다른 것 같았다. 그는 에너지 문제로 대화의 방향을 돌렸다.

"그러나 가장 큰 문제는 그러한 자연철학이 현재와 같은 문명을 유지할 수 있는 에너지 공급에 관해 아무것도 대답하지 못하는 것 아닙니까?"

그는 너무 빨리 질문한 것이 아닌가 후회하기도 했지만 쉬미트에게서 적어도 그러한 방법을 갖고 있다는 걸 확인이라도 하고 싶었다.

쉬미트는 그의 질문에 약간 놀라는 표정을 보였다. 그러한 질문은 그와의 대화 속에서 제기될 수 있는 것이긴 했지만 대화의 흐름에서 볼 때 조금 이른 건 사실이었다. 쉬미트는 조금 주춤하는 듯하더니 말을 이었다.

"그 문제는 참 어려워요. 나는 아직 거기까지 가지는 못했어요. 그리고 우리가 현재와 같은 문명 수준을 유지해야만 하는지 또 그것만이 문명적인 것인지, 거기에 대한 확신도 서지 않고요."

쉬미트는 더 이상 그 문제에 대해 이야기하고 싶지 않은 듯 화제를 딴 곳으로 돌리려 했지만 적절한 주제가 생각나지 않는 듯했다.

"그 문제는 그렇고, 에 …… 에."

쉬미트는 조금 당황한 눈치였다.

그는 쉬미트를 여기서 더 이상 유도하는 것은 의미가 없다고 생각했다. 그는 쉬미트가 원하는 대로 화제를 돌려주었다.

"언제 우리 피히테, 셸링, 헤겔로 이어지는 독일관념론에서의 주체개념에 대해 좀 더 구체적으로 토론해보는 것이 어떻습니까? 교수님 말씀을 듣고 보니 독일관념론에 대해 무척 흥미가 생기는군요."

"헤어 리는 지적 호기심이 무척 강하군요. 좋습니다. 난 아직도 이 세계에 당신과 같이 지를 사랑하는 사람이 있다는 데서 희열을 느낍니다."

그는 집으로 돌아오는 차 안에서 에너지에 관한 질문을 던졌을 때 쉬미트가 보인 반응을 다시 한 번 되새겨보았다. 질문은 대화의 맥락에서 크게 벗어난 것도 아니었기 때문에 쉬미트가 그렇게 기습받은 표정을 보일 필요는 없었다. 새로운 에너지 산출방식에 대해 말하기를 싫어하는 무엇인가를 숨기고 있지 않다면 말이다. 쉬미트가 무엇인가를 발견했음을 확신할 수 있을 것 같았다. 사실 그는 전혀 새로운 에너지 산출방식이라는 것이 가능할까에 대해 지금까지 회의적이었으며 쉬미트가 그러한 방식을 발견했다는 것이 혹시 부정확한 정보가 아닌가, 늘 의심하고 있었다. 그러나 이제 그러한 의심은 필요 없어 보였다. 정말 그가 그것을 발견했다면? 그것은 정말 경이로운 일이다. 그에게는 지적인 흥분과 함께 공작에 대한 적극성이 일기 시작했다.

'이 공작은 가급적 빨리 반드시 실현시켜야 해.'

그것은 자신의 지적 호기심을 충족시켜줄 수 있을 뿐만 아니라 그처럼 경이로운 비밀을 빼내는 공작이 성공하면 한층 더 권력의 핵에 가까이 진입할 수 있을 것이기 때문이다.

20

다시 위기

| 트릭과 진리의 맞교환 |

그는 권총의 탄창을 끄집어내 다시 총알 상태를 점검했다. 벌써 1주일 전부터 이러한 작업은 규칙이 되어버렸다. 탄창 안에는 6발의 총알이 가지런히 놓여 있다. 어느덧 시계는 밤 10시를 가리키고 있었다. 조금 전에 쉬미트가 연구실을 나서는 소리가 들렸다. 그 전에는 이미 쉬뢰더가 연구실을 나섰다. 쉬뢰더는 대개 7시 이전에 퇴근하는데, 오늘은 유난히 늦게까지 머물렀다.

밤 10시 이후에는 아무도 이곳에 오지 않았다. 벌써 2주일째 이곳에서 11~12시까지 있어 보았지만 8시 이후에는 대학 수위조차도 이곳에 접근하지 않았다. 내일 밤, 이 시간쯤 연구실에 잠입해 특히 셀링 전집이 놓여 있던 책장의 아래 부분을 조사해보아야겠다고 생각하고는 연구실을 나와 지하 주차장으로 향했다. 컴컴한 주차장은 오늘따라 더 어둡게 느껴졌다. 그는 89년식 포드 에스코트로 다가갔다.

그때 저쪽 주차장 한 구석에서 남자의 짧은 비명 같은 것이 들리더니 타닥하는 소리가 났다. 그는 고개를 돌려 소리가 나는 쪽을 바라보았다. 그때 메르세데스 밴 한대가 급커브를 틀어 그의 옆을 손살같이 지나쳤다. 순간적으로 이상한 느낌이 들었다. 그는 재빨리 차가 나타났던 쪽을 향해 뛰어갔다.

"벌써 시작되는군."

몸을 날리듯 차에 올라탄 그는 이제 막 옆을 스쳐지나간 검은 밴을 쫓았다. 밴은 어느덧 다름슈타트 시를 벗어나 어둠을 가르며 전속력으로 달리고 있었다.

"웬 밴이 저렇게 빨라."

그의 포드 에스코트 카브리오의 속도계는 170km를 가리키고 있었다. 그러나 밴과의 거리는 좀처럼 좁혀지지 않았다. 그는 좀 더 좋은 차를 살 걸 잘못했다고 생각했다. 추격은 계속되었다. 얼마 후 앞서가던 밴이 갑자기 핸들을 꺾어 도로를 벗어나 황급히 멈추어섰다. 그도 새빨리 핸들을 꺾어 개활지로 들어서며 브레이크를 밟았다. 그러나 자동차는 가속도에 밀려 밴이 멈춘 곳에서 약 30~40미터 떨어진 곳에 있는 어떤 돌출몰에 쾅하는 소리를 내며 부딪친 후에야 멈추어섰다.

순간 밴의 뒷문이 열리면서 몇 명의 괴한이 뛰어내렸고 동시에 총구에서 불을 뿜기 시작했다. 그는 차가 정지하자 몸을 날려 뛰어내렸다. 그리고 차를 엄폐물로 이용해 몸을 숨기고 권총을 뽑았다. 칠흑같은 어둠을 뚫고 불꽃은 네 군데에서 뿜어져 나왔다. 그는 불꽃이 나오는 곳을 겨냥해 정확히 쏘았다. 괴한들은 프로는 아닌 것 같았다. 총격전이 일어나는 곳은 밀을 베어낸 평지였는데, 그들은 차에서 그냥 뛰어내리며 총을 쏘고 있었다. 때문에 그들은 거의 노출된 표적이나 마찬가지였다. 그는 몇 발을 쏘았는지 기억할 수가 없었다. 그러나 불꽃은 이제 두 군데서만 보였다. 두 명은 잡았고 두 명이 남은 것이다. 그는 재빨리 탄창을 열어보았다. 그러나 총알은 한 발밖에 남지 않았다. 더 이상 사격을 할 수 없었다.

"한 발로 어떻게 둘을 잡지?"

그는 난감해졌다. 괴한들은 그가 응사하지 않는 것을 알았는지 사격을 멈추었다. 그리고 한동안 정적이 흘렀다. 조금 후 괴한들이 그가 몸을 숨기고 있는 자동차를 향해 몸을 움츠리고 조심스럽게 접근해왔다. 그는 덮쳐오는 위기감으로 긴장하기 시작했다. 다가오는 괴한들의 발자국 소리는 점점 커져갔고 그에 따라 위기감이 증폭되었다.

등에는 식은땀이 흐르기 시작했다. 동시에 그는 의식이 극도로 수축되는 것을 느낄 수 있었다. 그러나 이 위기의 순간에 이상하게도 수축되는 의식을 타고 그가 살아온 전 시간이 급격히 압축되듯 지나간 기억들이 매우 빠른 속도로 재현되고 있었다. 마치 인간이 죽음 앞에 서면 의식에 침전되었던 과거 전체가 순간적으로 되살아난다는 베르그송의 의식의 지속이론을 입증하듯⋯⋯.

그리고 그가 여기까지 오게 된 여러 과거가 순간적으로 스쳐지나간 후 기억은 다시 현재에 멈추어섰다. 그는 총알이 한 발밖에 남지 않았으며, 자동소총으로 무장한 두 괴한이 죽음을 선사하기 위해 다가오고 있음을 의식했다. 살려면 도박을 하는 수밖에 없었다. 그는 괴한들이 좀 더 가까이 다가오기를 기다렸다.

"조용한데 죽었나 봐, 확인해 봐?" 그들이 조그맣게 이야기하는 소리가 들렸다. 그중 한 명이 그의 차로 조심스럽게 접근해왔다. 그는 숨을 죽이고 괴한이 근접해오기를 기다렸다. 괴한과의 거리가 1미터 안으로 가까워졌다. 그는 비호같이 몸을 날려 괴한의 목을 잡고 유도에서 낙법을 하듯 괴한의 몸과 함께 거꾸로 돌았다. 괴한의 몸은 거꾸로 처박혀 다른 한 명이 서 있던 곳을 향했고, 그는 괴한의 몸을 뒤에서 끌어안고 앉아 있는 자세가 되었다. 동시에 저쪽 다른 한 명의 괴한이 있는 곳에서 다시 불꽃이 뿜어져 나오기 시작했다. 불꽃이 보이는 것을 보니 그는 아직 맞지 않은 모양이다. 그는 그 불꽃을 향해 마지막 한 발을 발사했다.

불꽃은 사라졌다. 그리고 그가 잡고 거꾸로 뒹굴던 한 명의 몸도 축 늘어졌다. 동료의 총에 맞은 것이다. 사방은 조용했다. 도박은 성공했다. 그는 순간 긴장이 풀리며 긴 한숨을 쉬었다. 그리고 생각했다. "우리를 살리는 것은 역시 트릭이야." 그는 밴으로 다가갔다. 밴에는 쉬미트가 눈을 가린 채 묶여 있었다.

"쉬미트 교수님."

"헤어 리의 목소리인데 여긴 어떻게?"

그러나 쉬미트의 결박을 풀려고 밴으로 뛰어오르려는 순간 목에 무엇인가 차가운 감촉이 느껴졌다. "손들어 ……." 순간 그는 아차 했다. 한 발의 총탄으로 두 명을 잡는 도박이 성공한 것에 흥분되어 운전자로 괴한 하나가 남아 있는 것을 잊어버렸다. 그러나 이미 늦었다. 그는 손을 들었다.

"운전석에 가서 앉아!" 마지막 남은 괴한은 쉬미트를 잡아끌고 총구로 등을 툭툭 치며 운전석으로 그를 몰았다. 그는 운전대를 잡았다. 괴한은 쉬미트를 그의 옆에 앉히고 차가운 목소리로 자신의 자동소총을 가리키며 위협했다. "차를 내가 지시하는 방향으로 몰아. 허튼 수작하면 여기 이 기관총으로 벌집이 될 줄 알아." 목소리는 위협적이었지만 전혀 낯설진 않았다. 그는 흘깃 옆을 바라보았다. 그리고 소스라치게 놀라지 않을 수 없었다.

"놀랬나, 헤어 리? 나는 더 놀랬네. 총 솜씨도 기가 막히더군. 당신 정체가 뭐야?"

그는 아무 말 없이 차를 몰았다.

"지금 말 안 해도 좋아. 어차피 알게 될 테니까."

옆의 쉬미트는 어처구니없다는 듯 입을 열었다.

"헤어 뮐러, 왜 이러는 겁니까?"

"유감입니다. 쉬미트 교수님. 나는 이미 오래전부터 RAF 단원이었습니다. 당신 조교가 되기 전부터. 할 수 없었습니다. 사회주의는 이미 몰락했지만 사악한 자본주의를 이대로 방치해 둘 수 없습니다. 게릴라가 되는 수밖에 없었죠. …… 미국과 독일 정부가 당신이 발견한 새로운 에너지 산출방식으로 세계 경제의 주도권을 장악하려는 제국주의적 음모를 꾸미고 있습니다. 그 뒤에는 당연히 자본의 힘이 숨어 있지요. 우리는 그걸 막을 수밖에 없습니다."

"테러리즘. 그것은 희망이 없어요. 폭력으로는 결코 문제를 해결할 수 없어요."

"자본가들에게는 아니 자본의 논리에는 극단적인 경고가 필요합니다. 그렇지 않으면 그들은 모든 것을 너무 쉽게 재빨리 잠식해버려요. 학문도 문화도 그리고 무의식까지. 이제는 환경보호도 상품화시키고 있습니다.

교수님은 언젠가 함께 읽었던 프레드릭 제임슨[35]의 『후기자본주의 문화논리』를 기억하시겠지요. 그는 거기서 현재의 다국적 자본주의는 지금까지 존재를 묵인해주고 조공을 받는 식으로만 착취해왔던 고립 지역을 없애버리고 자연과 무의식까지도 식민지화해버린다고 주장했었죠. 녹색혁명에 의한 제3세계의 농업 파괴, 대중매체와 광고 산업에 의한 우리 무의식의 조작이 그것이죠. 현대의 광고에서 우리 무의식에 잠재된 성적 욕구는 광고 속에 은밀하게 숨겨 넣어진 남녀의 성기 같은 여러 가지 매개물에 의해 얼마나 자극당하고 있습니까?"

"그건 사실이지만 자본주의가 문제점을 갖고 있다는 것이 폭력의 사용을 정당화시켜주는 것은 아닙니다. 그리고 당신들이 폭력을 통해 이룩하려는 것이 꼭 정의로운 것이라 할 수도 없어요. 유토피아는 없습니다. 완벽한 정의와 선이 지배하는 사회는 있을 수 없어요. 이 지상에 유토피아를 건설하려다가는 지옥을 만들 뿐입니다."

"아무튼 지금 당신하고 논쟁하고 싶지는 않습니다. 때에 따라서는 당신은 처단될 수도 있습니다."

대화는 멈췄다. 그리고 냉랭한 침묵이 흘렀다. 한 시간쯤 뮐러가 요구하는 방향대로 달려가자 헌 농가 같은 것이 나타났다.

그저 뮐러가 가리키는 대로 밤길을 달려 오다보니 여기가 어딘지 도저히 감조차 잡을 수 없었다. 아무튼 인적 없는 곳이었다. 그곳에는 이미 여러 명의 RAF 단원으로 보이는 자들이 기다리고 있었다.

"성공했군."

"성공. 그러나 엄청난 희생을 치렀어. 대원 4명을 잃었어. 갑자기 나타난 스트릿파이터 때문에 ……."

"그자는 뭐야?"

"내 친구였지. 그러나 지금은 적이 되어버렸어. 이 세상은 뭐가 어떻게 돌아가는지 알 수가 없어. 트릭과 트릭이 교환되고 있을 뿐. 난 여태 그에게 속았고 오늘은 그가 내게 속은 거야. 아니 여전히 내가 그에게 속고 있는지 모르지. 그렇지 않은가, 헤어 리?"

그는 침묵을 지켰다.

"왜 살려뒀지?"

"난 킬러가 아냐. 그리고 도대체 이자가, 아주 진지해 보이는 이 동양의 철학자가 왜 이 일에 개입하고 있는지를 아는 것이 매우 중요해. 그래야 앞으로의 작전 계획도 방향을 정할 수 있을 것 같아. 그후 이자의 운명은 자네 손에 넘겨지는 거야."

"내일부터 심문을 좀 해야겠군. 이자는 우리가 아는 것 외에 새로운 조직이나 국가가 개입하기 시작했다는 증거야. 아, 그를 심문할 수 있는 적임자가 있지."

"내일 온다고 했잖아."

"그때까지 기다리지."

뮐러는 대원에게 그와의 총격전이 있던 곳을 알려주며 그곳을 정탐해보고 아직 경찰의 손이 닿지 않았으면 현장을 정리하라고 지시했다.

21

흔들림

| 적국에서 온 사색하는 스파이 |

다음날이 왔다. 지하실은 음침하고 습기가 많았다. 앞으로의 일을 곰곰이 생각하느라 잠을 이룰 수 없었다. 그는 옆의 쉬미트를 쳐다보았다. 그 역시 잠을 제대로 자지 못한 것 같았다. 쉬미트는 피곤한 듯 한쪽 구석에 처박혀 눈을 감고 있었다. 그리고 그에게 아무 말도 하지 않았다. 모든 것을 포기한 듯. 그도 역시 그랬다. 밖은 날씨가 쌀쌀한 모양이다. 벽 위쪽으로 난 작은 창문을 통해 따뜻하지는 않았지만 밝은 빛이 들어오고 있었다.

결박된 몸이 몹시 불편하긴 했지만 그 빛이 그에게 작은 위안이 되었다. 물론 불안감이 전혀 없던 건 아니다. 테러리스트는 차가운 이성의 소유자로 처형해야 한다고 판단하면 처형은 여지없이 시행된다. 몇 년 전 메르세데스 벤츠의 부회장도 도이체 방크[독일 은행]의 40대의 젊은 총재도 이 RAF에 의해 피살되었다. 그들의 죄목은 물론 '자본주의의 앞잡이'라는 것이었다.

아마 그들은 우선 쉬미트로부터 에너지 산출에 관한 비밀을 자백받은 다음 상황 여하에 따라 쉬미트의 처형 문제를 고려할 것이다. 그리고 그도 아마 정체를 밝혀낸 후 처형될 것이다. 이러한 생각은 그를 조금씩 불안하게 했다. 그러나 최후까지 삶의 희망을 포기해선 안 된다고 생각했다. 그들이 빈틈을 보일 때가 있을 것이고, 그러면 탈출을 시도할 것이다. 그때 덜컹하며 지하실 문이 열렸다.

"쉬미트 교수, 나오시지. 그리고 헤어 리, 당신을 심문할 사람이 왔소."

쉬미트는 그들의 요구대로 먼저 지하실을 나갔다. 그리고 그도 자신을 심문하러 왔다는 누구에겐가 심문당하기 위해 지하실 문을 나섰다. 그러나 그때 그는 앞에 펼쳐지는 광경을 보고 경악하지 않을 수 없었다. 몇 명의 건장한 테러리스트 사이에서 흑진주빛을 발하는 머리를 늘어뜨린 여자 모습이 보였다.

머리 때문에 그리고 고개가 약간 숙여져 있었기 때문에 얼굴이 정면으로 보이는 것은 아니었지만 그녀의 모습은 틀림없이 숙영이었다. 순간 가슴에 분노가 치밀어 올랐다. 그녀도 역시 어두운 음모의 세계에 발을 들여놓고 있다는 것이 그리고 그녀 역시 그렇게 누군가를 거리낌 없이 기만할 수 있다는 것이 실망, 아니 짙은 허무 속으로 그를 추락하게 만들었다. 소름이 끼쳤다. 그는 지금 자신도 모르게 자신을 둘러싸고 있는 완벽한 각본에 의해 움직이고 있는 것이다. 자신은 늘 감시당하고 있었으며, 지금까지 숙영과의 모든 만남은 계획된 것이었는지도 모른다는 생각이 들었다.

따지고 보면 프랑크푸르트에서 만난 이후 그녀는 지나치게 빨리 그리고 매순간 그를 완벽하게 매혹시키며 다가왔다. 마치 미리 잘 짜인 멜로드라마의 대본에 의해 연기를 하듯. 아니 그것은 멜로드라마가 아니라 이미 완벽하게 짜인 복잡한 컴퓨터게임이라고 표현하는 것이 더 적절할 것이다. 그리고 그는 단지 그러한 게임의 생명 없는 주인공에 불과했다.

그와 숙영 사이에 쌓였던 짧지만 깊었던 함부르크의 밤 그리고 남프랑스에서 온몸 구석구석을 파고들었던 저 질료적 사랑도 이렇게 증발해버려야 하는 것일까? 그녀의 사랑도 이미 기획된 음모였을까? 결국 그와 그녀 사이도 이렇게 트릭과 음모로부터 자유로울 수 없었던 것일까? 그녀와 그 사이에 펼쳐진 사랑은 단지 아름답고 찬란하게 장식된 음모였을 뿐인가? 그러나 그는 아직도 숙영과의 사이에 오갔던 자기의 교환, 그리고 그 안에서 공동의 환희에 몸을 떨며 사랑을 확인했던 순간을 조작된 것이었다고 믿을 수 없었다. 아니 믿고 싶지 않았다. 지금 숙영이 전혀 다른 모습으로 앞에 서 있다고 하더라도. 그는 숙영의 얼굴을 텅 빈 마음으로 물끄러미 응시했다.

숙영의 표정에는 조금도 흔들림이 없었다. 그녀는 마치 그와 아무 관계가 없는 사람처럼 매우 냉정한 목소리로 이야기했다.

"서로에게 고통스러운 일은 하지 않기로 하죠. 난 인내력이 별로 없어요."

그녀의 카랑카랑한 독일어가 들려왔다.

심문은 시작되었다.

책상을 사이에 두고 숙영과 그가 앉았고, 다른 한쪽에는 뮐러가 앉았다.

"재회 장소가 여기가 될 줄은 몰랐군."

그의 목소리에는 깊은 좌절과 증오가 함께 섞여 있었다. 숙영이 그러한 모습으로 다시 나타나리라고는 상상조차 할 수 없었다. 그의 곁에서 잠들었던 그녀는 지극히 감성적이며, 그녀의 어느 곳에서도 폭력적이며 정치적인 것은 발견되지 않았었다. 그는 그러한 그녀를 마음속 깊이 아늑한 곳에 영원히 감추고 또 하나의 신화를 쓰고 싶었었다. 그러나 그녀는 오늘 그에게 테러리스트로 나타나 적이 된 것이다.

숙영은 아무런 대꾸도 하지 않았다. 옆에 있던 뮐러가 의아한 표정으로 숙영을 바라보았다. 지금 그가 한국어로 한 말이 궁금한 모양이었다. 숙영은 같은 나라 사람으로 이럴 수 있느냐며 자신을 배신자로 몰아붙이고 있다고 말했다. 뮐러는 숙영과 그 사이에 어떤 일이 있었는지는 전혀 모르는 것 같았다. 그걸 안다면 아마도 심문조차 할 필요가 없을 것이다. 혼란스러웠다. 비밀을 캐는 뮐러에게 숙영은 그와 그녀 사이의 비밀을 만들어내고 있었다.

뮐러는 숙영에게 같은 나라 사람이니 잘 설득해보라고 했다. 그리고 심문은 독일어로 해달라고 요구했다. 그는 숙영에게 어떻게 RAF 단원이 되었는지 물어보고 싶었지만 지금 그녀 표정으로는 아무런 답변도 얻을 수 없을 것 같았다.

"당신 정체에 대해 솔직히 말하세요. 그리고 쉬미트에 접근한 이유도."

"다 아실 텐데."

숙영은 그의 말을 들은 척도 하지 않고 다시 다그쳤다.

"당신의 소속에 대해 털어놓으세요."

그는 잠시 숙영의 얼굴을 바라보다가 입을 열었다.

"나는 한국 환경처 산하 환경연구소 연구원이요."

"한국 환경처에서는 사격 훈련도 받나요. 그리고 환경 연구에 권총도 필요한 도구인가요."

숙영은 비웃는 듯 그를 몰아세웠다.

"사격은 군대에서 배웠고, 권총을 휴대하게 된 것은 신나치주의자들이 외국인을 공격한다는 보도 때문에 불안했기 때문이요."

이야기를 듣던 뮐러는 안 되겠다는 듯 고개를 절레절레 흔들며 소리쳤다.

"그 정도의 픽션으로 우리를 설득시킬 수 있을 거라고 생각하나. 좀 더 철학적인 트릭을 써봐. 좀 더 복잡한 논리를 갖고 픽션을 꾸며야지."

뮐러는 숙영에게 눈짓을 했다. 무언가 이들 사이에 이미 계획되어 있는 것 같았다.

숙영의 심문은 계속되었다.

"당신도 알다시피 RAF는 테러 조직입니다. 우리에게는 개개인의 목숨보다는 완수해야 할 조직의 목표가 훨씬 더 중요합니다. 그래서 언제든 살인까지 불사하지요. 우리는 철저히 사상으로 무장되어 있으며, 동정심 같은 것은 없어요. 당신도 예외는 아녜요. 당신이 걸림돌이 된다고 생각하는 순간 언제든지 처형될 수 있어요. 바로 지금 여기서요. 그러니 질문하는 대로 모든 것을 순순히 털어놓는 것이 현명할 겁니다."

숙영은 지금 그를 회유하는 중이다. 그녀가 그를 바라보는 눈은 전혀 낯설었다. 그들 간에 오가는 대화에도 아무런 느낌이 없었다. 숙영은 마치 숙영이 아닌 것 같았다. 그는 인간이 서로에 대해 이렇게 야비해질 수 있다는 것에 치가 떨렸지만 자신이 쉬미트와 맺었던 관계도 이러한 이중적 관계였음을 생각하며 입을 열었다.

"내가 모든 것을 털어놓은 후에도 안전할 수 있다는 걸 어떻게 보장하죠?"

"그것은 내가 보장합니다."

숙영이 즉각 대답했다.

그는 고개를 흔들며 믿을 수 없다는 표정을 지었다.

그러자 뮐러가 더 이상 참을 수 없다는 표정을 짓더니 권총을 꺼내들었다. 그리고 총알이 한 발 장전되는 소리가 예리하게 그의 귀를 때렸다. 순간 그는 온몸을 파고드는 죽음의 공포에 전율을 느꼈다. 그는 이렇게 가까이 죽음 앞에 있어 본 적이 없었다.

"뮐러, 나에게 잠시 생각할 기회를 주시오. 당신이 지금 바로 나에게서 모든 걸 알아내야 할 정도로 급하지 않다면 ……."

"얼마나?"

"나는 지금 삶과 죽음의 기로에 서 있소. 내가 여기서 삶을 선택해 당신에게 모든 것을 자백한다면 그것은 내가 지금까지 의미를 부여하며 해온 모든 것을 어떤 식으로든 포기해야 한다는 것을 의미하오. 그리고 죽음을 선택한다는 것은 영원히 그 의미를 간직하며 사라지는 것이오. 어려운 선택이오. 그것에는 최소한 하룻밤의 깊은 철학적 고뇌가 필요하지 않겠소?"

잠시 침묵이 흘렀다.

"좋소. 당신이 삶을 선택하길 기대하겠소."

그들은 그가 감금되어 있던 방으로 그를 던져놓고 가버렸다.

그는 일단 하룻밤의 생명이 연장된 것에 안도했다. 그리고 철학을 자신을 살리는 수단으로 사용할 수 있었던 데서 흡족감을 느끼기조차 했다.

하지만 곧이어 하룻밤 이후의 운명이 걱정되었다. 이미 어두워졌는지 지하실 창문을 통해 들어오던 햇빛은 어디론지 사라져버렸다. 그것은 그의 내일의 운명을 예고하는 것 같았다. 어떻게 할지를 두고 이리저리 생각해보았지만 별 수가 떠오르지 않았다. 자신의 정체를 실토해보았자 그를 살려줄 리 만무했다. 차라리 끝까지 버텨 마치 1960년대의 스파이 영화의 위대한 주인공처럼 죽는 것이 어쩌면 더 나을지도 모르겠다는 생각이 들었다. 그러면 그나마 한국의 동료들은 그를 영웅시하지 않을까, 아주 어리석은 영웅이라고 …….

죽음에 대해 생각하는 것은 아마 인간에게 너무나 버거운 과제일지도 몰랐다. 그는 차라리 자고 싶었다. 아주 편안한 마음으로. 그리고 지하실 한구석에서 자기도 모르는 사이에 잠에 빠져들었다. 얼마 남지 않은 삶의 시간에 마지막으로 의식에 휴식을 주기 위해 …….

얼마나 지났을까. 탕하는 소리가 그의 몽롱한 의식에 어렴풋이 감지되기 시작했다. 그는 그 소리가 무엇을 의미하는지 몰랐다. 그는 그대로 누운 채 가느다랗게 눈을 떴다. 세상은 어렴풋해 보였고, 아직 그의 의식은 몽롱한 상태였다.

그러나 잠시 후 그는 소스라쳐 놀라 일어났다. 옆방의 쉬미트가 처형되는 소리라는 생각이 머리를 스쳤기 때문이다. 쉬미트는 순진하게 너무 빨리 모든 것을 털어놓아 며칠의 생명도 연장하지 못하고 처형되었을 것이다. 이제는 자기 차례이다. 순간 닫혀 있던 문이 열리며 숙영이 날쌔게 뛰어 들어왔다. 그녀 손에서는 지하실 창문을 통해 들어오는 빛에 반사되어 무엇인가 날카롭게 빛나고 있었다. 권총이었다. 흐릿하게 퍼져 있던 그의 의식은 급속히 수축되듯 긴장했다. 그리고 의식의 그러한 수축 속에 지난 일들이 남겨놓았던 여러 가지 이미지가 작열하듯 교차하기 시작했다. 지혜의 얼굴, 유학 시절 산책하던 포도밭길, 춘천의 호수, 함부르크 역에서 달려오던 숙영의 모습, 알스터제에서 숙영과의 달콤한 키스, 그리고 그러한 키스의 감격과 함께 들려오던 알비노니의 아다지오, 남프랑스에서 그녀와 함께 했던 몸의 축제와 환희……

'차라리 그녀에게 죽자. 감격의 순간을 회상하며 그녀의 차가운 총탄을 가슴에 맞는 것도 상쾌할 것이다. 그녀를 따뜻하게 받아들였던 바로 그 가슴에……' 그는 조용히 속삭였다.

그는 긴장된 의식을 타고 올라오는 총탄의 상쾌한 느낌에 이제 편안해졌다. '그녀는 음모의 꽃으로 장식된 그물망으로 나를 사로잡았는지 모르지만 나는 그녀를 삶의 마지막 순간까지 사랑할 것이다.'

삶의 욕망을 포기하면, 삶의 절규와의 싸움이 끝나면 모든 것이 사랑스러운 것일까. 그는 희미한 미소를 지으며 조용히 눈을 감았다. 그녀가 쏘는 총탄을 사랑으로 받아들이기 위해……

잠시 후 후다닥하는 소리와 함께 총성이 그의 귓전에 울려 퍼졌다. 총성은 그의 의식에 여운을 남기며 계속 울리고 있었다. 아픔이 느껴지는 곳도 없었다. 너무 편안한 상태로 총알을 받아들였기 때문일까.

그러나 그는 점차 자기가 아직 죽지 않았음을 의식하기 시작했다. 그리고 숙영의 외침에 다시 눈을 뜨고 말았다.

"빨리 일어나세요. 절 따라오세요. 지금 탈출하는 거예요."

그는 아직 갈피를 잡을 수 없었지만 재빨리 몸을 일으켜 그녀를 따라나설 수밖에 없었다. 그리고 아무튼 숙영이 자신을 쏘지 않고 지금 탈출시키고 있음을 인식하기 시작했다. 숙영의 옆에는 황급히 뛰어들어오다가 총을 맞은 듯 한 명의 테러리스트가 앞쪽으로 길게 뻗은 채 엎어져 있었다. 숙영은 그에게 총을 던지며 외쳤다.

"한 명 남았어요. 맡으세요, 난 쉬미트를 구하러 갈 테니."

숙영은 쉬미트가 감금되어 있는 쪽으로 재빠르게 뛰어갔다. 조금 있다 지하실 계단으로 총을 든 다른 테러리스트가 뛰어 내려왔다. 그는 계단 옆에 숨어 있다가 뛰어 내려오는 테러리스트를 날듯 떠올라 발길로 가격했다. 그러자 테러리스트는 계단을 뒹굴어 멀찌감치 나가떨어지며 그가 있는 쪽을 향해 총을 난사했다. 그는 옆으로 구르며 권총을 발사했다. 그리고 잠시 후 잠잠해졌다. 조금 있다가 숙영이 나타났다.

"쉬미트는 ……."

"저기 지금 숨어 있어요."

그가 감금되어 있던 방문 밖에는 그를 감시했던 것으로 보이는 테러리스트 한 명이 쓰러져 있었다. 잠결에 들은 첫 번째 총성의 희생자였다.

그와 숙영은 쉬미트가 갇혀 있는 방으로 가서 결박을 풀고 재빨리 농가 밖으로 나왔다.

"다른 감시원은?"

"그들은 이 사건 자체의 흔적을 남기지 않기 위해 지난번 총격전에서 죽은 대원들의 시체를 처리하러 갔어요. 이곳을 나와 저기 쓰러져 있는 3명의 대원에게 맡기고."

그들은 빠른 속도로 뛰어 밖에 서 있던 아우디에 올라탔다. 숙영은 전속력으로 자동차를 몰기 시작했다

한 시간쯤 지난 후 아무에게도 추격 받지 않는다는 것이 확인되었다. 그들은 긴 한숨과 함께 긴장을 풀었다. 뒷좌석의 쉬미트도 그동안의 극심한 압박감에서 해방된 안도감 때문인지 잠이 들었다. 그는 이제 무엇이 어떻게 된 건지 알고 싶었다.

"나와의 만남은 프랑크푸르트에서부터 다 계획된 것이었나?"

조금은 원망하듯 그는 그녀에게 물었다.

"아니요. 그건 정말 우연이었어요. 그리고 여기서 당신을 다시 만나게 되리라는 것도 전혀 예상 못했어요. 한국에서 온 수상한 자가 바로 당신이라니 ……. 농가에서 당신을 본 순간 하마터면 소리를 지를 뻔했죠. 뮐러에게 표정을 감추느라고 얼마나 힘들었는지 아세요?"

그는 안도의 숨을 내쉬었다.

"다행이군."

적어도 숙영과 그 사이만큼은 음모와 공작이 비집고 들어오지 않았다. 정말 다행이었다. 그리고 그는 우연은 있어야 한다고 생각했다. 우연이 있어 모든 것이 다 공작되고 계획되어 세상을 음모로 얽어맬 수 없는 것이다. 때로는 우연이 삶을 살릴 수 있고 또 그와 숙영의

사랑을 구한 것이다. 만일 숙영과 그의 만남까지 그리고 그녀와 나누었던 깊은 느낌의 순간들마저 계획되고 조작된 것이었다면 이 세상은 한줌의 위안도 줄 수 없을 것이다.

"그런데 RAF와는 어떻게 ……."

그는 차를 운전하는 숙영을 향해 물었다.

숙영은 한동안 말이 없었다. 그리고 난 후 긴 옆머리를 한 손으로 쓸어 올리며 그를 쳐다보았다. 그녀의 맑은 눈은 이슬이 내리듯 조금씩 촉촉이 젖어 갔다.

"파리에 있을 때 한 프랑스 친구를 만났어요. …… 미셸이라고. 그는 쥘리에트 그레코와 사르트르를 좋아하는 사색적 분위기의 대학생이었죠. ……. 난, 난 ……. 그에게서 당신을 보는 것 같았어요. 그러나 미셸이 테러 조직 악시옹 디렉트의 핵심 단원이라는 것을 알게 되었을 때 ……. 나는 이미 너무 깊이 그를 사랑하고 있었어요. …… 미셸은 죽었어요. 경찰과의 총격전에서 ……."

숙영은 잠시 호흡을 가다듬었다. 그녀의 맑은 눈에서 조금씩 눈물이 흘렀다. 고이는 눈물로 그녀의 눈은 더욱 영롱해졌고, 목소리는 짙게 우수에 젖어들어 갔다.

"난 미셸을 죽인 그들이 미웠어요. 난 천성적으로 마르크스주의자가 될 수 없어요. 나에게는 개인적 자아와 그것이 갖고 있는 은밀한 감정의 세계가 훨씬 더 소중하니까요. 나에게는 항상 음악이라든지 그림이라든지 또 남자가 나의 모든 것을 흠뻑 빨아들이며 다가오는 설명할 수 없는 신비로움이 훨씬 더 의미 있고 중요해요. 그렇지만 난, 난, 나의 사랑을 짓밟은 자들을 용납할 수가 없었어요. 이것이 내가 유럽 좌파 테러조직과 연결되기 시작한 출발점이었어요."

그는 한동안 말을 할 수가 없었다. 그녀의 지나간 몇 년은 짧게 이야기되어 표현되지 않은 부분이 많았다. 그러나 그녀가 무언가를 정리하려는 듯 아니면 잊으려는 듯 이야기 중간에 호흡을 가다듬으며 공백을 만들 때, 표현되지 않은 세월의 공간을 채우고 있을 그녀의 아픔은 오히려 한층 더 깊이 그의 가슴을 파고 들어왔다. 숙영의 아픔과 사랑에 대한 정열, 그리고 그것을 지키기 위한 노력이 아름답게 느껴졌다.

"아름답군."

둘 사이에는 한동안 침묵이 흘렀다. 아픔을 잊기 위해선 시간이 필요한 것이다.

"라디오를 틀까?"

그는 라디오를 켜고 볼륨을 적당하게 올렸다. 라디오에서는 지미 스캇Jimmy Scott의 목소리가 알토 색소폰 소리처럼 애잔하게 흘러나왔다. 숙영은 한동안 말이 없었다. 음악은 숙영의 어깨 위를 감싸 흐르며 그녀를 위로해주고 있었다.

Our days will be coming if we wait just a while.

숙영은 다시 자신의 모든 것을 정돈한 표정으로 그를 쳐다보았다.

"왜 학교를 떠나셨어요. 어울리는 직업이었는데. 그리고 여기는 어떻게……."

그는 말하기가 선뜻 내키지 않았는지 고개를 돌려 물끄러미 차장

밖을 바라보았다. 그러나 숙영에게 무엇을 숨기고 싶지는 않았다.

"난 가끔 아무 힘도 발휘하지 못하면서 사색이란 이름 아래 세상을 그저 바라보기만 하는 데 권태를 느꼈었지. 나에게 주어진 힘이 전혀 없음을 깨달았어. 나는 사소한 경험들로부터 내가 살고 있는 이 세계의 미세한 부분까지 권력과 폭력이 침투해 있다는 걸 알았어. 그것이 내 속에 잠자고 있던 권력에 대한 욕망을 자극했지. 그리고 그 무렵부터 니체를 열심히 읽었고. 또 나의 모든 걸 사로잡았던 여자가 어처구니없이 죽었고 ……. 난 밀폐된 사색의 공간을 뛰쳐나오고 말았지."

"그러면 왜 테러리스트가 되지 않았어요?"

"나는 단지 보다 크고 효율적인 조직을 선택했을 뿐이야."

"최선의 선택이었나요?"

그는 잠시 창문 밖을 바라보았다. 차는 마인 강변을 달리고 있었다. 강물에 비치는 황혼의 가냘픈 흔들림은 평화로웠다. 춘천에서 의암호의 마력적인 색채를 바라보며 모네의 그림을 연상하던 지혜의 기억이 떠올랐다. 그리고 체념하는 듯한 어조로 말을 이었다.

"최선은 존재하지 않아. 나는 이 세상에서 힘이 어떻게 이동하고 있으며 어떤 트릭과 조작이 진행되는지 좀 더 가까이 들여다보고 때로는 그 속에 들어가 보고 싶었어."

"앞으로 어떻게 하시겠어요?"

"일단 임무를 완수해야지. 쉬미트 교수가 발견했다는 새로운 에너지 산출방식에 호기심도 있고 ……."

"그다음은요?"

그는 잠시 머뭇거렸다.

"글쎄, 난 요즘 길게 생각해본 적이 없어. 당분간 모든 것에 대해 판단을 유보하고 있어. 숙영은? 보복당하지 않을까?"

"그들은 마피아와는 달라요. 그러나 여기 머무를 수는 없어요. 이제 미셸은 잊을 수 있을 것도 같아요. 어때요, 우리 1년 후 오늘 다시 춘천에서 만나는 것이? 의암호의 석양을 바라보며."

그는 자신이 없었다. 그는 고개를 돌려 창밖을 바라볼 뿐이었다.

둘의 대화는 잠에서 깨어난 쉬미트에 의해 중단되었다.

"헤어 리, 어디로 가는 중이죠?"

뒷좌석의 쉬미트는 잠에서 깨어나 사방을 두리번거리며 물어왔다.

"어디로 가시길 원하십니까?"

"집으로 갑시다. 그들도 당분간은 숨을 죽이고 있을 거요. 하루 이틀 사이에 나를 또 다시 납치하려는 무모한 짓은 하지 않을 거요."

쉬비트를 집 앞에서 내려준 후 숙영은 그에게 물었다.

"어디로 가실 거예요?"

"그냥 더 달리지."

그리고 그는 불쑥 물었다.

"숙영, 미셸은 이제 잊었는지?"

숙영은 잠시 그를 바라보았다. 화장기 없는 청순한 얼굴에 단지 핑크빛 루주만 칠한 그녀의 입술은 사랑스러웠다. 그 입술이 조용히 열렸다.

"내가 미셸을 사랑한 것은 당신 때문이었어요. 당신은 나에게 사색

370

적 분위기가 가진 아름다움을 가르쳐준 분이었죠. 이미 오래전이죠. 내가 3학년 때였으니까. 난 당신을 처음 보았던 순간을 기억해요. 아마 당신이 처음으로 내가 다니던 학교에 시간강사로 나올 때였나 봐요.

아직 낙엽이 완전히 지기 전 가을날이었죠. 옅은 안개가 내려앉은 아침 캠퍼스에는 노랗게 물든 은행잎이 뒹굴고 있었어요. 난 그날 이브 몽탕이 읊조리는 〈고엽〉의 시구를 생각하며 한 걸음 한 걸음 발끝으로 느껴지는 낙엽의 애틋함에 감격하고 있었어요. 그때 나는 베이지색 바바리를 날리며 안개 속으로 흩어지는 노란 은행잎 사이로 걸어오는 한 남자를 발견했지요. 한 손에는 갈색 가죽 가방을 들고 한 손은 바지의 호주머니에 꽂은 채 …….

30대 초반의 선명한 인상. 적지 않은 키에 무엇인가를 생각하는 듯 고개를 약간 숙인 채 걷는 모습. 조금 깊어 보이는 눈. ……. 그가 옆을 스칠 때 난 마치 그윽한 커피 향에 휩싸이는 듯한 느낌을 받았어요. 그리고 그의 내면에는 좀 더 음미해 보아야 할 깊은 매력을 감추고 있을 것 같은 느낌도요. ……. 그러한 느낌이 너무 짙어 난 막연히 그를 쫓아갔었어요. 그는 강의실로 들어섰고 나도 그를 따라 강의실에 자리를 잡고 앉았어요. 그는 그 학기에 처음 철학 강의를 맡은 시간강사라는 것을 옆에 앉은 학생을 통해 알게 되었어요. 난 본의 아니게 그의 강의를 도강하게 되었고 그를 정신없이 바라보았죠. 가을 낙엽과 같은 오크빛 체크 블레이저와 그 안에 받쳐 입은 베이지색 골덴 셔츠가 만들어내는 지적인 분위기 …….

그것은 나를 매혹시키기에 충분했어요. 그러나 그보다 더 나를 흔들어놓은 것은 그러한 분위기 속에서 무엇인가 의미 있는 이야기를 하기 위해 수강생들 앞에서 고민하는 모습이었어요. 그것은 우리가 요즈음 흔히 만나는 모습이 아니었어요. 그것은 숫자를 계산하느라 한시도 쉴 새 없이 머리를 회전시키는 세일즈맨이나 상대방을 압도하기 위해 위압적인 표정을 짓는 정치가, 대중의 인기를 얻기 위해 감각적 유혹을 일삼는 연예인에서는 전혀 발견될 수 없는 모습이었어요. 그것은 삶에서 좀 더 깊은 의미를 발견하려는, 그리고 그것을 남들에게 어떤 욕망도 없이 진솔하게 전달하려 애쓰는 사색하는 자의 모습이었어요. 그것은 아마 자신과 타인의 삶에 대한 사랑 속에서만 나타날 수 있는 모습일 거예요 ……."

숙영은 잠시 말을 멈추고는 고개를 돌려 그를 바라보았다. 그도 그녀를 바라보았다. 그때 그는 그녀의 눈에 젖은 아련한 추억의 안개를 보았고 그 안개가 그의 눈에도 스며들었다.

한순간 정적이 흘렀다. 다시 그녀가 말을 이었다.

"사실 그전까지 나에게 철학자들은 뭐랄까, 적국에서 온 게릴라들 같았어요. 우리의 안온한 일상과 평온한 상식의 세계를 알아들을 수 없는 암호 같은 말로 파괴하려고 하는 ……. 비판이라는 엄숙한 단어로 위장한 채 …….

그러나 그날 당신은 폭력적인 게릴라가 아니라 매혹적인 스파이 같았어요. 난 그 스파이에게 결국 포섭 아니 유혹당했죠. 그때까지 살아온 나의 세계를 배신하며 …….

낙엽이 떨어져 내리던 가을날 당신은 그렇게 내게 다가왔어요. 적국에서 온 사색하는 스파이로 ……. 그리고 난 영원히 헤어 나올 수 없을 것 같은 깊은 사랑에 빠져버리고 말았어요. ……."

그는 조금씩 동요하기 시작했다. 숙영은 여전히 예전의 그의 모습을 간직하고, 그것을 보기를 기대하고 있는 것이다. 그러나 그에게 사색의 시대는 지나가버렸다. 그에게 남은 것은 어떤 목적에 이용하기 위한 차가운 지식과 전략과 음모뿐이었다. 그리고 적어도 지금 이 순간까지도 그러한 선택에 오류가 있었다고는 생각하지 않았다. 오히려 자신이 동화적 환상에서 깨어났다고 믿었다.

그가 인생의 방향을 전환해 정보 업무에 종사한 이후 세상은 끝없는 힘의 충돌임을 현장에서 체험했다. 그리고 세계의 진정한 모습은 다양한 형태의, 때로는 적나라하고, 때로는 멋있게 장식된 싸움의 전장으로, 거기에는 이기기 위한 전략과 음모만 있을 뿐임을 확인했다. 진리가 아름답다거나 정의롭기를 바라는 것은 결코 충족될 수 없는 철학자의 사변적 마스터베이션에 불과한 것이다.

그러나 지금 그는 다시 흔들리고 있는 자신을 발견했다. 숙영은 그에게 사색의 공간 속으로 돌아갈 것을 유혹하고 있는 것이다. 아니 구원하려고 하는 것이다.

"아무 곳에나 내려 줘. 일단 헤어지는 것이 좋겠어."

그는 더 이상 숙영과 같이 할 수 없었다.

숙영은 갑자기 변해버린 그의 태도를 받아들이기가 어려웠는지 아무 말 없이 차를 몰았다. 그러나 잠시 후 그녀는 한적한 국도에서 차를 멈추었다. 그녀는 한 손으로 탐스럽게 늘어진 까만 머리를 쓸어올리며 그에게 얼굴을 돌렸다. 그녀의 표정은 밝았으나 무엇인가를 힘들게 참아내고 있는 것 같았다. 그녀는 그에게 한 손을 내밀었다. 그리고 말했다.

"행운을 빌어요. 그리고 오늘 우리가 한 이야기 한마디도 잊지 마세요."

그는 숙영의 손을 잡았다. 따뜻했다.

"숙영이도 ……. 자, 그럼 안녕."

숙영의 차는 이미 어둠이 내린 거리로 점점 사라져갔다. 그는 빨간 불빛만 남기며 멀어져가는 숙영의 차를 허탈한 마음으로 바라보았다.

그녀를 과연 그렇게 떠나보내야 했을까. 그는 자신이 여기 있는 이유를 다시 자문했다. 그는 권력에 매력을 느꼈고 권력의 놀음은 그를 여기까지 유혹한 것이다. 이제 어디로 갈 것인가?

숙영의 노력과 제안에도 불구하고 그는 권력의 놀음에 복종하기 위해 그녀를 떠나보낸 것이다. 거리에는 이미 어둠이 내렸고, 어둠 외에는 아무것도 남아 있지 않았다. 이제는 어쩌면 영원히 누구도 그의 곁에 남아 있지 않을 것이다.

흐릿한 불빛을 내뿜는 가로등만 고개를 꺾고 쓸쓸하게 그를 내려다보고 있었다. 외로움이 밀려왔다. 그리고 숙영의 차에서 내리기 전 라디오에서 흘러나오던 음악이 가슴에서 쓸쓸한 겨울 바닷가의 파도처럼 부서졌다. 마치 숙영이 속삭이는 것처럼 …….

Are you lonesome tonight? ……. Is your heart filled with pain?

Shall I come back again? …….

22

귀로

이제 정리할 때가 되었다. 숙영은 떠났고 그에게는 아직 해결하지 못한 임무가 남아 있다. 그는 일이 심각한 국면에 접어들고 있음을 인식했다. 쉬미트 납치 사건에 개입하게 된 것은 사실상 그의 실수였다. 아직 쉬미트 사건은 경찰에 인지되지 않은 것 같았으나 곧 알려질 것이다. 그러면 그의 신분은 자연히 노출될 것이다. 그는 일단 연락책과 접선을 취해야 한다고 생각했다. 그리고 남 부장으로부터의 지시를 기다려야 했다.

연락책 이승무는 상기된 표정이었다. 이승무는 이미 그에게 쉬미트 납치 계획에 대해 알려줄 때 절대로 그 일에 개입하지 말 것을 경고한 바 있었다. 그에게 납치되는 쉬미트를 목격하고 그냥 놔둘 수는 없었다는 말은 통하지 않았다. 그에게서 얻은 대답은 '당신은 쉬미트의 보디가드가 아니요'라는 비아냥거림뿐이었다.

선택은 하나뿐이었다. 빠른 시일 내에 쉬미트로부터 비밀을 캐내 사라지는 것이다.

"좀 더 구체적인 지침을 줄 수는 없소?"

"유감스럽지만 없습니다. 우리가 줄 수 있는 지침은 그것뿐이요. 신분이 노출되기 전에 쉬미트로부터 에너지의 비밀을 빼내고 손을 터는 것. 나머지는 전적으로 당신 재량에 맡기겠다는 것이 남 부장의 생각입니다. 그 정도는 할 수 있을 정도로 지적이지 않습니까?"

'지적'이란 말이 심한 거부감을 일으켰다. 그러나 쉬미트의 처리에 대한 그들의 생각을 알고 싶었다.

"쉬미트는?"

"중요한 것은 정보지 인간 쉬미트는 우리에게 의미가 없습니다."

"그러면 상황에 따라서는 …… 제거도 …….'

"어떻게 그렇게 직설적이고 야비한 표현을 …….'

이승무는 조소하는 듯한 어조로 그의 말을 가로막았다.

"아무튼 그것도 당신이 판단하시죠. 임무가 성공리에 완수된다면 당신은 아마 능력을 인정받게 될 것입니다. 그러면 국제공작의 책임을 맡게 되겠지요. 그전에 신분이 노출되었기 때문에 성형수술을 받아야 하겠지만. 하지만 실패할 경우 모든 것을 당신 재량에 맡겼기 때문에 무한 책임을 져야 할 것입니다. 유한한 인간이 무한 책임을 질 때 할 수 있는 일은 하나밖에 없지요."

이승무는 얼음장 같은 소리를 남기고 떠나버렸다. 쉬미트가 상황에 따라서는 제거될 수도 있다는 것이 그들의 생각임을 다시 한 번 확인했다. 그리고 실패할 경우 자신도 이 세상에서 어떠한 흔적도 남기지 말고 사라져야 한다.

쉬미트 납치 사건은 공개적으로 알려지지는 않은 것 같았다. 뉴스나 신문에서는 3일 전에 일어난 쉬미트 납치 사건에 대해서는 한마디의 보도도 없었다. 아마도 쉬미트의 실종이 알려지기 전에 숙영에 의해 너무 일찍 끝나버린 모양이다. 쉬미트 역시 무슨 이유에선가 사건에 대해 침묵을 지키고 있음이 분명했다. 아니면 쉬미트와 경찰이 은밀히 수사를 진행 중일지도 몰랐다.

아무튼 그의 주변에는 아무런 변화가 없었다. 그가 상황의 전개에 대해 알 수 있는 것은 다시 쉬미트에게 접근해보는 것뿐이었다.

그는 쉬미트에게 전화를 했다.

"아, 헤어, 리."

"만났으면 하는데요."

"우리 집에서 저녁 8시에 만납시다."

그를 맞이하는 쉬미트의 얼굴은 무거웠다. 지난 사건으로 적지 않은 충격을 받았는지 초췌해 보였다.

"연락이 오길 기다렸소."

"아직 신고를 하시지 않은 모양이군요."

"그렇소. 난 시끄러운 것은 질색이거든요. 그리고 보다 중요한 것은 당신에 대한 의문이 풀리지 않았기 때문이오. 당신은 단순한 언구원은 아닌 것 같던데 ……. 나에게 접근한 이유가 순전히 학문적인

것은 아니었지요? 이해할 수 없어요. 당신은 RAF도 미국인도 아닌데
……."

쉬미트는 대단히 권위 있는 근엄한 표정으로 그에게 물었다. 그는
잠시 고민했다. 쉬미트 납치 사건에 개입한 것은 분명 실수였다. 쉬미
트는 이제 그를 의심하기 시작했다. 그러한 한 쉬미트에게 접근해 정
보를 빼낸다는 것은 불가능하다. 더군다나 쉬미트가 언제 그를 독일
정보기관이나 경찰에 신고할지도 모를 일이었다.

이제 올 때까지 온 것 같았다. 그는 공작이 이렇게 멋없이, 세련되
지 못한 방식으로 끝나는 것이 싫었지만 선택의 여지가 없는 것 같았
다. 그는 허리 뒤춤으로 손을 돌려 권총을 뽑았다. 권총의 차가운 감
촉으로 그의 마음도 점차 싸늘하게 식어가고 있었다.

"나는 한국 정보기관 소속입니다."

그는 경악하는 쉬미트의 얼굴을 바라보며 얼어붙은 목소리로 말했
다.

그러나 쉬미트는 역시 이성적인 사람이었다. 경악은 금방 사라지고
다시 차분한 목소리로 말했다. 그러나 거기에는 증오가 서려 있었다.

"철학과 첩보원이라, 멋지군요. 그런데 이상하군요, 철학에는 진리
가 있을 뿐 정보는 없습니다. 당신 같은 훌륭한 철학자는 없었습니
다. …… 자신의 철학적 지식을 통해 이처럼 완벽하게 누구를 기만하
는데 성공한 철학자는 ……."

쉬미트의 말은 차갑게 얼어붙은 그의 마음을 예리하게 뚫고 들어
왔다.

쉬미트는 근엄한 표정을 짓고 있었지만 나지막한 목소리에서는

깊은 허탈감이 묻어나오고 있었다. 그는 대꾸하기 싫었다.

"좀 더 이야기해도 되겠소?"

그는 묵묵히 고개를 끄덕였다.

"당신은 철학적 지식을 정말 잘 도구적으로 이용했습니다. 지식을 완벽하게 이해한 자만이 지식을 통해 목적을 완수할 수 있지요. 그러나 철학적 지식은 단지 무엇에 이용되기만 하는 목적을 향해 쏘아진 일차원적 지식만은 아닙니다. 그러한 점에서 철학은 기술이나 공학과 구별됩니다.

철학은 목적을 지향하는 동시에 그것이 세계와 인간에 대해 옳은 것인가에 대한 반성과 비판을 담고 있는 입체적 지식입니다. 거기에는 인간과 세계를 향한 따뜻한 사랑이 스며 있습니다. 당신은 당신이 가진 철학적 지식을 철저히 자기화해 그것을 완벽하게 사용했습니다. 그처럼 완벽한 자기화는 철학적 지식의 입체성을 손상시키지 않을 때 비로소 가능한 것입니다. …… 때문에 ……. 때문에 나는 확신할 수밖에 없습니다. 당신이 언젠가는 철학의 비판과 반성의 영역으로, 삶에 대한 사랑의 영역으로 되돌아갈 것임을 ……."

이어서 쉬미트는 약간 격앙된 목소리로 외쳤다.

"난 아직도 당신의 그 위장된 지적 정열과 지식에 의해 음모에 빠졌고 이용당했다는 것을 믿고 싶지 않습니다. 아니 믿을 수가 없어요. 당신이 보여준 철학에 대한 저 정열과 진지함 그리고 나를 떨리게 했던 당신의 발표. 그것이 다 위장이었음을 ……."

"쉬미트 교수, 나는 그렇게 시간이 많지 않아요. 보시다시피 지금은 긴박한 상황입니다. 유감스럽게도 나는 당신의 말을 다 들어줄 수가 없습니다."

그에게서 쉬미트를 향해 날카로운 음성이 튀어나왔다. 그러나 그 말과 거의 동시에 갑자기 온몸이 오그라드는 듯한 위축감이 밀어닥쳐왔다. 이어서 목이 메는 듯한 답답함 때문에 잠시 현기증을 일으킬 지경이었다. 자기를 가장 믿어왔던 사람에게 가장 추한 모습을 드러내 보여 갑자기 모든 것을 숨겨버리려고 움츠러드는 느낌……

그러나 이러한 느낌은 처음은 아니었다. 아주 오래전 그는 거의 같은 경험을 한 적이 있다. 초등학교 시절 처음으로 시도한 속임수가 들통 나 담임선생에게 야단맞을 때 그랬다. 그때 그는 비교적 공부도 잘하는 모범생이었지만 늘 2등에 머물렀다. 1등은 그 시절 그가 세운 유일한 삶의 목표였다. 그러나 늘 실패했다. 어느 나른한 초여름 오후 치러진 기말고사는 그가 목적을 이루기 위해 도전해보는 마지막 기회였다. 그는 이번에도 실패하면 영원히 1등의 꿈은 버리고 2등으로 만족하기로 마음먹었다.

공부를 열심히 한 덕분인지 비교적 다른 과목 시험은 잘 보았는데 사회과목의 한 문제가 속을 썩였다. 시험 감독을 하던 선생님은 초여름의 더위를 이기지 못하는 듯 책상에 앉아 지그시 눈을 감고 있었다. 그는 기회는 이때뿐이라고 생각하고 책상 아래 놓인 책가방에서 살그머니 책을 꺼내 책상 밑으로 숨겨놓고 책을 펴보았다. 그의 기억으로 사회교과서 60페이지에 정답이 나와 있는 것 같았다. 그러나 처음 해보는 일이라 무척 긴장 되었고, 때문인지 아무리 책을 뒤적여도 60페이지는 나오지 않고 주변만 맴돌 뿐이었다. 초조함 속에 손발을 떨며 페이지를 찾느라 정신이 없을 때 선생님이 자기 이름을 부르는 소리를 듣고 소스라치게 놀랄 수밖에 없었다.

졸고 있는 줄로만 알았던 선생님이 옆에 서 계셨던 것이다. 시험이 끝난 후 그는 선생님에게 심한 꾸중을 들었다. 선생님은 남을 속이는 것이 얼마나 졸렬하며, 조그만 속임수는 결국 큰 속임수가 되고 말 것임을 누누이 강조했다. 선생님은 평소 모범적이던 그에게 정말 실망한 것 같았으며, 그에게 지난 학기 선행상을 준 것에 대해서도 몹시 후회하고 있었다.

그는 그때 자신에 대해 처음으로 견디기 힘든 수치심을 느꼈다. 그리고 선생님 앞에서 벌레처럼 쪼그라들어 잘 보이지 않게 되기를 바랐다. 그리고 실제로 몸이 쪼그라드는 듯한 답답함에 크게 당황했었다. 그때 선생님에게 들은 꾸중은 성인이 될 때까지 숨겨야 할 치욕적인 과거로 기억되었다. 그는 선생님 모습을 기억할 때마다 몸이 움츠러드는 것 같아 어찌할 바를 모르던 저 유년기의 당혹감과 함께 다시는 그러지 말아야겠다고 속으로 수백 번 다짐하던 자신을 떠올리며 때로는 빙그레 웃기도 때로는 숙연해지기도 했었다.

그러나 성인이 된 이후 아주 오랜 동안, 특히 최근에는 전혀 그 선생님과 그 사건에 대해 기억한 적은 없었다. 그런데 쉬미트가 오늘 이제는 흐릿해진 과거를 되살려놓았고, 그는 마치 그때처럼 쉬미트 앞에 서 있는 것이었다. 이러한 여러 가지 생각이 뒤엉키는 가운데 그는 의외로 쉽게 허물어져가는 자신을 발견했다. 그는 더 이상 쉬미트를 속이기도 위협하기도 싫었다. 마치 그때 선생님에게 정말 1등이 해보고 싶었다고 흐느끼며 실토했을 때 움츠려들던 가슴이 순식간에 탁 트이는 듯 편안함을 느꼈던 것 같이 그리고 선생님이 깊고 나지막한 소리로 해주던 말을 가슴깊이 새기며 감동받았던 것처럼 차라리 모든 것을 솔직히 털어놓고 쉬미트와 같이 한번 진지하게 생각해보고 싶었다. 자신이 여기까지 오게 된 이유를 …….

그러나 여기서 허물어질 수는 없었다. 이제는 평범한 일반인들조차 기억하지 않을 선생님의 훈시. 자기와 같은 냉혹한 스파이가 선생님의 하찮은 훈시를 떠올리며 허우적거리다니. 어처구니없었다. 그는 다시 자신을 냉각시켰다. 그리고 권총을 더욱 더 힘 있게 움켜쥐며 단호한 목소리로 말했다.

"우리는 당신이 환경에 부담이 없는 새로운 에너지 산출방식을 개발했다는 정보를 입수했습니다. 그리고 독일과 미국 정부는 그것을 이용해 세계 경제의 주도권을 회복하려는 음모를 갖고 있다는 것도. 우리는 당신의 그 새로운 에너지 산출방식에 대한 정보를 입수하려는 공작을 진행시켰던 겁니다. 그러나 의외의 사건을 만나게 되었지요. 바로 RAF ……."

쉬미트는 상기되었다

"놀랍군요. 당신들 한국까지 ……. 그리고 당신들이 환경에 그렇게 관심이 있다니 ……. 그러나 환경 때문이 아니겠지요. 뮐러, 한국 그리고 미국 참으로 비슷한 데가 많군요. 누가 더 윤리적입니까? 미국, 뮐러, 아니면 당신?"

그는 물음에 답변할 필요도 없었지만 답변할 수도 없었다. 그러나 그렇다고 가만히 있을 수도 없었다. 자꾸 수그러 들어가는 자신을 추스르기 위해 그는 입에서 나오는 대로 지껄였다.

"한국은 그럴 수밖에 없지 않습니까? 만일 새로운 에너지 생산방식에서 뒤쳐진다면 한국은 국제시장에서 밀려나고, 수출 경쟁력을 잃어 결국 …… 살 수 없게 될 것입니다."

"한국인들은 어떻게 살기를 원하는데요?"

"당신들 유럽인이나 미국인처럼 잘. …… 자동차와 요트를 타면서. 그리고 휴가 때가 되면 카리브해 해변에서 코발트빛 바다를 바라보며 일광욕을 즐기며 당신들은 영화에서 늘 그러한 장면이 얼마나 인간적이며 행복한 것인지 보여주지 않았습니까?"

생각지도 않은 말이 마구 튀어나와 버렸지만 그가 쏟아놓는 말이 그다지 무의미한 것 같지는 않았다. 점점 더 심각해지는 쉬미트의 표정에서 그것을 알 수 있었다. 쉬미트는 훨씬 부드러워진 목소리로 말했다.

"이해할 수 있겠습니다. 결국 우리 때문이었군요. 그리고 당신은 당신의 나라를 사랑하는군요. 당신 나라 사람들을 구하기 위해서 이곳에 왔군요."

쉬미트의 마지막 말은 그에게 너무 무거웠다. 그가 지금 쉬미트 앞에 서 있게 된 것은 애국이라는 단어와 전혀 상관이 없는 일이었다. 그러나 그는 가만히 있어야 했다. 쉬미트가 무엇인가를 계속 말하려고 하고 있었기 때문이다.

쉬미트는 팔짱을 끼고 고개를 숙여 무엇인가를 골똘히 생각하더니 파이프 담배 좀 피워도 되겠느냐고 물었다. 그는 고개를 끄덕였다. 쉬미트는 정원이 보이는 거실 창문 쪽으로 무겁게, 무겁게 발길을 옮겼다. 창문 옆에는 오크빛 테이블이 있었고, 위에는 우아한 모습의 파이프가 놓여 있었다. 그는 파이프를 피워 물며 파이프 연기의 은은

한 향기와 함께 깊은 사색에 빠져드는 듯했다. 이윽고 그가 다시 말문을 열었다.

"독토 리, 당신에게는 모든 것을 털어놓고 싶군요. 당신이 나를 처음 찾아왔을 때를 기억하오. 동양의 작은 나라의 한 젊은 학자가 내 이론에 깊은 관심을 갖고 있다는 것이 내게는 너무 큰 감동이었소. 그 후 나는 당신의 지적인 능력을 발견했고, 그래서 당신을 학문적 동반자로 삼고 싶었소. 지금 이 순간 당신 손에는 권총이 들려 있고 나는 당신에게 생명의 위협을 받고 있지만 당신에 대한 그 기억을 지워버리고 싶지는 않소. 다 이야기하겠소. 그 에너지 산출방식에 대해. 난 당신을 이 에너지 산출방식을 가장 정확히 이해하고 세상에 전할 수 있는 몇 명 안 되는 사람 중에 하나라고 생각하기 때문에 ……."

쉬미트는 허공을 바라보며 파이프 연기를 내뿜으며 말했다. 파이프 연기는 약간 파르스름한 빛을 내며 허공 속으로 사라져갔다.

이제 쉬미트는 스스로 입을 열기 시작했고 그의 목적은 완수되는 것이나. 그런데 이상했다. 어떠한 기쁨도 없었다. 오히려 구원을 위해 영원히 보존되어야 할 성스러운 마리아상을 훔치는 사람과 같은 죄의식이 밀려들어 왔다.

그리고 쉬미트를 향해 총을 겨누던 자신의 모습에서 카뮈의 『행복한 죽음』에 나오는 뫼르소의 야비함을 보기 시작한 것도 이와 동시였다. 다리가 없는 불구자 자그뢰즈를 살해한 뫼르소. 그는 다시 이를 악물었다. 흔들리지 않기 위해. 그리고 속으로 외쳤다. 난 스파이, 음모의 전위대야. 냉혈동물이 되어야 해. 그러나 쉬미트에게 총을 겨누는 일조차 점점 더 견디기 힘들어지고 있었다.

"내가 새로운 에너지 산출방식에 대해서 연구한 것은 사실이요. 나는 이미 오래전부터, 환경 문제가 오늘처럼 심각한 관심의 대상이 되기 전부터 연구를 시작했었소."

쉬미트는 담담하게 말문을 열었다.

"처음에 나는 매우 열효율이 높은 에너지 산출방식에 관심을 가졌소. 적은 양의 자원을 소비해 많은 에너지를 산출하면 환경에 부담을 줄일 수 있을 것으로 생각했지요. 그처럼 효율적인 에너지 생산방식은 핵에너지 생산이었어요. 그러나 체르노빌 사태를 경험하면서 나의 입장은 바뀌기 시작했소.

체르노빌은 자연 재앙이 아니라 문화적 재앙이었소. 인류의 지성이 만들어낸 도구가 제대로 기능하지 않아서 일어난 사건이지요. 물론 많은 사람은 우라늄 자체가 위험한 물질이라고 알고 있소. 그러나 체르노빌의 재해는 우라늄에서 유래한 것이 아닙니다. 그것은 자연 상태의 돌로부터 우라늄을 추출하고 또 우라늄이 가진 잠재력에서 남김없이 대량으로 힘을 추출해내려는 시스템이 일으킨 재앙이지요. 자연 상태의 광석은 그러한 재해를 가져올 수 없어요.

결국 나는 자연 상태의 존재자에서 인위적으로 대량의 에너지를 산출하려는 노력은 비자연적인, 그리고 자연의 한계를 넘어서는 시스템을 요구하고, 그리하여 자연 속에 자리를 가질 수 없는 결과물을 남기게 될 것이라고 생각하게 되었죠. 핵폐기물처럼 자연 속으로 흡수될 수 없는, 자연의 자기 자리로 돌아갈 수 없는 존재자의 등장은 이 인위적 시스템이 그의 고향이기 때문입니다. 그런 것들은 비자연적인 것이고 자연에 자리, 보금자리가 없는 것들이기 때문에 자연에 수용될 수 없습니다. 그러나 그것이 놓여야 할 곳은 자연밖에 없습니다. 강, 산, 바다 …….

따라서 이 비자연적인 것들이 누적됨으로써 자연은 자연성을 위협받을 수밖에 없을 것이라고 생각하게 되었지요. 그래서 태양열 같은 소위 클린 에너지에 관심을 갖기 시작했죠. 그러나 내가 도달한 결론은 마찬가지였습니다. 아무리 태양 에너지라도 경제성 있는 에너지로 전환시키려면 설비가 필요합니다. 예컨대 고효율 집열판 같은 것 말이지요. 그러나 자연 상태의 사물로는 그러한 고효율 집열판을 만들수 없으며, 화학적으로 굉장히 복잡한 조작을 통해서야 비로소 가능합니다. 그러면 결국 집열판 제조 공정에서 발생하는 공해와 집열판자체에서 발생하는 공해가 문제될 것 같은 생각이 들었습니다.

결국 난 에너지 산출이라는 것에 대해 근본적으로 다시 생각해보기 시작했습니다. 그 결과 자연 그 자체는 불안정 속에서 안정을 유지하면서 존재하는 것인데, 자연의 일부 존재자에서 에너지를 착취할경우 자연의 균형 상태는 깨질 수밖에 없다는 결론에 이르게 되었지요. 에너지를 산출한다는 것은 자연의 힘을 인위적 체계를 통해 어떤것에 집중시킨다는 것인데, 그렇게 되면 자연히 자연의 균형은 파괴될 수밖에 없지요."

쉬미트는 잠시 멈추었다가 다시 말을 이었다.

"인류의 새로운 희망처럼 보이는 핵융합. 물론 핵융합에 대해서도 나는 연구했지요. 아시다시피 핵융합은 작고 가벼운 원자핵을 강제로 결합시키는 과정에서 에너지를 산출해내는 방법입니다. 아인슈타인의 이론에 따라 서로 결합하기를 꺼리는 중수소와 삼중수소의 핵을 강제로 융합시키면 이때 생긴 질량 결손이 막대한 열과 빛을 발산하게 되는 것을 최대한 응용하려는 전략이 핵융합이죠.

이러한 핵융합은 이산화탄소를 배출하지도 않고 또 핵분열처럼 방사능 누출의 위험도 없는 것으로 환경을 오염시키지 않는 것으로 알려져 있습니다. 그리고 중수소와 삼중수소도 바다에서 무진장 얻을 수 있어 자원 고갈의 위험도 없습니다. 때문에 핵융합 에너지는 꿈의 에너지라 불리며, 인류에게 마치 새로운 메시아의 도래와 같은 기대를 불러일으키고 있습니다. 그러나 나는 핵융합에 대해서도 의혹을 떨쳐버릴 수 없었습니다.

핵융합은 핵분열에 비해 엄청나게 열효율이 높은 에너지 산출방식입니다. 핵융합이 실현되려면 현재보다 한층 더 복잡하면서도 주어진 자원에서 남김없이 잠재력을 추출하기 위해 상상을 초월하는 복잡한 시스템이 필요합니다. 만약 그처럼 복잡한 시스템이 사고를 일으키면 어쩌면 인간의 인식 능력으로는 도저히 파악할 수 없을 정도로 상상을 초월하는 위험이 초래될지도 모릅니다. 울리히 벡Ulrich Beck 같은 친구는 이러한 이유에서 핵에 의존하는 현재 사회를 '위험사회'라고 부르죠.

물론 이것은 막연한 기우에 불과할지도 모릅니다. 그러나 설령 핵융합 에너지 산출이 성공한다 해도, 그리하여 우리에게 그러한 에너지를 통해 무한히 생산하고 소비할 수 있는 힘이 주어진다 해도 그것은 어쩌면 문제의 해결이 아니라 문제를 더 악화시키는 것일지 모릅니다.

자원의 한계가 없고 오염의 위험이 없는 에너지를 통해 무제한으로 상품을 만들어내고 또 그것을 소비할 수 있게 되면 그것은 결국 무한량의 폐기물을 산출하게 됩니다. 그러면 결국 환경은 한계 없는 오염의 위험에 처하게 되지요. 비록 에너지 자체는 자원 고갈과 오염의 위험이 없다고 해도 말입니다.

그래서 결국 나는 생각했습니다. 환경의 위기로부터의 해방을 가져올 수 있는 에너지 산출은 결코 근대 물리학의 자연과학적 방법으로는 해법을 얻을 수 없다. 그것은 전혀 다른 곳에서 찾아야 한다고."

그리고 다시 파이프를 깊게 들이마셨다. 잠시 동안의 침묵에서 쉬미트는 완전히 자신의 말에 몰입해 자기가 현재 생명의 위협을 받고 있는 사실도 까맣게 잊고 있었다. 그에게는 적어도 이 순간 오직 자연과 인류의 미래만이 문제인 것 같았다.

그러한 모습에서 쉬미트를 향한 그의 살인 의지는 파이프에서 피어오르는 연기처럼 점차 희미해져가고 있었다. 그는 다시 권총의 손잡이를 움켜잡았다. 권총에서는 더 이상 차가운 금속성 감촉이 느껴지지 않았다.

쉬미트는 말을 계속했다.

"그것은 바로 전혀 다른 장소에서 발견되는 전혀 다른 성질의 힘입니다. 근대 이후 인간은 욕망을 절제 대상으로 보지 않고 충족 대상으로 보았습니다. 가장 대표적인 예가 공리주의, 특히 벤담이죠.

그가 근대적 윤리로 제시한 공리주의는 욕망의 충족을 정당화시켰습니다. 근대 이후 인간의 삶은 인간이 가진 모든 욕망을 충족시키기 위해 행위 하는 것입니다. 욕망은 끊임없이 충족되기를 원하고, 충족된 욕망은 새로이 자극받기를 원하고, 그리하여 근대는 욕망의 무한한 확대재생산 과정이게 됩니다.

욕망은 끝없이 충족되어야 하고, 그것을 충족시키기 위해 온갖 것이 생산되어야 하고, 새로운 욕망을 자극할 수 있는 새로운 것이 생산되어야 했습니다. 그래서 온갖 종류의 힘이 필요했습니다. 욕망을 관철시킬 수 있는 권력과 욕망을 충족시킬 수 있는 재화의 생산에 요구되는 물리적 힘이 그것이죠.

이 힘들의 무한한 확산 과정이 근대입니다. 그러나 인간은 욕망을 관철시키거나 충족시키는 힘에의 의지만으로는 존재할 수 없습니다. 힘을 얻기 위한 힘의 무한한 획득 과정에서 인간 존재가, 아니 더 나아가서 존재 자체가 보금자리를 잃어버렸던 것입니다. 결국 환경을 파괴시키지 않는, 존재의 보금자리를 되살리는 에너지 ……."

쉬미트는 잠시 말을 멈추다가 이내 커다랗게 목소리를 높였다

"그것은 바로 욕망을 제어하는 힘일 수밖에 없습니다. 인간에게 지금 필요한 것은 자연의 재해를 통제하고 환경 오염도를 조절하는 기술이 아니라 자신을 제어할 수 있는 힘을 얻을 수 있는 기술입니다. 자신을 제어할 수 있는 힘, 그것은 과학 기술을 통해서는 주어지지 않습니다.

그러한 힘은, …… 그러한 힘은 바로 존재에 대한 사랑을 결코 포기하지 않는, 그래서 늘 존재 문제에 대해 고민하는 형이상학적·철학적 사색에 의해 주어질 수 있습니다. 그것이 바로 내가 간직한 진

리의 비밀입니다. 당신들 모두가 찾아 헤매며 음모로 얽어매려 했던
……."

잠시 숨을 돌리던 쉬미트는 말을 이었다.

"그리고 난 당신이 최근에 연구한 장소와 풍경의 현상학에서 새로운 길을 찾을 수 있는 희망을 보았소. 사실 현재의 핵 혹은 화력 발전과 같은 중앙집중식 대량 에너지 생산 및 공급 시스템은 각 지역의 생활 구조와 양식을 획일화시킴으로써 지역의 고유한 장소성을 붕괴시키고 장소성으로부터 탄생한 문화를 위축시킵니다.

이 장소성은 오랜 역사를 통해 형성된 '우리'의 정신적·물질적 기반이기에 지리적·행정적 개념인 공간적 의미 이상을 함축합니다. 따라서 에너지 위기는 에너지 수요 및 공급의 관점이 아니라 장소성의 붕괴와 문화의 위기라는 관점에서 고찰되어야 합니다. 하이데거와 슐츠의 '장소의 영혼'이라는 풍경 현상학적 입장에서 시에나, 프라하 그리고 라스베이거스 같은 도시의 장소성을 밝혀내는 당신의 작업은 나에게 중요한 사실을 일깨워주었지요. 라스베이거스는 정착과 거주가 불가능한 탐욕과 탕진의 쇼케이스인 반면 시에나나 프라하는 인간의 실존적 거주가 풍경을 호흡하는 도시라는 일깨움에서 나는 인간과 자연 그리고 거주 문제를 근본적으로 다시 생각해볼 기회를 갖게 되었어요.

당신은 인간이 실존하는 장소는 지질학에서 말하는 땅이나 공간이 아니라 하늘과 땅, 죽을 운명의 인간과 신성함이 어우러지는 사물을 중심으로 열려지는 터라는 점을 밝혀주었어요. 그렇기에 인간이 사는 곳은 물리적 자연으로서 인간의 요구를 만족시키기 위한 상품으로

가공되어야 할 원자재의 저장소가 아니라는 것이죠.

　이러한 사실들은 자연을 그 자체로 이미 인간의 거주를 통해 드러날 의미가 배어 있는 원천적인 시적 텍스트, '장소의 영혼'으로 되살리는 것입니다. 그리고 이러한 풍경에서 삶을 꾸려가는 인간은 풍경의 의미를 호흡하며 그러한 의미를 집, 마을, 도시로 지어내는 본래적 의미의 (시)짓기^{poiesis}를 하는 것이죠. 그리고 이를 기반으로 비로소 자신의 터전을 가꾸어가는 살림살이를 하는 거고요."

　쉬미트는 마지막 말을 더욱 강조하고 싶었는지 목소리에 더욱 힘을 주며 반복했다.

　"인간은 자신이 거주하는 풍경의 의미를 드러내는 시적 건축 작업을 통해 자신의 터전을 가꾸며 살아가는 살림살이를 한다는 사실. ……. 이러한 사실은 경제에 대해서도 우리가 망각하고 있는 중요한 사실을 각성시키는 것입니다. 그것은 건축이 본래 무엇인지를 밝혀줄 뿐만 아니라 경제가 대체 무엇인지를 밝혀줍니다.

　지금의 경제 활동은 생산성을 증가시키고 수익을 산출하는 활동입니다. 하지만 본래적 의미의 경제 활동^{economy}의 어원은 고대 그리스어 *oikonomia*인데, 이 말은 살림살이를 의미했습니다. 더구나 *oikos*는 집을 뜻하는 것으로, 거주라는 문제와 불가분의 관계에 있지요. 그렇다면 진정한 경제 활동은 풍경의 시적 가치를 발견해내는 인간의 거주 행위에 근거를 두고 있는 셈입니다.

　결국 인간의 거주, 풍경, 자연 그리고 경제 활동을 이렇게 연관 지어 경제 활동의 근원으로 귀환하면 새로운 경제 개념이 성립합니다. 그것은 사물을 시적으로 다룸으로써 인류의 살림살이를 이끌어가는

*oikonomia*입니다. 이 *oikonimia*는 하늘과 땅이 자원의 저장소가 아니라 존재론적 아우라로 발현되는 시적*poiesis* 활동을 기반으로 하는 경제지요."

쉬미트는 잠시 말을 끊으며 그의 눈을 똑바로 응시했다. 마치 자신의 이야기를 똑바로 정신 차리고 들으라는 듯.

"물론 시적 지음에 기반한 살림살이, 이 근원적이면서 동시에 미래적인 경제를 실현하기 위해서는 많은 연구와 엄청난 노력이 필요합니다. 그러나 우리는 알아야 합니다. 인류가 현재와 같은 경제 개념과 에너지 공급 및 소비 시스템을 기반으로 살다가는 2050년경에 지구와 함께 종말을 고할 것임을.

아직 지구와 인류가 존속하는 것은 제3세계 사람들이 미국, 유럽, 그리고 동아시아처럼 천문학적 규모의 에너지를 소비하지 않기 때문입니다. 그들마저 우리처럼 산다면 인류와 지구는 이미 종말을 고했을 것입니다. 사실 인류와 지구는 그들의 희생으로 견디고 있는 것이죠.

이제 인간과 공간, 자연, 그리고 에너지의 관계에 대해 근본적으로 다시 생각하면서 인간의 거주를 혁신해야 합니다. 에너지를 기계적 동력으로만 보지 말고 풍경의 의미, 즉 장소의 영혼을 지어내는 인간의 시적 건축 활동까지를 포괄하는 문화적 에너지 개념으로 혁신해야 합니다. 오직 그때만이 지구와 인류를 구할 수 있는 새로운 에너지 생산방식이 발견될 수 있어요.

난 당신이 나에게 신임을 얻기 위해 발표한 논문과 토론에서 이미 공간과 인간과 거주의 혁신에 중요한 출발점을 마련했다고 믿습니다. 당신 같은 사람이 길을 열어야 합니다. 그리고 길을 가야 합니다."

쉬미트의 마지막 말은 힘들게 버티던 그를 끝내 허물어뜨리고 말았다. 권총을 들고 있던 그의 팔은 힘없이 내려졌다. 어마어마한 비밀에 대한 기대가 한꺼번에 무너져 내리는 허탈감 때문이었을까 아니면 총구 앞에서도 끝까지 철학적 사색을 포기하지 않으려는 쉬미트의 모습에서, 그리고 모든 문제의 해결은 결국 존재에 대한 형이상학적 고뇌에서 시작된다는 쉬미트의 말에서 한없이 남루한 자신을 발견했기 때문일까.

"우리 철학자들은 니체를 기억해야 해요. 힘에의 의지의 철학자 니체, 흔히 어떤 외부의 힘을 끊임없이 전유하고 소유하는 강자를 우상화한 철학자로 오해받고 있는 그. 그 니체는 어디에선가 다음과 말하지요.

'가장 자유로운 인간은 자신에 대한 가장 강력한 지배 감정을 ……. 가장 큰 투쟁을 자신 속에 갖고 있다.'"

등 뒤에서 들려오는 쉬미트의 나지막한 목소리를 들으며 그는 쉬미트의 집을 나서고 말았다.

"헤어 리, 난 당신을 믿었소. 자 그럼, 잘 가시오. 당신이 원래 있어야할 사색의 자리로 ……. 행운을 비오."

조용히 흐르는 쉬미트의 말은 차갑고 텅 비었던 그의 가슴을 따뜻하게 채워주고 있었다. 그리고 영원히 증발해버린 줄만 알았던 철학의 정열이 차츰 그의 걸음걸이를 따라 서서히, 그러나 또렷이 피어나고 있었다. 어디선가는 잊혀졌던 지혜의 목소리가 아련한 모습과 함께 떠오르며 속삭임처럼 들리는 듯 했다.

그리고 그는 결의에 찬 혼자 말을 되뇌었다.

'에너지 인문 경제학 …….'

마치 그녀의 속삭임을 복음으로 들은 듯 …….

에필로그

　마흔, 흔히들 마흔을 불혹이라고 한다. 그러나 내가 겪은 마흔은 모든 것에 유혹받던, 그리하여 견디기 힘든 시절이었다. 돈과, 권력 그리고 ……. 하지만 또 다른 유혹도 있었다. '지혜'를 갖고 싶다는 유혹이. 그리고 지혜를 향한 이 유혹이 있었기에 다른 유혹을 그럭저럭 견디어낼 수 있었다. 그런 마흔을 나는 건너왔고, '그들'은 이제 마흔에 들어섰다. 그들, 그들은 내가 처음 대학교 선생이 되어 만난 1990년대 학번들이다. 그들을 처음 만날 당시 나는 좌절해 있었고 괴로워하고 있었다. 30대 초반, 비교적 이른 나이에 독일에서 철학으로 박사학위를 받고 어리석은 자만심에 빠졌던 나, 그러나 한국에 돌아와 발견한 초라한 자신의 사회경제적 위치 그리고 은사의 권유로 등 떠밀리듯 마지못해 내려간 춘천의 한 조그만 대학교의 전임강사 자리. 나는 당시 모든 것이 불만이었다. 대학의 작은 캠퍼스도 싫었고 지난 시대의 유물 같은 붉은 벽돌 건물들도 싫었다. 한마디로 서울 출신인 내가, 소위 해외유학파인 내가 이런 곳에 와서 교양강의만 하며 하루하루를 지내야 하는 선생에 불과하다는 것이 정말 싫었다.

그래서 탈출을 꿈꾸었다. 그리고 철학이 점점 싫어졌다. 진리는 어디에 있지도 않은 몽상이라는 생각이 떠나지 않았다. 그리고 그것은 현실의 비참한 부분에 시선을 집중시키는 결과로 이어졌다. 결국 현실은 음모라는 생각에 사로잡히며 그러한 음모 속에서 음모와 함께 뒹굴고 싶은 공격성이 생겨나기 시작했다. 차라리 그러한 음모의 세계를 헤집고 다니며 현실을 밝혀내는 첩보원이 되고 싶었다.

그러나 그런 나를 당시 학생들은 늘 반겼다. 내가 강의실에 들어서면 환호성을 지르기도 하고 또 권태로운 나의 강의에 박수를 쳐주기도 했다. 그들은 마치 나의 좌절을 알고 있는 듯 그렇게 나를 위로하고 격려하고 응원해주는 것 같았다. 그리고 1년이 지난 후 나는 비로소 나의 자만심이, 또 그곳에 대한 비하의 감정이 얼마나 어리석은 허위의식인가를 서서히 깨달으며 어느덧 그들을 사랑하게 되었다. 그리고 그들이 자랑스럽게 여겨졌다. 처음에 촌스럽게 보였던 학교 건물과 작은 캠퍼스도 너무나 아늑하게 느껴졌다. 마치 시간이 거꾸로 흘러 1960년대 흑백영화에 등장하는 듯한 순수한 학생들과 대학의 캠퍼스. 늘 추억 속에 사는 듯 그런 아련한 하루하루가 그즈음 나에게 계속되었다. 그리고 춘천이 너무나 아름다운 도시로 나를 품었다. 지금 돌이켜보아도 정녕 아름다운 시절이었다. 그때 나를 구해준 학생들, 그 시대를 살던 청춘들이 이제 마흔이 되었다.

어쩌면 그들은 내 나이 마흔 때처럼 많은 유혹에 힘들어 할지도 모른다. 그리고 그때만큼이나 아니 그때보다 더 지혜를 갈망할지도 모르겠다.

이 책은 바로 위와 같은 고민을 독자들과 같이 나누어보고 싶은 생각에서 집필되었다. 물론 대학에 재직하고 있는 나는 이미 이와 비슷한 문제의식을 갖고 몇 권의 학술서적을 출판한 바 있다. 특히 금융위기와 인류의 미래를 다룬 졸고는 일본의 『현대사상』에 초청되어 '현상학의 최전선'이란 특집란에 미국, 유럽 등의 철학자들과 함께 실리기도 했다. 그리고 『공간의 현상학, 풍경, 그리고 건축』에서는 우리가 앞으로 나가야 할 미래를 도시 공간 문제를 통해 철학적으로 사유하며 독자들과 함께 이야기해보려고 했다. 그러나 이러한 학술적 논의는 다소 난해하고 화석화된 논문 형식을 갖고 있어 그저 일부 전문가들 사이의 폐쇄회로를 순환하는 담론으로 그치기가 쉬운 것이 사실이다. 즉 우리 사회에서 실질적인 중추 역할을 하는 독자들을 만나지 못하고 고립될 가능성이 컸다.

그리하여 나는 고심 끝에 '철학첩보 작전'이라는 하나의 작전을 구상했다. 이미 생각했던 철학을 좀 더 생생한 삶의 언어로 살려내 삶의 현장에 첩보원으로 침투시켜보는 작전을 말이다. 그리하여 독자들과 함께 위험한 모험을 감행하며, 또 존재와 실존의 근원을 상기시키는 유럽의 도시에 잠입해 여행을 빙자한 철학적 첩보전을 수행하자고. 그리고 그러한 철학-첩보전을 통해 우리가 나가야 할 미래를 사색해보자고. 물론 그러한 작전은 리오타르의 담론 장르 이론에 기초를 두고 있다. 즉 이 책에서는 논증적, 수사적, 서사적, 시적 등 다양한 담론의 장르를 합성해 철학적 사색을 펼쳐 보이는 작전이 전개되고 있다.

눈 밝은 독자들은 이 책이 약 20년 전에 나의 청춘의 옷을 입고 이 세상에 나온 적이 있음을 알아볼 수 있을 것이다. 하지만 동시에 여기 일종의 개정증보판으로 나오는 이 책이 이전과는 완전히 다른 책임도 발견할 수 있을 것이다. 나의 청춘이 묻어 있는 이 책에서 많은 독자들이 청춘의 열정과 불혹의 냉정을 함께 느낄 수 있기를 바랄 뿐이다.

과연 이 작전이 성공을 거둘 수 있는지에 대해서는 여전히 조심스럽기만 하다. 아마 그러한 성공은 독자들이 이 작전에 얼마나 기꺼이 동참하느냐에 따라 달라질 것이다. 그래서 나는 일전에 유행한 영화 '쉘위 댄스'를 빌어 독자들에게 이렇게 말을 걸고 싶다. "쉘 위 두 필로소피?"

오늘에 이르기까지 나는 너무나 많은 사람의 도움을 받았다. 특히 나를 철학의 세계로 인도해주신 나의 은사 이영호, 박종현 선생님을 잊을 수 없다. 그리고 여전히 나를 늘 걱정해주시는 아버지 어머님. 두 분께는 아무리 반복해서 감사의 뜻을 표해도 부족할 것이다. 그리고 그렇게 고마움을 표해도 부족한 또 한 사람이 있다. 늘 내 곁에서 한 번도 착한 남자인 적이 없는 나에게 여전히 사랑을 주는 여인, 내 두 아들 일우와 재우를 건장한 청년으로 키워낸 그녀에게 이 책을 제목과 함께 바친다.

후주—더 자세한 안내

1) 셸링(F. W. Schelling, 1775~1854년). 독일관념론의 대표적인 철학으로 자연철학 분야에 많은 업적을 남겼다. 자연으로 나타나는 절대자에 관해서는 자연철학이 성립한다고 말하면서, 이것을 극히 신비적이고 관념론적인 형태로 체계화했다.

2) 베르그송(Henri Bergson, 1859~1941년). 프랑스 출신의 유대인 철학자로 프랑스 생철학의 대표적 인물이다. 생의 약동을 주장했다. 특히 그의 의식의 지속 이론은 프루스트의 소설 『잃어버린 시간을 찾아서』의 이론적 배경을 이룬다.

3) 후설(Edmund Husserl, 1859~1938년). 현상학의 창시자로 현대 철학에 지대한 영향을 남겼다.

4) 하이데거(Martin Heidegger, 1889~1976년). 독일 남부의 한촌 메스키르히에서 태어나 프라이부르크 대학에서 공부했다. 후설의 제자로 존재론 문제에 관심을 가졌으며 1928년 후설 후임으로 모교 프라이부르크대학 정교수가 되었다. 하지만 곧 나치당원이 되고 1933년에는 총장에 취임해 나치를 찬양하는 연설을 하기도 했다. 그러나 곧 총장직을 사임하고 정치적 주제와는 거리가 먼 철학적 사색에 몰입했다. 전후 나치협력죄로 강단에서 추방되어 산장에서 은둔 생활을 해오다 1953년 추방이 해제되자 다시 강단으로 복귀했다. 20세기의 가장 문제적이며 위대한 사상가 중의 하나인 그는 현상학과 실존주의, 그리고 포스트모더니즘의 등장에 큰 영향을 끼쳤을 뿐만 아니라 현대 기술 문명에 대한 탁월한 통찰로 현대를 반성하는 계기를 마련해주었다.

5) 리오타르(J. F. Lyortard, 1924~1998년). 프랑스의 베르사유에서 태어나 소르본에서 철학을 공부했다. 후설 현상학의 영향을 받아 1954년 『현상학』을 저술한 그는 좌파 운동에 가담하기도 했다. 1979년 『포스트모던의 조건』이란 저서를 출간해 포스트모던 철학의 대변자 역할을 했다. 이후 1983년 『분쟁The Differand:

Phrases in Dispute』이란 저서에서 언어철학적 관점에서 포스트모던 철학의 방향
그리기를 시도했다.

6) 그리스 신화에 나오는 처녀의 샘.

7) 파이어아벤드(P. K. Feyerabend, 1924~1994년). 오스트리아 빈 출생으로 버
클리대학과 취리히공대 교수를 역임했다. 원래 포퍼의 애제자로 포퍼의 조교였
지만 과학혁명론과 패러다임 이론을 주장하는 쿤T. Kuhn에 동조함으로써 포퍼
와 학문적으로 또 인간적으로 결별했다. 파이어아벤드는 갈릴레이 이후 근대의
자연과학이 자연에 대한 유일한 진리 체계로 등극하는 과정을 역사적으로 분석
했다. 그 결과 과학이 그러한 지위를 갖게 된 것이 과학적 방법론의 합리성이나
신뢰성에서 비롯된 것이 아님을 강력하게 주장했다. 그에 따르면 과학의 역사에
서 발전의 계기는 오히려 기존 이론에 대한 과감한 전복, 새로운 것에 대한 모험
적 도전 등 거의 투기성에 가까운 비합리적 요인들에 의해 이루어졌다. 그는 객
관성, 경험성, 합리성보다는 기존 이론에 대한 과감한 전복, 새로운 것에 대한 모
험적 도전과 같은 비과학적 요소가 오히려 과학 발전의 견인차였음을 밝힘으로
써 당시에 팽배해 있던 맹목적 과학지상주의를 비판하고, 과학의 방법론이 유일
하게 진리에 이르는 방법이 아님을 입증했다. 그리하여 '방법론에의 저항Against
method', '멋대로 해라anything goes' 등의 과격한 구호로 대변되는 '인식론적 무
정부주의'의 기수가 되었다. 그리하여 과학을 유일한 진리로 절대화시킨 과학지
상주의에 당혹감을 안겨주었다. 그리고 이것은 과학에 주어진 진리의 독점권을
견제하는 결과를 가져왔다.

8) 괴델(Kurt Gödel, 1906~1978년). 오스트리아 출신의 천재적 수학자로 20대에
불완전성 공리에 관한 논문을 발표해 엄청난 파장을 일으켰다. 그의 이론은 종
래 수학에서 추구하던 완전성의 이념을 전복시키는 것으로 현대 수학이 태동하
는 계기를 마련했다. 종래 수학은 유클리드 기하학에서 보듯 자명하다고 인정되
는 최소 공리(유클리드 기하학의 기본 공리는 5개이다)로부터 그러한 이론 체계
에 속하는 모든 이론이 모순율에 의한 증명이란 과정을 통해 완벽하게 연역될 수
있어야 한다고 생각해왔다. 그러나 유클리드 기하학을 포함한 실제의 수학은 그
러한 논리적 완전성을 실현시키지 못하고 있었다. 1883년에 이르러 출현한 칸토
어Cantor의 집합론은 그간 수학자들이 추구해온 완전성을 실현한 논리적으로 완

벽한 체계로 인정되어 수학자들을 열광케 했으나 1920년대 러셀에 의해 집합론 내의 모순이 발견됨으로써 수학자들에게 심한 좌절을 안겨 주었다. 모두 수학의 완전성을 어떻게 성취할 것인가를 고심하던 당시 혜성처럼 나타난 괴델은 공리 연역적 이론 체계는 체계 안에 체계를 형성하는 공리에 의해 연역될 수 없는 이론을 적어도 하나는 포함하고 있다는 공리 연역 체계의 불완전성을 원리적으로 증명했다. 이것은 수학적 사유의 대전환을 마련하는 계기가 되었다. 그리고 그것은 다른 학문, 특히 철학에도 심대한 영향을 미쳤다. 즉 이 세상의 모든 것을 설명할 수 있는 완벽한 보편적 진리 체계는 존재할 수 없으며, 모든 진리 체계는 자신이 다른 진리 체계의 이론을 적어도 하나는 포함할 수밖에 없고 따라서 모든 진리 체계는 자신과 다른 이질적인 진리 체계를 인정해야 하게 되었다. 이것은 진리의 불완전성과 이질적 진리의 상호 인정을 주장하는 포스트모던적 사유가 태동하는 데 중요한 역할을 하게 된다.

9) 보드리야르(Jean Baudrillard, 1929~2007년). 파리 10대학 사회학교수를 역임 했으며 현대를 이미지 혹은 기호를 소비하는 시대이자 영상기술을 통해 실재를 모사한 가상현실이 실재보다 더 실재적인 것으로 취급되는 하이퍼리얼리티 시대로 규정했다.

10) 프랑스 사실주의 회화의 대표적 인물.

11) 1920~1940년대 일본과 우리나라를 풍미한 경향으로 매우 감상적으로 이해된 데카르트, 칸트, 쇼펜하우어 철학을 일컫는다.

12) 에코(Umberto Eco, 1932~). 이탈리아 알렉산드리아 출신의 철학자이자 기호학자, 소설가로 현재 볼로냐 대학 교수이다. 그는 미국의 퍼스Charles Sanders Peirce와 러시아 형식주의를 종합한 보편적 기호학을 추구하는 한편 소설 형식을 빌려 20세기의 다양한 정신적·사상적 풍경화를 재미있게 그려내는 작업을 하고 있다. 그는 중세의 위대한 신학자인 토마스 아퀴나스의 미학에 관한 논문으로 박사학위를 받았다. 주요 관심사는 중세에 집중되어 있으나 실제로 이 중세는 우리 시대를 대입한 중세이다. 그의 소설 『장미의 이름』의 경우 눈먼 수도승 호르헤는 아르헨티나의 탁월한 소설가 보르헤스이고, 바스커빌의 윌리엄은 『바스커빌 가의 개』에 대한 풍자이다. 따라서 이 소설은 중세에 대한 세밀한 묘사도인 동시에 우리 시대의 고민에 대한 진단서이기도 하다.

13) 헝가리 출신으로 1980년대 유럽 최고의 포르노 스타로 이탈리아 국회의원을 역임했다. 완벽한 몸매와 무녀에 가까운 백치미로 엄청난 대중적 인기를 끌었다.

14) 현대의 포스트모던의 대표적 철학자이다.

15) 사르트르(Jean-Paul Sartre, 1905~1980년). 무신론적 실존주의의 대변자로 철학 저서 이외에도 많은 희곡과 소설을 남겼다. 보부아르와의 계약 결혼으로도 유명하다.

16) 브루노(Giordano Bruno, 1548~1600년). 이탈리아 르네상스기의 자연철학자로 스콜라 철학과 로마 가톨릭 교회에 반대했다. 1591년에 체포되어 종교 재판에 의해 1600년 로마에서 화형에 처해졌다.

17) 데카르트(René Descartes, 1596~1650년). 근대 철학의 아버지로 불리며 스톡홀름에서 사망했다.

18) 1930~1940년대 할리우드를 장악한 북유럽 출신의 여배우로 그녀의 신비적 관능미는 이후 어떤 스타에 의해서도 넘을 수 없는 벽으로 남아 있다.

19) 니체(Friedrich Nietsche, 1844~1900년). 소크라테스 이후 서구의 주지주의와 기독교 문화를 퇴폐적 허무주의와 노예의 도덕이라고 비판하여 서구 문화의 반전을 시도한 독일의 철학자이다.

20) 푸코(Michel Foucault, 1926~1984년). 포스트모던 철학을 대표하는 프랑스 철학자로『말과 사물』,『감옥의 탄생』등의 저서가 유명하다.

21) 좀바르트(Werner Sombart, 1863~1938년). 독일의 사회학자로『사치와 자본주의』란 저서가 유명하다.

22) 1960년대 박정희 정권 시절 후일 중앙정보부에 의해 주도된 비밀공작으로 이후 해외에서 살해된 것으로 추정되는 김형욱에 의해 주도되었다. 당시 정부 비판 성향을 가진 서독 유학생을 비밀리에 납치해온 사건으로 국내외적으로 엄청난 파란을 일으켰다.

23) 알튀세르(Louis Althusser, 1918~1980년). 프랑스 철학자로 마르크시즘에 대한 구조주의적 독해를 통해 마르크시즘의 위기를 극복하려 했다. 그는 1960년대 프랑스 지식인 사회에 몰아닥친 마르크스의 재해석 흐름 속에서 사르트르나 프랑크푸르트학파 식의 인간주의적인 해석에 반기를 들고 '징후적 독해'를 통해 마르크시즘을 과학으로 복원시키려 했다. 열렬한 레지스탕스이자 공산당원인 아내

를 교살했다는 쇼킹한 사건의 혐의를 받은 후 정신병원에 입원했다 사망했다.

24) 영국의 전설적인 그룹 비틀스의 멤버로 광적 스토커에게 암살당했다.

25) 라캉(Jacques Lacan, 1901~1981). '프로이트로 돌아가자'는 구호와 함께 미국의 에고 심리학과 임상치료라는 공학 형태의 프로이트 해석에 반대하고 정신분석학을 혁신하기 위해 분투한 프랑스의 정신분석가인 동시에 철학자이다. 야콥슨과 소쉬르 그리고 벤베니스트 등의 언어학 이론을 무의식 세계로 끌어들여 무의식이 언어처럼 구조화되어 있음을 밝힘으로써 무의식의 영역을 새롭게 해석했을 뿐만 아니라 이를 토대로 '내가 존재하지 않는 곳에서 나는 생각하고, 내가 생각하지 않는 곳에서 나는 존재한다'는 유명한 말을 만들어냈다. 또 헤겔의 주인과 노예의 변증법을 재해석함으로써 프로이트의 욕망 개념을 심화시켰다.

26) 은유는 예컨대 아름다운 여인을 꽃으로 상징하는 경우이며, 환유는 '술 먹으러 가자'를 '한 잔하러 가자'로 바꾸어 표현하는 경우이다.

27) 이에 대해서는 졸저, 『공간의 현상학, 풍경, 그리고 건축』, 성균관대 출판부 2012년, pp. 163~180을 참고하라.

28) 부채꼴의 선이 8개인 이유는 당시 시에나가 8개 가문에 의해 지배되고 있었기 때문이다.

29) 『공간의 현상학, 풍경, 그리고 건축』, pp. 287~305를 참조하라.

30) 베네치안 호텔은 실제로는 1999년에 완공되었다.

31) 하이데거, 『전집 7권』, p. 181.

32) 『프로방스 문화 예술 산책』, 프랑스문화예술학회 지음, 성균관대출판부 2001, p. 25에서 간접 인용했다.

33) 카트린 밀레, 이병욱 옮김, 『카트린 M의 성생활』, 열린책들, pp. 18~19.

36) 칠레 출신의 세계적 생물학자이자 철학자로 우리나라에도 저서 『앎의 나무』가 번역되어 있다.

35) 미국의 대표적 좌파 이론가로 포스모더니즘에 대한 비판이 유명하다.

소피아를 사랑한 스파이
―첩보소설로 읽는 유럽 현대 철학

지은이 ǀ 이종관
펴낸이 ǀ 홍미옥
펴낸곳 ǀ 새물결 출판사
1판 1쇄 2015년 5월 9일
등록 ǀ 서울 제15-52호(1989.11.9)
주소 ǀ 서울특별시 마포구 망원1동 포은로 5길 46번지 2층 121-822
전화 ǀ (편집부) 3141-8696 (영업부) 3141-8697 팩스 3141-1778
이메일 ǀ saemulgyul@gmail.com
ISBN 978-89-5559-389-9(03160)